冯陈俊一

名校学霸的高效学习法

王凯、张译雯、曾婧君

汤晓颖、赵炫、胡曦阳

张君剑、缪滨旭、向耘

麦家宇、冯陈俊一　著

北京联合出版公司

Beijing United Publishing Co.,Ltd.

图书在版编目（CIP）数据

名校学霸的高效学习法 / 王凯等著. —北京：北京联合出版公司，2022.4（2023.7重印）

ISBN 978-7-5596-6000-8

Ⅰ.①名… Ⅱ.①王… Ⅲ.①学习方法 Ⅳ.①G791

中国版本图书馆CIP数据核字（2022）第034330号

名校学霸的高效学习法

作　　者：王　凯　等
出　品　人：赵红仕
责任编辑：徐　樟

北京联合出版公司出版

（北京市西城区德外大街83号楼9层　　100088）

三河市中晟雅豪印务有限公司印刷　新华书店经销

字数：209千字　　　700毫米×980毫米　1/16　　20.5印张

2022年4月第1版　　　2023年7月第4次印刷

ISBN 978-7-5596-6000-8

定价：59.00元

作者简介

张译雯：

　　我从哈佛大学发展心理学硕士毕业后，曾受邀担任哥伦比亚大学心理论坛演讲嘉宾，讲述情商教育与如何防止校园暴力。我现在是一名心理咨询师，在一家线上咨询公司任职 COO；也是一名自媒体心理博主，全网粉丝超过35 万；个案咨询超过 300 例，帮助过许多抑郁、焦虑和强迫症患者走出心理困境。

曾婧箐：

　　我是麻省理工学院计算机科学专业本科学生，曾参与国内外实验室的科研项目，组织过五次中美交换和学习项目，高中期间就已经学习了 15 门大学先修课程并成为"全美 AP 学者"[由美国大学委员会（American College Board）颁发]。

　　然而，不同于大家对"学霸"的设想，我天资并不聪颖，甚至在幼儿园就被老师定性为"考不上大学"，但最终我却成功跨进了麻省理工的校门。所以，我想要给你展示颠覆传统的可能性：后天的努力，加上独特的方法，每个人都可以成为学霸。

冯陈俊一：

我是美国西北大学经济和广电传媒双专业学生。高中时期已经提前以全A的成绩学完了微积分、西方文学史、统计学、心理学等十多门大学课程，美国高考ACT（American College Test）差一分满分。我还是美国西北大学每年的校长荣誉名单得主，林肯道格拉斯辩手（Lincoln Douglas debater），代表国际学生在利斯萨梅特市（Lee's Summit）政府演讲，在TED Talk等英语节目担任志愿翻译以及在学校做志愿教授中文的老师。

张君剑：

我研究生毕业于剑桥大学可持续发展工程学专业。本科曾在悉尼大学学习土木工程，毕业时获得一等荣誉学位。我曾以第一作者的身份在国际期刊上跨界发表了一篇社会学论文。我的实习经历丰富，在肯尼亚搬过砖，在柬埔寨下过田，也跑遍了印度的贫民窟。在本书中，我将把我多年总结的学习经验倾囊相授，希望同学们能从中受益。

向耘：

我本科毕业于北京大学数学科学学院（中国语言文学系双学位），哈佛大学应用数学硕士，现为杜克大学数学系博士生。我是两届中国数学奥林匹克（CMO）金牌获得者，两届国际数学奥林匹克（IMO）中国国家集训队队员，拥有丰富的高中数学竞赛辅导经验。我一直从事数学与应用数学科研工作，部分科研成果发表于相关领域知名期刊/会议。

王凯：

我本科毕业于中山大学，攻读硕士期间获得了阿卜杜拉国王科技大学百万全额奖学金，现在是一家教育传媒公司联合创始人，曾拿到多所欧洲名校录取通知书。回顾我的求学经历，从高中入学倒数到高考逆袭考上"985"

大学，从普通的大学生到百万全奖硕士，我深谙学习升学之道，愿意在本书中与你一同分享。也欢迎关注我的抖音号 @ 沙特留学狗，带你了解更多留学故事。

汤晓颖：

我现在是剑桥大学物理系博士在读。主要研究方向为软物质凝聚态，具体内容为光镊在介面对胶体的操控及 DNA 功能化胶束的研发。除了学习，生活中的我也爱好广泛，弹琴、组乐队样样在行，曾获钢琴英皇 8 级，参与组织最大的英国华人乐团演出，也经常滑雪、健身、打网球，Keep 粉丝 14 万。个人社交媒体账号：汤元在剑桥，欢迎关注。

麦家宇：

我现在是斯坦福大学本科三年级在读，管理工程与科学专业，并在斯坦福职业社团 Stanford Marketing Group 担任职业发展总监（Professional Development co-director）。我在 17 岁时撰写了我主导的第一篇教育法案，影响了六万五千名美国高中学生。我曾作为合著者（co-author）所撰写的生物学学术论文发表于 OBM Genetics 学术刊物。对创业及天使投资有浓厚热情，喜欢探索新科技和新事物。

缪滨旭：

本科期间，我用三年修完加州大学伯克利分校计算机专业课程，曾在美国亚马逊 AWS 实习，我现在是微软软件工程师，江苏卫视《最强大脑》节目的百强选手。业余时间热爱探索自媒体与股市。

胡曦阳：

我分别获得了清华大学学士和杜克大学硕士学位，现在是卡内基梅隆大学在读博士。我的研究方向为人工智能与数字经济。我的研究成果曾发表在世界顶级的人工智能、信息系统与数字经济会议，包括 NeurIPS、MLSys、ICIS、CIST、ACDE 等。我的研究成果被评为 NeurIPS 会议 2019 年度的焦点论文，也曾荣获 CIST 会议 2021 年度的最佳学生论文提名。

我曾任职于亚马逊 AWS 人工智能实验室，从事深度学习领域的研究工作。

赵炫：

我现在在英国帝国理工学院计算机科学本科在读，即将入职微软。我曾获得伦斯勒理工学院 10 万美元奖学金，2018 耶鲁全球青年学者（Yale Young Global Scholars，YYGS），曾参加 LeetCode 秋季赛，获得中国前 5% 的好成绩，精通中、英、日语，可以翻译法语。

从初中开始，我就通过网上教程熟练掌握了 9 种编程语言及操作系统和计算机硬件。

学习之余，我的生活也很丰富，喜欢长跑、摄影、旅游和听音乐。拥有超群的执行力和做事效率，擅长在短时间内取得知识和技能上的最大收益。在我看来，学习能力很大程度上取决于看似微不足道、实则可以改变命运的学习习惯，因此我将在本书中分享我一直坚持的学习秘诀。

目 录

序 言
人人都可以是学霸

张译雯

学习是一件既困难又不困难的事情。

它的困难在于：首先，一定要用对学习方法。如果方法不对，再努力也只是在做无用功。其次，你还需要有健康的心理，因为自卑、焦虑和抑郁都会影响考试的发挥，甚至影响一辈子的生活。再次，孩子的成才还需要有懂得教育心理的父母。如果父母没有掌握正确的教育方法，可能会造成孩子心理负担太重，而强烈的负面情绪只会消耗学习的精力。最后，在求学的过程中你还应该具备一些优秀的素质，包括坚定的人生目标、强大的毅力和持续的自律，等等。

那为什么又说学习不难呢？这是因为我们可以非常有底气地告诉你，学霸完全是可以后天养成的，即便你天资平平，也一样可以通过正确的学习方法成为学霸。我们甚至应该跳出"学霸"这个词的字面意义，用更长远的眼光来看待"学习"。只要我们在一个自己擅长的领域培养出很强的学习能力，即使学生时代没有特别出彩，在漫漫人生的某个时刻还是一样会厚积薄发。

我们想要在本书讲述的，就是如何通过后天的学习让你变得更优秀的案例。书中的十一位作者，本科、硕士或博士阶段分别就读于清华大学、北京大学、哈佛大学、麻省理工学院、剑桥大学等国际名校，我们将结合各自真实的求学经历，向大家分享我们最宝贵、最有干货的学习方法。同时，书中的每一位作者都接受过国内和国外优质的教育，希望我们的经验还可以帮助大家提高除学习之外的其他素质，受益终身。

本书 28 章的内容里，会讲许多关于学习的硬核技巧：如何有效预习、怎么聪明地做题、考前如何规划、用费曼学习法和同学一起复习、学会充分利用错题集等；另外，还会告诉你考试时如何把握好解题节奏，学会"舍弃"自己不会的内容，怎么把自身最大能力发挥出来拿高分等，手把手教大家提高学习效果与考试成绩。

俗话说"术业有专攻"，我们还会从各自擅长的学科出发，给大家最真诚的建议。在理科学习方面，与大家分享如何培养理科思维、掌握理科学习规律，以及怎么用"视觉方法"学好理科，还有数学大神专门跟大家讲如何学好数学。在文科学习方面，我们会跟大家聊聊如何提高记忆力，掌握记忆大法，提高学习效率，还有英语辩论手告诉你如何掌握好一门外语。让同学们读完这本书，再也没有难学的科目！

提升自己是一辈子的事儿，除了学习，我们也想和你聊聊怎样取得人生的成功。首先要想明白自己到底想要什么，然后去培养内部动力，这部分不同的作者都用了自己的故事来反复强调。只有当我们了解了自己的"心之所向"，并且对未来的事业充满憧憬时，我们才会对学习充满热爱，好的学习方法就会取得锦上添花的效果。但如果你还对未来一片迷茫，再多的宝藏方法你也没有动力去实施，那么不妨先静下心来思考清楚自己的努力方向，人生才不会迷茫。

有了学习的内部动力之后，才可以去聊如何提高自律，怎么规划好时间，做好任务管理表，在学习的过程中如何减少走神的情况，还有怎么让学习变得更有仪式感、充满乐趣等。我们还会告诉你如何增强毅力，这和心理健康是分不开的。只有当我们走出自卑、焦虑和抑郁，在生活中碰到困难才不会胡思乱想，扰乱学习。另外还有一个特别重要的部分，就是父母应该怎么做。

市面上讲学习方法的书，很少会提到父母的作用，但其实父母对孩子的学习和心理健康起到几乎决定性的作用，比如父母鼓励的态度，不给孩子强加自己的意愿，会有助于孩子心理健康，让孩子安心学习。所以我们也会在书中分享一些我们父母的教育方法，希望能对各位家长有所帮助。

除了学习，我们还想和大家聊聊一些"非传统"的特质：独立思考意识，喜欢探究为什么，从不死记硬背，也不会"乖乖听话"去做老师和家长让我们做的所有事情。我们认为一个真正优秀的人才，不是一个考试机器，而是要有自己独立的思考。一个有独立意识的人，更能在社会上打破常规，创造出新的价值来，为社会做贡献。从表面上看，比尔·盖茨、马克·扎克伯格、埃隆·马斯克这些著名的科技界人物都是从名校辍学然后创业成功的，但本质上他们在学校的学习过程中，凡事多问为什么，善于进行自我思考，然后才去探索自己真正感兴趣的领域。然后他们也在这些领域中追根问底，挖掘出了前人没有思考过的新价值，最终获得成功。

最后想告诉大家的是，本书中的名校学子不光会学习，更爱学习，这个热爱也绝不仅限于就读的学科，而是广泛涉猎任何自己感兴趣的知识。很多时候新的思维和价值，都是在跨领域的思维碰撞中迸发出来的，这些都离不开一颗始终不灭的好奇心。我们也不会安于现状，而是努力鼓励自己踏出舒适圈，在不停的自我挑战中学习新的知识，掌握新的能力。

前面描述的每一项学习技能，都和先天的条件没有太大关系。不可否认天才确实存在，但后天培养的技能完全可以让我们在学习和工作中游刃有余。只要我们用对了方法，人人都可以突围进阶，成为未来社会的优秀人才。相信我，看完这本书，你一定会有颠覆性的收获。

1

人人都能掌握的
"学业突围全面计划"

作者：王凯

中山大学　能源与动力工程本科
阿卜杜拉国王科技大学　机械工程硕士

我本科毕业于中山大学，曾连续三年获得中山大学优秀学生奖学金，后赴阿卜杜拉国王科技大学攻读硕士学位，曾获得该校百万奖学金。

我出生在小县城的普通家庭，天资并不聪慧，但靠着一股不服输的拼劲和不断的努力，成功考上了国内著名的大学，并在毕业之后，拿到百万奖学金，进入了理想的大学留学。在本书中，我想把我认为非常有效的一些学习和成长的方法分享给你。

模仿，让你快速建立自己的学习模式

有没有人的学习方法是与生俱来的？有，这样的人，俗称天才，但我们大部分人都不是。

有没有具有普适性的学习方法？有，比如多看书、背书、记笔记。至于该怎么看、怎么背、怎么记，我们每个人都应该找到适合自己的方法。我知道你很期待我告诉你一种学习方法，然后你原样复制，就能够达到跟我一样的效果，甚至比我用的效果更好，这也许会发生，但终究是个小概率事件。

那么，我们还有没有必要去学习别人的办法呢？有必要，原因很简单，因为我们还没有形成自己的学习模式。

对于我们大多数人来说，我们的学习方法形成于不断学习他人的方法，然后再依照自己的习惯，对他人的方法进行调整、优化。"取其精华，去其糟粕"，在这句话中，对于"精华"和"糟粕"而言，我们是主体。我们需要有意识地选择对我们有用的，摒弃对我们没用的。

方法还具有阶段性。以我为例，上小学的时候，我只需要上课听讲，下课写作业，就可以轻松拿下考试；上了初中，考试科目翻倍，难度增加，既要合理分配时间，又要不断拓展课外练习；上了高中，课程内容和难度进一步增加，不得不准备错题集，以提高效率。

在每个阶段的过渡期，我的成绩往往会出现暂时性下降，就是因为还没来得及调整自己的学习方法以适应新阶段的学习强度。

上初二的时候，我的成绩已经稳定在年级前二十，但始终没有办法进一步突破。英语老师上课的时候讲了一个关于她女儿的故事，让我记忆犹新：她女儿上高中时，她让女儿一定要跟学习好的同学当同桌，观察成绩好的同学的学习状态、学习方法，然后去模仿别人。

所以，模仿是养成好的学习方法的第一步。

模仿是一个简单的行为，但寻找合适的模仿对象也需要智慧。我建议大家寻找跟自己差距不是特别大的同学来模仿：一方面，他们确实比你优秀；另一方面，他们的优秀又是你能够得着的，采取一种循序渐进的办法，不断地向更好的同学靠近。

我模仿的第一个对象是我们班上第一个进入年级前十的同学。我每天就跟着他一起吃饭、一起上下学，他做什么练习册，怎么安排时间，我就怎么做。一开始并没有什么效果，模仿了一段时间，我就开始思考：我到底跟他差在哪里？

后来跟他聊天才知道，他只做练习册中的一部分题目，就是大家口中常说的"拔高练习"。而我只是学到了他的"形"，什么题都做，确实不会有效果。同时我也意识到，我们的水平有差距，我不能全盘照搬适合他的拔高题，而应该根据自己的实际情况，挑选一些适合我的拔高题来练习。

慢慢地，抽时间出来做拔高练习成了我的一个习惯，这是我最开始的收获。我的成绩也逐渐开始朝好的方向小幅波动，然后向前稳定在一个水平上；接着，又向上波动，再稳定。如此反复，直到我实现了最后的那个目标：年级前十。这个过程就像小孩子爬楼梯，爬一个阶梯得站一会儿，站稳了再爬新的阶梯。有时候没站稳，往后退一步，也是正常的，但总体来说，是一直在往上爬的。

错题集，怎样用才最有效？

上了高中，我发现各个学科不论是从内容强度还是难度，相较于初中，都上了一个层次。我刚上高中的头几个月，真觉得有些吃力，这时候也没有很好的办法，只能发挥初中学会的方法：观察模仿。等第一个月月考成绩出来，就锁定几个成绩比较好的同学，观察他们课前课后都在干什么，然后自己照着做。

如果你跟同学混得很熟，你也可以直接跟他们讨论。但根据我的经验，学习好的同学，一般都比较谦虚。如果跟你关系不是特别好，他们是不会把压箱底的本事和盘托出的，但这并不妨碍你向他们学习。

我高中的同学，是来自四川省各个地方的优等生，他们普遍都有准备错题集的习惯。可想而知，这是初中阶段甚至小学就开始培养的习惯。我开始读书的时候，是很抗拒写错题集的：一方面，初中时期题目还算简单，不写错题集也并不碍事；另一方面，我觉得写错题集真的很浪费时间。但在大部分高中同学都写错题集的氛围中，我不写错题集显得"格格不入"，于是倔强的我终于等来一个契机——在一次月考考砸之后，我也开始尝试准备错题集。

后来就是"真香定律"，做起来根本停不下来。

进入大学之后，我在闲暇时间做过家教老师。我发现，越是成绩好的同学，越乐意准备错题集；越是来自大城市的同学，越早做错题集，有的甚至从小学就开始准备错题集，我认为这是一个非常好的习惯。

但并不是所有人准备错题集都是有用的，因为有很多同学准备错题集是迫于老师、家长的压力。对于这类同学来说，错题集就像流水账，胡乱记一记，完成任务即可，毫无作用。

因此，千万不要抱着"为别人学"的想法，你不是为老师学，不是为家长学，而是为了自己学。为了不浪费时间，一旦开始了做任何事情，就请认真对待，要么就别开始。准备错题集也是同样的道理，它很费时间，如果你不乐意写，与其浪费时间做无用功，还不如多运动。

但假如你有强烈的愿望想要尝试准备错题集，那我给你几点建议。在这之前，请你做好心理准备：写错题集会占用你许多闲暇时间，你可能要舍弃跟同学闲聊的时间，要加快吃饭的速度，甚至占用你的休息时间。

如果以上这些你都可以接受的话，那么我的建议如下：

1. 注意学科分类

请给每一个科目都单独准备一个全新的笔记本，因为你不会想要看到，六门甚至九门学科的错题集都写在一起，杂乱无章，这也十分不利于你之后分科目复习错题。

2. 准备多种颜色的笔

请准备至少两种不同颜色的笔。如果只用黑色笔的话，当你打开错题本，你会发现全篇都是黑压压一片；如果你的字写得很潦草，有时候甚至分不清哪部分是题目，哪部分是答案。最重要的是，不能够快速找到重点内容。时间久了再回过头来从头复习，也相当浪费时间。

3. 注意筛选错题

请认真地选择错题。我见过很多同学，不论什么错题都往错题集上写，一学期下来，每一门学科都要写好几个错题本，期末复习，一看这么多错题，反倒增加心理压力。所以，错题也要精挑细选，既能节省时间，又能起到良好的筛选作用，保证复习效率最高。

选择错题的几个原则是：

1）粗心大意错的题不写。判断粗心大意最简单的方法是重做一次，能够轻松写对的题，有什么必要誊写到错题集上？

2）同一种题型的题尽量不要重复。如有重复，尽可能控制在 5 个以内，并整理在一起。

3）不适合自己的题不写。例如，你数学只能考 90 分，那么你的错题集上不必出现"压轴题"，因为这对你来说难度太高了，你的重心应该放在阻碍你考 120 分的那些题上。

4）注意那些有技巧的题目，并把技巧的部分标注出来。

4. 独立思考，找到解题的"卡点"

请不要原封不动地抄答案，要结合自己的答题特点，写具有自己特色的答案。有些题目的标准答案特别长，比如数学的大题，抄答案不仅浪费时间，又不符合你的答题逻辑，每次复习都需要重新整理标准答案的思路，是一件很头疼的事情。

我推荐的办法是，比较你的思路和答案的思路，找到那个阻碍你得分的点。通俗一点说就是，你在解这道题的时候，卡住的地方是什么，并进行特别标注，给自己留一些记忆点，方便你以后再看到这个题目的时候，能快速回忆起当初自己卡顿的地方在哪里。

5. 一定要写上批注

摘抄错题并非一个机械的动作，在这个过程中，你需要边抄边回忆边思考。回忆当时做这个题的时候，为什么错了，为什么没写出来？思考一下自己如果重新做一次，能不能再做出来，如果不能，需要什么提示？这个题有什么亮点没有？有没有你的知识盲点？答案有没有用到什么技巧？答案的方法你掌握了没有？有没有其他的方法？然后把你思考的结论简明扼要地分点描述。

6. 及时复习错题集

有部分同学只管写错题集，却从来不看，或者一学期到头只看一次，这种做法极其不可取。首先，根据"艾宾浩斯遗忘曲线"，遗忘速度是先快后慢。随着时间的推移，一学期结束时，该忘的、不该忘的，都忘得差不多了。其次，从头复习错题集，费时间不说，新一轮遗忘又开始了。另外，如果你不复习，错题集就得不到及时更新，该删减的内容依然占据着错题本的篇幅，白白给自己增加压力。

7. 及时更新错题集

错题集上的错题，并非一直是你的弱点。复习过几遍之后你会发现，有些类型的题你已经掌握了，甚至能够举一反三了，那这时这些错题就要及时地从错题本上删除、划掉，以免之后再浪费时间在这些比较熟悉的题目上。

8. 把相同类型的题目归纳在一起

有时候，你没有及时复习错题集，会忘掉你的错题集上相同类型的题目。当你发现之后，要及时地把同类型的题目归纳在一起，横向比较：相同点在哪儿，差异点在哪儿？出错点在哪儿，是不是相同的地方？

9. 学会反思

当你的错题集有了一定的数量时，你要尝试从错题中找规律。因为人总在下意识中犯同样的错误，如果你能从中寻找到跟自己坏习惯相关的失误，反思自己的问题，寻找解决的办法，那么你会进步得很快。

错题集是一个好东西，但确实需要你花费大量的时间。所以，如果你决定要做错题集，一定要认真地对待它，总有一天，它对你的回馈会超过你的预期。

停止无效努力，看到自己的问题

相信你的身边也有这样的同学：任何时间你看到他们时，他们都在学习；他们的笔记写得很工整，错题集整理得很细致；上课认真听讲，课后认真完成作业。然而，他们考试总是不高不低，成绩一直处在班级中游。他们也很紧张焦虑，因为该用在学习上的时间全都用上了，他们比任何人都努力，甚至还牺牲了不少休息的时间，但始终在原地踏步。

我上高中的时候，喜欢借我们班上一个女生的课本来抄笔记，因为她的笔记字迹工整，记得非常清楚，看她的笔记，甚至可以用"享受"来形容。高中课堂的内容很多，因此老师的板书很快，有时候来不及把笔记抄完，老师就擦掉了，但有的同学竟然可以在将笔记记全的同时，还能写得很工整，到底是怎么做到的呢？原来她先用一个笔记本快速、机械地抄笔记，然后在课后，把笔记工整地誊写到课本上。

虽然我喜欢参考这样的笔记，但平心而论，这样的做法我实在不推荐。

原因如下：1. 上课时思路要跟着老师走，要高度集中注意力。这样既能加深印象，又能明白我们快速记下的笔记到底写了什么东西，精髓在哪儿。如果一味地抄笔记，反而会错过课堂精彩的内容，也不可能腾出精力来思考，得不偿失。2. 抄两遍笔记，虽然可以加深对笔记的印象，但浪费太多时间，效率太低。因此，这样的同学看起来好像一直在做跟学习相关的事情，但实际上并没有太大作用。

用这样的方法誊写错题集也是同样的道理。

有一个词可以用来形容这样的同学，叫"假装努力"——看起来努力，投入了很多的时间，却得不到与时间成正比的效益。在这个过程中，常常被忽略的就是"效率"。效率，指的是收益与付出之比，付出同样的时间，收获的东西越多，效率越高。对学生而言，收益指的是对知识的掌握程度。

机械地誊写笔记、抄错题集，这个过程花费掉大量的时间，但几乎没有任何收益，最后得到的仅仅是一份漂亮的笔记和别人的几句赞美。很多同学却很享受这个过程，因为整个过程很轻松，完全不需要思考，其实这是一种"思维惰性"。简而言之，就是光动手，不动脑。

另一个思维惰性的例子是，很多同学在做练习题的时候，反复做自己已经很熟练的题目，而那些需要动脑袋思考的题目，他们往往不愿意花时间琢磨。长此以往，所造成的结果就是，成绩始终卡在中等水平，上不去，下不来。上不去是因为突破不了那些有一定难度、需要深度思考的题目；下不来则是因为在反复的练习中，熟练地掌握了部分题目。

反观成绩优异的同学，他们的共性就是"效率高，勤思考"。这些同学不会花大量的时间誊写笔记，不会反复练习简单的题目，而真正做到把时间用在刀刃上，花时间去攻克自己的障碍，一步一步突破自己。

最后送大家一句话：认清现实，认清自己；找到问题，找对方法，突破自己；拒绝假努力，拒绝思维惰性。

学会舍弃，让你拿满属于你的分数

高考考数学前，我给自己拟定了一个答题策略：三道题先不看。这三道题分别是选择题最后一题、填空题最后一道、解答题最后一个小问，共计 18 分。在答完其他所有题目之后，如果有时间，再考虑这三个问题。

为什么有这个策略？原因是，通过总结多次高考模拟题，我发现大部分时候，我都不能完完全全解答这三道题，并且经常出现花了十几分钟计算，依然得不到答案的情况，打乱了我的答题思路不说，还会导致后面一些明明可以得分的题目来不及完成。再说，即使高考丢掉这 18 分，数学还有 132 分，考个 985 的高校完全够用了。

很多同学一听说让他高考舍弃十几分，吓得脸色煞白。这里说的"舍弃"

并非真舍弃，而是暂时忘掉那些你有很大概率做不对的题，轻松愉快地稳拿自己应得的分数，这仅仅是一种策略而已。退一万步说，即使你从头到尾认真答题，数学能考 150 分吗？

为什么很多人总是在考试时"发挥失常"？为什么很多同学在考试的时候，始终考不出平常练习时的水平？我当家教时，分析过不少同学的试卷，我发现，这是因为平常练习的时间宽裕，他们可以尽可能地完成所有能解决的问题。而一旦到了考试，在有限的时间里，如果做不到合理安排时间，每一道题都想做，但实力又不允许，一紧张，就会导致部分能力之内的题目也来不及完成。

每一个人都觉得自己实力不只如此，但每一次考试仿佛都在告诉他们：你的水平就这样，别挣扎了。

让学生考试时舍弃掉一些题目就跟让那些玩股票的人在亏钱的时候及时把股票卖掉止损一样，有难度。学生总害怕舍弃掉的题自己会做，玩股票的人总觉得等一等股票价格就会涨起来，那种侥幸的心理也许偶尔会应验，但长此以往，总会得不偿失的。

我们在考试过程中该如何确定哪些题目应该暂时策略性放弃呢？

只需要简单做一个统计：拿出近期里我们做过的所有练习题，观察一下，我们就会发现，有一些题目，我们看一眼就知道怎么做，而有一些题我们只能做一部分，还有一些题目，我们一点都没有思路。像那种我们读完题干，一点思路都没有的题目，就是要舍弃的题目了。因为在考试过程中，我们大概率也做不出来。

一旦我们决定尝试"暂时舍弃"这个策略，内心一定要坚定。考试时看到那种没有思路的题目，直接跳过，不要留恋，不要抱有"先看看能不能做"的幻想。等到我们完成了所有会做的题目之后，如果还有时间，可以回头看看；如果没有时间，我们该庆幸，幸好放弃了那些题。

"舍弃"只能帮助我们拿到应得的分数，而不能从本质上提高我们的水平，这一点很重要。假如我们的水平是 130 分，但常常因为有一些题目来不及完成，而只能考 120 分，那么通过这个策略，我们就能回到 130 分的水平。如果我们想要超越自己，那就还需要通过不断地进行思维训练，突破自己的"瓶颈"，实现更上一层楼的目标。

自主学习，助你获取更多知识

学会学习，是我上大学的第一课。

那时候我也不是很理解什么叫作"学会学习"，我上了 12 年学，还没学会学习吗？后来才知道，老师说的学会学习，是指学会"自己学习"，由内而外地对知识产生渴望，借助网络、图书馆、课本等工具，自主地探索知识。

大学跟中学不一样的地方在于，大学老师不会像高中老师那样，每天都监督着我们学习，考得不好会被约谈，考得好会有奖励。大学老师的一贯态度是，学习是你自己的事，你爱学不学。所以在大学里，自由的时间很多，学不学、怎么学、学什么完全取决于个人。

我本科毕业前思考过一个问题：如果让我现在总结我在大学四年学会了什么，我会怎么回答？我想了很久，却好像说不上来什么有用的答案。并且，大学里学的知识有没有用，很大程度上取决于毕业之后我们要干什么。这时候，我才真正领会到开学第一课时，老师讲的"学会学习"是多么重要。

在课堂上被老师监督着学习，只是我们学习生涯的开始。我们像嗷嗷待哺的婴孩，需要老师把精神食粮，一点一点嚼碎了再喂给我们吃；后来等我们茁壮成长，老师让我们要学会自己吃饭，我们在老师的辅助之下，也能饱腹；等到我们远离学校、老师，没有人再帮我们找吃的，现实的社会会让我们明白，要么饿死，要么自己觅食。

在四年的大学生活之后，当初位于同一条起跑线上的同学，差距逐渐显现出来。四年之后，有的同学因为挂科太多，留校补考，甚至被劝退；有的同学则以优异的成绩，考研、保研、出国去更好的大学进修；有的同学在毕业之后找不到心仪的工作；有的同学凭借自己在"大厂"的实习经历，顺利转正。未来肯定会有落后的同学迎头赶上，也会有暂时领先的同学自甘堕落，但我们都回不到四年前了。那群对大学生活充满期待的学生，只会存在于我们的记忆当中，或怀念，或遗憾，或惋惜。

大学四年，是我们最自由的四年，也是最容易荒废的四年。我们的学习方式，注定了我们只会关注考试考多少分、绩点有多少、能不能拿奖学金，而忽略了培养自己各方面的能力。例如编程、英语、熟练地使用办公软件等。

但这些都不是问题，问题在于，脱离学校之后，当我们需要快速掌握某项技能之时，能不能及时找到学习的方法。

无论你处于人生的哪个阶段，拥有自主学习的能力，都是至关重要的。

提前规划，让你的未来不迷茫

还记得小时候，老师问我们，长大后想干什么，我们总是不假思索地说：想当老师，想当科学家，想当宇航员。那时候的我们，对未来充满期待。但现在再问我们，大学毕业之后，想做什么呢？我们总是摇摇头说，还没想好。

与其说还没想好，不如说还没思考过这个问题。也许你还是个中学生，也许还是个大一新生，一切好像离你还很遥远，你还没来得及考虑毕业之后的问题。但你相信因果吗？你相信你现在做的事情会影响你的未来吗？你害怕一个仓促的决定会改变你的命运吗？

上大二的时候，我下定决心本科毕业之后出国留学，但我的绩点是一个硬伤，不过好在还有弥补的机会，于是每一个学期结束，我都会计算下一学期我需要达到什么成绩并制订好计划。与此同时，我还跟班上志同道合的同学一起在校外学习德语、提升英语，一起收集分享了许多国外院校的信息，包括欧盟的各种项目、奖学金等。终于，在申请季之前，我的绩点达到大二设定的目标，并顺利拿到几所名校的录取通知书，还有百万奖学金。

跟我一起准备的小伙伴，同样收到各自目标院校的录取通知书，并拿到全额奖学金。于我们而言，这是再好不过的结果。

而大学的另一些同学，大三下学期都还没拿定主意要不要考研，一边想着在秋招的时候尝试找一找工作，一边担心找不到好工作又没有学上，最后工作没找到，研究生也没考上。有条件的同学，会在考研失败之后，再申请国外的大学，只是这时候，略显仓促，选择也不多。没有条件的同学，要么收拾一下，准备二战考研；要么在春招的时候，看看有没有合适的工作岗位。

再好的一副牌，也经不起乱打。我提倡大家提早规划自己的未来，给自己确定一个发展的大方向，并以此为目标，不断学习，朝着自己的方向努力，并在这个过程中，根据现实状况不断调整自己的计划。相信你未来的蓝图，会变得越来越清晰。

承认失败，让你轻装奔赴下一个战场

作为一个学生，学习生涯最大的失败，莫过于高考失利，而我就是其中的一员。我从来没有跟任何人袒露过自己的心酸，包括父母，直到最后下定决心去复读，父母都只是觉得我性格太倔强了，复读更是多此一举。

2014年4月，高考冲刺的最后两个月，大家都在使出浑身解数，为了不辜负12年寒窗苦读的艰辛。舍友们和我心照不宣地做了一个举动：为了每天能多出来一个小时学习，我们在班主任晚上查寝之后，悄悄地把桌子搬进厕所，用从小卖部要来的纸板和黑色塑料口袋，把厕所的窗户遮住，免得露光，然后拿出自己的小台灯，开始每天最后一轮复习，直到睡眼惺忪，才有序地撤出厕所，上床睡觉。

也是那一个月，我突发身体不适，具体表现为吃饭呕吐。每天吃午饭和晚饭，我都会给自己加油，鼓励自己多吃几口，但偏偏祸不单行，不久之后，我的脑袋开始出现阵痛，为了能顺利参加绵阳市第三次诊断考试，我咬牙坚持了三周。

第三次模拟考试之后，我立即请假回家做检查，那时候特别害怕自己脑袋里长一个肿瘤。

好消息是，检查结果显示，我身体并无大碍。医生说，头疼是因为神经紧张过度，我长长地舒了一口气，一身轻松地离开了医院。

坏消息是，我的第三次模拟考试的结果并不尽如人意，特别是数学，满分150分，我只考了100分。此时，距离高考还有一个月，我该怎么办呢？我只能尝试在若干问题中，选择部分问题，集中精力去解决，背水一战。

皇天不负有心人，终于在6月22日那天晚上，查到高考成绩时，我心中悬着的石头落了地，我得到一个令人满意的成绩，甚至开始幻想大学的生活。

本以为高中生涯就此结束，偏不巧，命运又跟我开了一个玩笑。

高考失利有两种：一种是高考分数不够高，跟真实实力有差距；另一种则是高考志愿填得不够好，跟自己的目标院校失之交臂。很显然，我是第二种，并且那种遗憾远大过于第一种，毕竟我的一只脚已经踏进985大学了。其实录取我的院校也不差，是北京的一所专业性很强的211大学，王牌专业。

我在网络上了解了很多关于这所大学及这个专业的相关信息，也跟这所学校的直系师兄师姐们咨询了很多，我在去和不去之间犹豫过，我母亲每天回家的第一件事，就是劝我一定要去上大学，因为这所大学，是她最心仪的一所，也正因如此，我才失误地把它放到了第二志愿。但我更加失误的地方在于，没有认真对待高考志愿。

心中的遗憾，一直支配着我在上不上大学之间左右摇摆。进入大学，我就不用再经历一次魔鬼高三，不用紧张到头疼、想吐；不进入大学，我可以再给自己一次机会，选择自己喜欢的大学。

我曾经蒙着被子偷偷地哭过，反反复复地骂自己，为什么关键时刻还不小心谨慎一点。但这个世界并没有后悔药，每一个人都要为自己的错误买单，与其不争气地哭，还不如咬咬牙，做一个不后悔的决定。

抱怨无济于事，不如尝试跟自己和解，于是我决定复读，我不想因为上一个错误的决定，让我寒窗苦读的 12 年，白白浪费在自己手中。

所幸，复读并没有我想象中那么艰辛，甚至比应届高三还轻松了不少。一是因为经过上一年高考，我很清楚自己的实力；二是我的目标并非遥不可及。

直到现在，我依然认为复读那一年是我学习生涯最开心的一年，没有头疼、没有恶心，只有充实而快乐的学习生活，以及从此以后，无限美好的回忆。

失败并不可怕，可怕的是不愿意接受失败，让曾经犯下的错误，一直萦绕在心头。

尝试接受失败，跟自己和解，敞开心扉，才能迎接下一轮彩虹。

关于逆袭，其实没那么简单

有关逆袭的鸡汤，喝了一碗又一碗，但我想问，你逆袭了吗？你身边有人逆袭吗？你还记得当你读到有关逆袭的故事时，那种热血沸腾的感觉吗？

或许你曾暗自下定决心，要偷偷地逆袭，然后惊艳所有人，但今天我要朝你泼一盆冷水，因为所有的"逆袭"都不可能偷偷地实现。换句话说，所谓逆袭，不过是一点一滴地进步，微小到每一次进步都不易让人察觉，许许多多微小的进步，汇聚成了一个令人意想不到的结果。

如果你幻想的逆袭，是这个月考倒数，努力一下，下个月就能考前几名或者诸如此类戏剧性的突飞猛进，那么请你清醒一点。

你可能会反驳我说，你见过这样的同学，那我会告诉你，我本人就是这样突然从倒数考到前几名的例子。高中入学的时候，我是我们班第44名，在第三次月考时，一下子冲到全班第3名，从此保持在这样的位置上。看起来算不算得上一次完美的"逆袭"？整个故事情节，即使平铺直叙也会惹人感叹：要是我也是这样就好了。

但真实的情况是什么呢？是因为入学考试太难了，我没考好。刚进入高中，经过短暂的适应之后，我发挥出自己真实的实力，仅此而已。别人眼中所谓的逆袭，不过是一次整装待发的休整，只是很多人不仅不愿意承认，反而使劲美化它，以便赢得别人的赞美罢了。

而那些所谓逆袭的方法，只不过是用来吸引流量、博眼球的方式。且不说是不是真逆袭的故事，就算是真的，那些方法也只能是仁者见仁，智者见智，并非普适性的方法，更别说像我这样非真正意义上的逆袭者，传授出来的"逆袭"秘诀了。

事实上，逆袭的人很少，大多数人只是想逆袭而已。反观那些真正的逆袭者，至少都具备一个品质，叫不放弃。

都说"失败是成功之母"，但要从失败中孕育成功，一定要有置之死地而后生的决心，而那种决心，叫勇气。

逆袭的故事很美，但逆袭的过程犹如凤凰涅槃，想要浴火重生，你得褪去身上的懒惰、颓废、懦弱、拖延。试问一句，谁不是"千锤万凿出深山"的呢？

所以逆袭的人，会不会是你呢？为什么不能是你呢？

唤起你内心战斗欲的东西是什么？是来自同学的一句羞辱？是朋友间不经意的一句话刺痛了你的内心？是父母头上逐渐增多的白发？是你对未来的期盼？还是你内心对自己的审问？

是什么都不重要，重要的是，你要怎么做，你会怎么做，你能怎么做。

可惜的是，大部分人都败给了一个东西，就是缺乏自律。

关于自律，其实没那么难

我当年上中学的时候，"自律"一词常常被当作标语贴在教室正前方和正后方墙上，譬如"我自律我自信，不放弃能成功""自信自律，求实创新"之类的。至于自信和自律有什么关系，大概是自律的人会变得自信。

最近几年，自律这个概念被炒得火热，特别是在短视频领域，各种学习类、健身类的博主，或多或少都会提到自律，很多人甚至会出现自律焦虑，其实大可不必过分地渲染自律。

所谓自律，就是自己约束自己的一种能力，强调主动性。既然是自己约束自己，那自律的标准，则因人而异。既然自律是一种能力，那么自律完全可以培养。

（1）自律的标准

很多人有自律焦虑，是因为他们眼中的自律是别人的自律。

你会不会有这样的经历：你有一个同学，每天早晨 6 点钟准时起床读英语，如果他的成绩平平，你会觉得没什么用，还不如多睡一会儿，睡得好才学得好；但如果他的英语成绩非常拔尖，你就会感觉到压力。一方面你相信早起读英语是有用的，另一方面你又坚持不下来。眼看有一个方法可以提高自己的英语成绩，却因为自己的惰性不得不放弃。看看别人的成绩，再看看自己的成绩，那种恨铁不成钢的情感油然而生，好像提高英语成绩的方法不是坚持读英语，而是早上几点起床读英语。

但这个问题的本质是，你能不能坚持每天花一点时间学英语，至于你安排在几点，其实无关紧要。自律没有标准，它最大的魅力在于可塑性——你可以根据自己的实际情况制定一套只属于你自己的标准。对于这种"私人定制"，如果你很重视它，它就是你人生道路上的一块瑰宝；如果你轻视它，那它就是垃圾。它的价值，完全由你自己定义。

其实每一个人在某种程度上都是自律的，按时吃饭就是一个例子。我们会日复一日年复一年有规律地吃饭，如 7 点吃早饭，12 点吃午饭，18 点吃晚饭。我们并不会觉得这种自律会带给我们困扰，因为几乎每一个人都在最大程度上保持着规律吃饭。

那为什么有的自律会在不经意间做到，而有的自律却会带来困扰呢？因为我们坚持的有些事情是生命的刚需，比如吃饭；而有的事情不是，比如学英语。不吃饭人会失去生命，但不坚持学英语，最多只会让我们的英语成绩不漂亮，如果我们能接受不漂亮的英语成绩，那我们实际上没有必要坚持学英语。

倘若我们想提高英语成绩，那必然要付出代价，这个代价就是牺牲时间，我们把所需要的时间分成若干份，平均分布在每天，并确保每天都能按照计划所分配的时间到学英语这件事情上面，这就是自律——我们根本不考虑每天具体安排在几点钟。

（2）如何培养自律？

说起来比做起来容易太多了，实践往往是最难的环节。正如前面提到，"非刚需"的自律是需要付出代价的。对于大部分人来说，付出同样意味着收获，我们暂且不考虑能收获多少，因为这涉及效率。

最好的方式是循序渐进。同样以学习英语为例，如果我想每天学习一个小时的英语，那我会先实现每天学习英语这个行为，例如每天读 10 分钟英语，10 分钟只是三首歌的时间，不会影响我的日常活动。

坚持一周后，我发现很容易做到。在我养成每天都要读 10 分钟的英语这个习惯之后，我会适度延长时间，例如每天 20 分钟。如此反复，直到每天学习英语的时间在一个合适的范围里波动，它不一定是一个小时，也许是 45 分钟，也许是 1 小时 15 分钟，但可以最大程度地达到让自己比较舒适的时间，这样我既不会因为时间过长而感到恐惧，也不会因为时间过短而担心没有效果。

要改掉一个坏习惯也可以用同样的方法，这个方法的核心是通过逐渐缩短某个坏习惯占用的时间，来实现对它的控制，不是一竿子打死全部坏习惯。如果要求一个人在短时间内立即戒掉坏习惯，我们的身体反而会出现戒断反应，影响我们达成目标。

关于自信，其实没什么不好意思

我母亲以前经常说，我是一个过于自信的人。每次考完试，母亲问我能不能考 100 分，我都自信满满地说，当然可以呀。虽然被"打脸"了很多次，但又有什么关系呢？真正在乎我们的人，永远都希望我们要自信，而那些嘲笑我们自信的人，谁在乎呢？

当我们的能力配得上我们自信的时候，自信只是能力的一种外在表象，让我们不至于在大场面中怯场；而当我们的能力配不上自信的时候，自信充当的是一种乐观的态度，是一种希望，让我们有勇气在黑暗中等待黎明。

我特别不喜欢跟悲观的人在一起学习、工作、生活。遇到一点问题，就觉得天要塌了，好像人生就应该一帆风顺才是正常的。容易被一点小事打败，变得畏畏缩缩的人，很难会在人生的路上摘到胜利的果实。

我也遇到过很多面对学习极度不自信，甚至自卑的学生。对于这类同学，首要的任务并不是教他们知识，也不是教他们学习方法，而是给他们希望，让他们打心底相信自己是可以的。最简单直接的方式就是背英文单词，每背下一个单词，都能真实地感受到词汇量在增加，这种付出就能体验收获的感觉，会让人上瘾。

其实学习是一件简单的事情，培养对学习的自信，是一个学以致用的过程。就像在小学学会了加减法，就能在买东西的时候算账，那时候我们会骄傲地说："数学老师教过我们的。"

只是后来随着我们学习的知识越来越深入，有些知识不能直接体现在生活中，我们感觉好像用不上了，慢慢就失去了兴趣，我们开始进入恶性循环：没有兴趣，就不想学；越不想学，成绩越差；成绩越差，越没有兴趣。

人的自信，来自两个方面：一是自身的实力；二是乐观的态度。二者的关系，应当是相辅相成的。如果将自信比喻成火箭发射的话，实力是火箭、是根本，那么乐观的态度则是燃料，是必需品。

但二者要择其一的话，我会选择乐观的态度。

记得四年前，我听了专业课老师的故事，下定决心去德国留学，去德国上学是一件十分麻烦的事情，要求的材料特别多，最麻烦的当数考德语证书。相比学了十几年的英语，考德福（一种德语等级考试）的难点在于：在有限的时间里从零基础开始学会一门比英语更难的语言并拿到相当于雅思 6.5 的成绩，是一个非常大的挑战。那时候刚上大二的我，始终相信，未来是拼搏出来的，于是跟同学聊着天，我们就去报班学德语了。

我常常在想，如果那时候有人斩钉截铁地告诉我，两年时间不可能把德语的听说读写都掌握，我还会不会一如既往地为了那个小小的留学梦而坚持？

曾经跟一起奋斗的小伙伴说起来这个问题，他点了点头，说："如果自己都不相信自己可以，凭什么让别人相信？"

自信一点，有什么不好呢？

关于留学，其实你应该知道

10 年前，留学对我来说都还是可望而不可即的事情。

记得有一天，邻居阿姨来我家拜访，说起隔壁有个姑娘在日本留学，花掉了父母一套房，两人悄咪咪地使眼色，言语中透露着"真不值得"的意味。我母亲扭头对我说："幺儿，以后莫出国哈，咱家房子我可不卖哦。"

可不是吗，那时候出国留学的人，都是富家子弟，像我们这种普通家庭的孩子，只敢偷偷想想，羡慕别人。但随着国家越来越开放，政策上鼓励大家出国留学，公派留学的机会也越来越多，普通家庭的孩子出国留学再也不是梦。

前几年，流行着一句话，叫："海归，出国镀金。"可想而知，人们把出国留学抬得很高，只要是出国留学回来，各大企业都争先恐后地抢着要。可现如今，人们也会开始辨别，什么人是真镀金，什么人是混日子，企业为了保险起见，也只抢着要世界名校的学生。

面对这样的情况，你还会选择出国留学吗？

我的答案是，我依然会。如果只是为了找一份工作，我相信我的母校中山大学带给我的平台足以让我在珠三角地区的一线大城市找到一份还不错的工作。我相信，我的人生不只有工作，我还有一颗了解世界的心。

当初我和另外两个好兄弟决心要去德国走一圈，后来竟无一人走进德国，并非不能去，而是面对来自不同国家不同大学的录取通知书，我们都各自做出了选择：一人选择了欧盟伊拉莫斯项目（Erasmus）的全奖，另一人选择了瑞士洛桑联邦理工大学，而我选择了世界上最"土豪"的大学，阿卜杜拉国王科技大学的百万全奖。

我们曾经在中山大学一起奋斗，后来都用最经济的方式实现了各自阶段性的小目标，如今已经毕业。

再回首往事，三个普通家庭的孩子，是靠什么走出去的呢？

正如刚刚提到，如今普通家庭的孩子出国留学不是梦，以下几个方式，最为常见：

1. 国家公派留学

国家公派留学有比较长的审核时间，需要在特定时间之前，先拿到录取通知书，再提出申请。获得国家公派留学的机会，就可以完全不用担心费用问题，毕业之后，可继续攻读更高学位，或者回国就业。但毕竟全国有很多同学都希望得到国家公派的机会，所以有一定的竞争。

2. 目标院校的奖学金

大部分院校都有针对国际学生的奖学金，甚至一些有名的大学会提供针对某个地区学生的奖学金，例如非凡英国奖学金，就是提供给中国学生的奖学金。由于学校的奖学金有限，申请起来讲究择优录取，先到先得的原则，竞争比起国家公派奖学金略大。

3. 去"低费用"的国家留学

"低费用"是相较于英国、美国的动辄二三十万元的学费来说的，例如德国大部分公立院校的学费只有一年几千块的注册费，留学费用的大头是生活开销，并且德国的大学，素有含金量高的美誉，是大部分工薪家庭的首选。

这三个方式的共同点是：择优录取。这意味着普通家庭的孩子想要出国留学，最起码需要成绩好。所以，如果你来自一个普通家庭，想要出国留学，又怕给家庭增加经济负担的话，现在的首要任务，就是认真学习。

光成绩好还不够，我们至少还需要收集足够多的信息，当时我们三兄弟在微信群里不断地分享着我们各自收集到的各种信息，包括建议申请的学校、提供奖学金的学校、申请到奖学金的学业条件、前一年录取的中国人数等，在长达两年的时间里，我们几乎把欧洲所有国家的大学看了个遍，才有了后来大家都满意的结果。

对于我们而言，比起出国留学本身，那种不断追求成功的过程，才更加让人难以忘怀。

我十分鼓励有条件的同学，积极响应国家号召，多出去看看，看看这个世界的精彩和糟糕之处，多了解跟我们不一样的文化，多接触不同种族、不同文化背景的人，把中国的文化、善意传遍世界的各个角落，做"一带一路"的引路人，心怀更加长远的目标，投身到祖国的建设当中。

2

好的家庭关系是
孩子成才的第一步

作者：王凯

中山大学　能源与动力工程本科
阿卜杜拉国王科技大学　机械工程硕士

坚持练字，是一个好习惯

从小到大，我的父母几乎没有要求我按照他们的规划来学习，除了一件事，就是练字。说实话，我并不知道练字有什么道理，但是每天一定得练一篇字，一周七篇，雷打不动，少了是要补的，有时候还免不了在潮湿的土地上跪一个小时。我的童年就是在这样的氛围中度过的。

刚开始练字的时候，是我小学一年级。我母亲每天都会检查，然后写一个"查"字。这个"查"字有两个意思，一是表示这篇字算通过了，二是表示下次别想再用这篇字来糊弄她。可想而知，我曾经糊弄过她。我必须承认我懒和贪玩儿，有时候忘记练字，迫不得已拿以前的字来充数。可是，贪玩儿是小孩的天性啊，也是我童年的一部分。

后来，我母亲迫不得已采用这种看起来互相不信任的方式，督促着我每天练字。随着年龄的增长，我越来越觉得练字是一件很无聊的事情，特别是跟打游戏相比。所谓"道高一尺，魔高一丈"，我自有办法瞒天过海。至于办法，不过就是请人帮着我一起写罢了，看起来破绽百出的方式，倒也十分奏效，我母亲从来没有发现这个问题。

或许你们已经看出来了，我的母亲好像有点"笨"。也容易理解，毕竟她初中都没有毕业。后来我上了初中，我母亲便不再强迫我练字了。我曾想，终于短暂性解放了。

可是说来很奇怪，自从上了初中，没有人监督我练字，我的内心却开始享受练字带来的宁静。字帖买了一本又一本，钢笔换了一支又一支。后来，身边的同学都问我："你的字为什么写得这么好看？"老师会表扬我："小伙子，字写得不错哦。"有时候语文课上被抽查默写，老师让我去黑板上写，写完对着文娱委员说："这种字，怎么不去办黑板报嘛。"那时候，我会偷着乐一乐，心想，我还得再练习练习，要写得更好看呢。

有句老话说，"字如其人"，也有一点道理。我也一度相信，成绩好的同学，字都写得不错，直到后来帮老师批改试卷，这种想法才慢慢改变。因为我发现好些成绩好的同学，字写得跟"狗啃"一样。当然，我也不会嘲笑他们字写得不好，只是因为我热衷于练字，对同学的字或者字体更加关注而已。

可能每一个热爱练字的同学到最后都会关注字体，并形成带有自己风格的字体，我也不例外。从一开始，练习标准的正楷字，到后来练习标准的行楷字，再后来，就是随心所欲地将自己的风格注入行楷，变成"凯楷"，即使现在想起来，也是十分有趣的。

大学毕业的时候，我在宿舍收拾行李，从书架上找到四本练过的字帖。那天我抱着那几本字帖，陷入了沉思，我没想到，练字的习惯，好像变成了我生命中难以割舍的一部分。掰着手指头算一算，我竟然练了十五年的字。那十五年，像放电影一样，一幕幕在我的脑海中浮现。

我回想，我好像因为字写得不错，还受到过很多"优待"呢。初中数学老师就非常喜欢我，经常放学了让我把晚自习的练习题抄写在黑板上。为此，我错过了很多次晚饭，也因此跟数学老师的关系特别好，进而我的数学成绩从初中到高中都是所有科目中最好的。

现在，你知道练字有什么道理了吗？就这件事，我觉得我母亲是很明智的。因为字写得不错，让我在很多时候都充满自信，并且因为自信，成绩变得越来越好，成绩越好又更加喜欢练字形成的良性循环，一路把我送进了985大学。

后来，我问我母亲为什么一定要我练字。她说："你爸妈都没读过多少书，教不了你什么，让你养成良好的习惯，是我们力所能及的事情。虽然我也说不上来练字具体有什么用，但是字写得好，总归是没有错的。"

多么朴实的话啊，但事实证明，她是对的。

适当的激励，激发孩子更多潜能

大人们的鼓励，好像总是带有时代的印记。爷爷奶奶是穷苦过来的，所以他们的鼓励总是关于钱，我爷爷常常给我说："你用英语说一下这个，我就给你五元钱。""你用英语说一下那个，我就给你十元钱。"而父母是在上一代的命令中熬过来的，所以父母的鼓励更多的是关于条件，比如我母亲常说："把作业写完，你可以看一会儿电视。"这种看似诱导的方式，实则在向我传达一个观念：这个社会的规则就是"等价交换"。

讲几句英语就能挣五元钱，对于一个小孩来说，是再划算不过的，结果就是，为了能够从爷爷那里挣更多的钱，我通常会把英语课本背得滚瓜烂熟，恰好学校的英语老师也会要求背课本，对于我来说，简直是一举两得的事情。脑子里装着英文课本，学习起英语来自然就容易很多，所以我的英语成绩常常名列前茅。

后来长大了才发现，原来会讲几句英语真的可以挣钱。上大三的时候，我和同学在中国进出口商品交易会给一对斯里兰卡的父女当翻译，每天跟着他们参观各个展厅，既增长了见识，还挣了一笔钱，太有成就感了。

但拿学习换钱这种事，在父母那里，总是行不通的。倘若我拿写完作业换五元钱来请求母亲，她总会回我一句："你又不是在给我读书，管你写不写，你们老师会处理的。"听完，我只得乖乖地去写作业。倘若我跟她讲条件，又是另外一回事了。

记得初中那会儿，电脑还没有普及到家家户户，有时候去同学家玩电脑，我就会想，要是我家也有一台电脑该多好啊，于是回家跟母亲交涉，你猜怎么着？她竟然没有拒绝。不拒绝就代表着有机会。"你说吧，有什么条件？"我很期待地问她。

我猜想，她早就想好了条件，立刻就告诉我说：如果我能考进年级前十，并且连续三次保持在年级前十，就可以给我买电脑。这种条件，倒不像是有心给我买电脑，更像是让我知难而退。也许她心中认定了，凭我当时的学习水平，短时间内是达不到这个条件的，更不可能为了这个目标长期奋斗。

要知道初中入学考试，在全年级500来号人中，我只排到了第74名，年级前十对于我来说，就是个天文数字。可是谁都想不到，经过两年的艰苦奋斗，我终于在初三那年实现了这个目标。

后来，我母亲在我上高一的时候，兑现承诺给我买了一台电脑，我很开心也很欣慰，因为这是我真正意义上第一次通过自己的努力实现了自己的目标。

回首那些奋斗的日子，我更加坚定了一个信念：只要努力就会有结果。这也是我高中三年的信条。

我相信，结果不会辜负每一个努力奋斗的人。

把孩子的人生还给孩子

人都有控制欲，掌控别人是一件不由自主的行为。可是大多数父母都不承认自己有控制欲，你让小孩多吃青菜、少吃糖，让他们高考报考某个专业，让他们毕业之后从事某项工作，让他们在特定的人群中寻找另一半等，其实都是在掌控他们。

父母以为的为孩子好，对孩子来说，是真的好吗？好比我喜欢画画，以后想当设计师，但父母对我说，当老师好，你当美术老师也可以画画。

当老师好吗？很好，工作稳定，作息规律，受人尊敬，简直是父母眼中的完美工作。可是我不喜欢，我也不愿意把以后的人生浪费在我不喜欢的职业上。

大部分父母在小孩18岁之前，有绝对的主导权，他们会决定小孩小学、初中、高中在哪里就读，有条件的家庭，还会让小孩上各种各样的补习班，为孩子设定好看似一片光明的道路。可是，18岁之后呢？孩子没有主见，事事要听父母的，自己的未来要走什么道路，该怎么走，父母还能帮他们吗？

更可怕的是，很多父母既没有文化，又不愿意学习，却把周围人的意见视作瑰宝，极其喜欢以主观的见解对孩子的未来指指点点，等到将来付出代价的时候，责任一推，全都变成小孩的问题了。

明智的父母一定懂得学习，懂得在需要的时候放手，培养孩子独立自主的品性，支持他们内心细小的想法，陪他们一起成长。

下面我想分享一下我父母和我的例子。

你们第一次做出人生的重大决定是什么时候？我想大部分的同学，都是高考填志愿，还有一部分同学，甚至连高考志愿都做不了主。这么一想，我还算幸运的，因为初中毕业，我就有机会做一个重要的决定了——在本地的重点高中上学，还是去绵阳的重点高中上学。

你别看都是重点高中，本地重点高中和绵阳重点高中的区别在于：本地高中全校加起来有 10 个同学能上普通 985 大学，运气好，有一个加分能上清华北大；而绵阳的重点高中，"裸分"能上清华北大的同学加起来，几乎占了整个四川被清华北大录取人数的一半。

因此不难理解，为什么全四川的学子，挤破头都想往成都、绵阳的高中去。成都七中流传着一句话："不认真学，只能去隔壁上川大。"当然，实际情况没有那么夸张，但足以证明，如果有机会能够去到这样的高中上学，半只脚已经踏进了 985 大学。

对于从未离开家，甚至从来没有自己洗过衣服的我，第一次跟父母提出要去绵阳上学的时候，我看到母亲眼中的反对，但她没有说出口，后来还是默默地陪我去绵阳参加自主招生考试。

绵中打电话通知我报名的时候，母亲没有说话，父亲把我拉到一旁对我说："你要自己做决定，爸妈都支持你的。"听到这句话的时候，我很惊讶，我从不敢想象，在家里有绝对权威的父亲，第一次告诉我，我可以自己做决定。直至如今，我硕士毕业了，每每想起这件事，心中还是满满的感动。

我很庆幸，我的父母虽然初中都没有毕业，但他们在我的学习上，看得十分通透。从小他们就对我说："你父母没念过书，帮不了你什么哦。"言外之意，就是说我自己的学习我自己操心，所以我小时候就懂得，学习的事情，我不能指望父母，唯一的办法就是认真学习，尽可能在学校找同学、老师帮忙。

　　正因如此，我没有太多的机会去上课外补习班。有时候，看到同学们报名，想跟着凑热闹，却总是被父母拒绝。但正因为没有过度依赖补习班，我反而养成了自主学习的习惯。

　　我做的第二个重大决定，是选择自己喜欢的大学。

　　我的父母喜欢石油大学，因为在他们眼中，能进石油企业工作，譬如中国石油、中国石化之类的企业，是非常棒的。但他们还是在我填志愿的时候，说："你自己决定吧。"

　　这句话给了我极大的自由。虽然我自己填志愿没什么经验，并且为了回报他们的付出，感情用事地在第二志愿填上了石油大学，又阴错阳差地被石油大学录取了，但整个过程，都是我自己在做决定，父母的信任和支持是我坚实的后盾。

　　即使后来，我要为填志愿时不认真的态度付出代价，也依然感谢父母能让我自己决定未来的路。

　　我做的第三个重大决定是复读。

　　大家都知道，复读是一件非常辛苦的事，这种辛苦比应届的同学更甚。既要承受高三繁重的学业压力，还要承受自己的期望所带来的心理压力，还要耗费大量的时间成本和机会成本。可是对于我来说，复读的那一年，我过得很充实。

　　一方面，我能考进全省前 3000 名，说明我在学习上的问题不是太大，而且我清楚地知道自己的不足在何处，复读的时候，我可以更有针对性地学习，效率提高了不少；另一方面，复读是我自己的选择，没有人逼迫我，所以我的内心很坚定，没有抱怨。自己选的路，好坏都得走下去。

皇天不负有心人，终于在复读一年之后，我成功考上了心仪的大学。

我做的第四个重大决定，是出国留学。

还记得大一结束的那个暑假，我跟父母在家楼下吃串串香，一个猝不及防，我就告诉他们我想要出国留学。父亲和母亲相互看了一眼，父亲先说："我们哪有钱给你留学啊？"母亲附和道："是啊，我们家没有钱。"

他们怎么也想不到，我会说出"没钱就去借"这种话，不过我当时确实也是这么想的。

为了出国留学，我在做准备，父母也在做准备。我一边在学校外的补习机构学习德语，一边在学校努力学习，提高绩点，每一学期结束，我都要重新演算一遍，接下来的几个学期，绩点要达到什么水平才能实现我的目标，坚持了三年。

我的父母嘴上说着要不别出国留学了，实际上又偷着帮我准备留学的费用，甚至准备卖掉房子来支持我。

不过最后，我还是拿到了近百万的奖学金，出国留学不仅没花家里一分钱，还挣了不少。

但对于我父母而言，充足的奖学金，虽然能解决留学费用的问题，但他们更加关心，国外是否安全，是否会有危险。我父亲在得知我决定选择阿卜杜拉国王科技大学之后，第一时间打电话问我：是不是一定要去这里？如果不安全的话，他更希望我去欧洲。

我的人生中，三次重要的升学选择都是自己做的决定，现在回想起来，感觉真的太棒了。

良好的亲子关系从"互相尊重"开始

孩子往往难以获得父母的尊重，因为父母有一种与生俱来的威严，这种威严随着小孩年龄增长而有所改变。生活中最常见的例子是，小时候父母做决定很少会征求小孩的意见，通常是"告知"，更有甚者，光明正大地替孩子决策，而且从不知会。

可以说，在大部分家庭，父母、孩子之间的相互尊重需要等到孩子成年之后。

青春期那会儿，大多数孩子会出现叛逆的行为，表现为抵触父母，不愿意与他们交流，甚至故意与父母意见相左来增加自己的存在感，我也不例外。

要跟父母和平相处，永远不要指望他们改变；同样的道理，父母要想跟孩子和平相处，也永远不要指望孩子自己懂事。这个过程十分微妙，且相互促进，良性循环。

我很早就懂这个道理，所以我通常会努力做好自己的分内之事。回家主动做作业，考试主动上报成绩，犯了错主动承认错误，想要什么主动提出来。注意这个顺序，先做好自己的事，再向父母提出合理的要求，明事理的父母是不会在这时候拒绝的。倘若父母拒绝，孩子会认为即使自己做得再好，也没办法得到自己想要的东西，那这样的家庭不会和谐。

我母亲是很懂我的，很多时候，我会流露出对某些东西的喜欢，母亲会在我表现得很好的时候，主动提出来买给我。对我而言，我得到的并不仅仅是当时喜欢的某样物品，更重要的是，我能感受到来自父母的尊重。

与我情况相反的是我的堂弟。前两年回家过年，伯伯拉着我说："幺儿，你也是从青春期过来的，你帮我分析一下，为什么你堂弟现在这么叛逆？"

说着就举了个例子：我堂弟在校成绩非常好，年级前十，在学校跟同学关系也不错，只是回家就不喜欢讲话。有一天他看电视看到很晚，伯伯先警告他关电视去睡觉，堂弟嘴上答应着，但迟迟没有行动，伯伯一气之下，把电源线给拔了，两人小眼瞪大眼，最后不欢而散。

这个场景是不是似曾相识？问题到底出在哪里呢？

先说堂弟，他知道他父亲的脾气大，但偏要对着干，原因是他长久以来都有一些诉求没有得到满足，多看一会儿电视只是导火索。他尽一切可能惹恼他父亲，在挨打的边缘试探。而伯伯是因为自己的威严在孩子面前荡然无存，他不能接受"我的儿子居然不听我的话"，所以偏要借机树立威信。事情发展成这样，也怪不得父子关系持续恶化了。

很多父母，会抱怨小孩叛逆期到了，不听话，却少有父母反思如何去理解叛逆期的孩子在想什么，他们最需要的是什么，以及如何与叛逆期的孩子相处。

当孩子有了自己的主见，当他们开始跟父母分享自己的想法，他们期待的并不是被父母泼一盆冷水。

3

人人都能掌握的
超强记忆法

作者：张译雯

加州大学欧文分校　社会心理学本科
哈佛大学　发展心理学硕士

我是一名心理咨询师，也是一位自媒体博主。2016年，我拿到了哈佛大学发展心理学的硕士学位。毕业几年后，我开始从事心理咨询行业，曾为青少年设计情商课程，受邀成为哥伦比亚大学心理论坛演讲嘉宾。现在已经有超过300例个案的咨询经验。

学习是一场"持久战"，是对身体和心理的双重考验，在接下来的三章，我将用专业的心理学和脑科学知识，与你分享高效的记忆方法，以期帮你缓解学习压力，取得更好的成绩。

心理学其实是一门冷门的学科，我相信换作别的父母，很多是不愿意让自己的孩子学习的，他们会认为这样的专业就业难。而我的父母很支持我，他们跟我说我只要去读我自己喜欢的专业就好，只要足够喜爱，就能找到合适的工作。到现在我还非常感谢我的父母，在本科时如果没有选择心理学专业，我就不会那么充满热情地去学习，也就不可能有申请哈佛深造的机会，现在也更不可能成为一名心理咨询师。

我一直觉得人应该做自己擅长的事情，而不是跟风去学习所谓的热门专业。如果自己没有足够的热爱，就算这个专业再热门，大学的时候提不起任何兴趣，根本不可能学好。我在大学选专业的时候，就很清楚地知道我不但喜欢心理学，而且我很适合学习心理学。因为我有着过人的记忆力，别人说过的话、做过的事我都能记得。课本里的知识虽不能说过目不忘，但看了几次几乎都能倒背如流。记性是天生的能力，当然更需要后天的技巧，所以在接下来的内容里，我会跟大家分享我特别的记忆方法，希望对大家在文科方面的学习有所帮助。

有效的记忆法，帮你塑造更有活力的大脑

其实我并不是一个传统意义上的学霸，因为我的理科成绩并不是特别理想，这也让我在国内上高中的时候决定去美国读大学。美国的"高考"对理科的要求不高，但是对英语的要求非常高，当然逻辑思维也不能太弱。因为我记性很好，顺理成章地考到了一个很不错的分数，进了一所在美国排名前40 的大学——加州大学欧文分校。

在学习记忆方法之前，先跟大家介绍一些我曾经用到的提高自身记忆力的方法。

海马体是大脑中负责记忆的部分，而海马体也是最能够被后天锻炼的部位。多吃蛋、三文鱼、虾这些高蛋白且富含 Omega-3 脂肪酸的食物，确实可以让你的海马体变得更强。我从小记忆力就很好，总结了一下我的饮食习惯，就是整天都在吃海鲜。我从小在沿海长大，每顿饭可以没有肉类，但是绝对不能少了鱼。虾也是我最爱的食物，从小吃到现在都没有腻，很小的时候，一个人一顿饭就可以吃掉好几斤虾。海鲜是高蛋白低脂肪的食物，这些食物不仅让人记性好，还容易让人保持好的身材，多吃海鲜真的是一举两得的事。

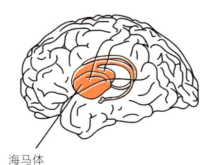

海马体

还有一点特别重要的，就是睡眠。睡眠不单单起到了休息的作用，还能让一天当中学习到的信息得到深化。人在睡觉的时候海马体是非常活跃的，会把这一天接触到的信息都过一遍。一些白天需要很努力才能记住的信息，在睡觉的时候，海马体会把它储存为长期记忆。大家应该有过类似的体验，白天花了很长的时间做题，晚上就会梦到这些题目，这其实就是你在做梦的时候，海马体在整理你白天接触到的信息。如果我们在考前囫囵吞枣，通宵背诵大半本书，第二天去考试的时候，大部分内容就很容易都想不起来。没有经历过睡觉的过程，就没有形成一个完整的记忆圈，前面所有的努力都容易白费。所以，我建议大家平时一定要多学习，不要临时抱佛脚，这样就可以保证每晚至少有 7 个小时的睡眠。而且不熬夜，睡眠充足，早上起来精神就好，皮肤状态也更好，心情也会更好，学习也更有动力。

我在大学的时候，因为就读心理学专业，学科的阅读量非常大，但是我每天都会努力去完成教授布置的阅读作业，然后尽量保证早睡和 7 个小时的睡眠。因为平时都有准备，所以在考前就不会格外紧张。我在考前基本都会保证睡一个好觉，这样每次考试的时候就可以正常发挥。

最后一个提高记忆力的方法就是练习乐器，我从 6 岁开始练钢琴，一直练习到 15 岁。学钢琴需要学习五线谱，还要背诵大量的内容，这在无形中就锻炼了记忆力，也锻炼了自律的能力。要弹好琴，每天需要练习至少 40 分钟，如果一个孩子可以忍受枯燥的练习，学习对于他来说也不是一件很困难的事情。当然兴趣仍然是最重要的，如果一个学生本身就很讨厌学习任何乐器，再怎么逼迫也没有用，还会在青春期触发逆反心理，得不偿失。

接下来给大家介绍一些我自己总结，以及从心理学专业角度证明有效的记忆方法，分别为多感官刺激记忆、相似记忆、简化记忆和奇特联想法。

多感官记忆法

大家一定有发现，背诵文章光默读肯定效果很差，一定要结合朗读，那是因为人在背诵的时候，刺激了视觉和听觉两个感官。大脑在记忆的时候，如果负责不同感官的地方同时被刺激，就更容易记住内容。所以大家在记忆的时候，不光要看、念，甚至还要闻或者吃味道很奇特的东西，激发大脑的动力。

举个例子，大家在考前复习课本的时候，记忆需要背诵的内容，最好把内容做成思维导图，利用视觉进行记忆。也可以同时吃味道很特殊的水果，比如百香果、石榴、山竹之类。然后第二天考试之前，也要吃一点这个味道的水果，就可以帮助自己在考试时回忆复习过的内容。在考试时，也努力回忆自己朗读的声音和做过的思维导图，就很容易帮助自己回忆起所有的内容（见下图）。

思维导图的一种模板

相似记忆法

这个记忆的方法特别适合背单词。我的英文水平不错，这得益于我的词汇量非常大。词汇量大的人都会跟大家介绍词根、词缀的记忆方法，类似于中文的偏旁部首。英文当中的单词，很多都是由词根和词缀组成的，词根表示词的意思，词缀表示程度或者词性。如果我们熟练掌握了词根和词缀，看到一个陌生的单词，也基本能猜到它的大致意思。所以，我记单词一般都先看它的词根、词缀来记忆。

如果我们对词根、词缀掌握得好，就可以用相似记忆一次性记住很多个单词。比如 relax 这个词，很多人都知道是动词"放松"的意思，"re-"这个词缀是重复，lax 这个词根是"松垮"的意思，合在一起就是"重复的松垮"，我们很容易就可以联想到"放松"的意思。我们知道了 relax 这个词，就可以背诵和它相似的其他变形，比如 relaxing（正在放松）、relaxed（放松的）、relaxation（名词放松）。

我们可以把这些词放在一个思维导图里，中心的词为 relax，发散的各个词为 relaxing、relaxed、relaxation，等等。用词根、词缀和相似记忆法，一次可以记住好几个甚至十几个单词，这样记单词就变得容易了很多。用这个方法提升到 8000 的词汇量是很容易的。

相似记忆法还可以用来记忆和辨别相似的概念，比如语文中的多音字、化学中相似的公式，把类似的内容整理到一张思维导图里，就可以帮助自己辨别。相似的概念往往也是考试重点考查的对象。

简化记忆法

有些特别难又很冗长的概念，就可以用简化记忆法：一个大概念里面有好几个小概念，就先把这些小概念的名字简化去记忆，然后再去记小概念里面的内容。

给大家举个例子，心理大师皮亚杰的儿童心理发展阶段有四个部分，每个部分都是一个内容很多的概念，所以我们先记忆这四个阶段的名字：感知运动阶段（0—2岁），前运算阶段（2—7岁），具体运算阶段（7—12岁），形式运算阶段（12—15岁）。这些概念名字很长，我们就缩略一些，变成"感动0—2""前算2—7""具算7—12""形算12—15"。这样记起来就比较方便，等我们把这四个简单的部分记清楚了，再去记里面的具体内容。比如，感知运动阶段里有孩子懂得了因果关系，前运算阶段里有孩子开始了自我中心，具体运算阶段孩子更会分类，形式运算阶段有孩子学会了逻辑推理。

简化记忆法特别适用于概念型很强的学科。人特别能记住分类和层级清楚、先粗略后详细的概念。大家可以把用简化记忆记住的内容整理到思维导图里，这样等于是简化记忆和多感官（视觉）结合的方法，可以把学科内容记得非常牢固！

奇特联想法

　　奇特联想法是一个特别好用的记忆法。任何杂乱无章、没有什么规律的内容都可以用奇特联想法来记忆。你可以在心中给要记忆的内容编个奇怪的故事，这样就很容易记住了。

　　用英文单词来举例。restaurant 这个单词是餐馆的意思，英语初学者去记忆还是有一点难度的。我的初中英语老师就教我们一个很奇特的记忆这个单词的办法。把 restaurant 看成 rest+aur+ant，rest 是休息的意思，aur 我们老师就说这叫"哎哟啊"，然后 ant 是蚂蚁的意思。合在一起就是"休息哎哟啊蚂蚁"：蚂蚁在餐馆里背着食物，叹气地说了一声"哎哟啊"。

　　在背诵单词的时候，脑海里要浮现这个故事的画面，越奇特的故事画面感就越强，可以帮助自己很好地记住内容。现在也有很多利用词根、词缀记忆单词的词典，里面每个单词都会匹配一张很奇特的图片，越奇怪的图片越可以帮助自己记住这个单词，再给这张图片编一个荒诞的小故事，就是很好地利用了词根词缀＋多感官刺激记忆法＋奇特联想法来记忆单词。

　　除了英文单词，很多复杂且很难背诵的概念也可以用奇特联想法。这里给大家举一个心理学的案例。心理学中最难记的概念无非就是大脑的构造和神经。这些内容光靠重复，或者视觉记忆，都不能很好地记住。

　　我通常会编一个很奇特的故事，比如，大脑皮层的构造：

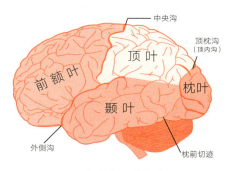

大脑皮层的构造

这部分的构造和功能是非常难记的，我当时就编了一个故事，讲的是一个娱乐经纪公司的构成：前额叶是管理理性控制和规划的，那就是娱乐公司的 CEO，在"前面"规划打头阵；顶叶是管理运动协调的，娱乐公司里会唱会跳的艺人都是公司的"顶梁柱"；枕叶是管理视觉功能的，这些艺人很努力，会在睡前看舞蹈动作的"视频"；颞叶是管理听觉功能的，"颞"这个字读 nie，第四声，仔细看这个字左边有"双"和"耳"两个字，从字面上就可以理解这个部分是管理听觉的，这个娱乐公司的艺人"听歌"的音准一定要过关。

当然，大家可以根据需要编一个自己觉得好记的荒诞的故事。通过这样的方法就可以把复杂的概念一次性记住，不需要反反复复地阅读背诵了。

最后想跟大家说一下，别人的名字也可以用奇特联想法记忆。生活中记住第一次见面的人的名字，之后再见到能准确地叫出来，会让别人觉得被重视，也会帮助自己建立良好的人际关系。

我是一个记他人名字能力特别强的人。每个人的名字其实都可以编出一个画面感很强的故事。比如我的名字是"张译雯"，"译"可以理解成"翻译"，"雯"是美丽的彩虹的意思，整个名字就可以解释成一个"姓张的喜欢翻译好看文字的女生"。描述性越多，画面感越强的文字，越能够帮助自己记住别人的名字。

4

提高自律，摆脱拖延

作者：张译雯

加州大学欧文分校　社会心理学本科
哈佛大学　发展心理学硕士

不管是哪种类型的学霸，都有一个共同点，就是极度的自律和没有拖延症的困扰。研究发现，自律的人的大脑前额叶更发达，而这个部分是管理理性规划和冲动控制的。因此，也可以说自律的人大脑确实更发达。

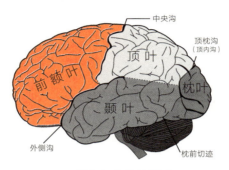

橙色部分为前额叶

斯坦福大学曾经做过一个著名的"棉花糖实验"，很多3—6岁的小孩被单独邀请到实验室，研究人员说："只要你忍住15分钟不吃眼前的这个棉花糖，我回来之后就给你另外一个。"结果那些忍到最后都不吃棉花糖的小朋友，长大了之后在美国高考SAT中的成绩比其他没有忍住吃了棉花糖的小朋友要高很多，未来成才的概率也更高。

我算得上是一个非常自律的人，这个能力从初中就开始显现。有些人的自律是天生的，来自强大的内在动力。我从小就喜欢钻研知识，也喜欢把老师布置的作业都写完，考试也渴望考高分。学霸往往都是有"虚荣心"的，喜欢考出好成绩被班主任在家长会上表扬，这样就更能激励自己好好学习。当然到了高中之后，好好学习的动力更多还是来自希望自己可以上一个好大学，这样未来才有更多的机会。我相信在看这本书的学生一定动力十足，就不用多说了。如果在看这本书的是家长，我希望家长可以让孩子意识到学习的重要性，而不是强迫孩子去学，并且不要强迫孩子去学自己不喜欢的专业。对学习的热情上来了，才会有自律的动力。

我在前面说过，学霸往往都是很自律的，很多事情都会提前准备，尽量让自己没有拖延症的困扰。这点在大学期间尤其重要。在高中的时候，我们都有被布置过那些做不完的任务，马不停蹄地往前赶，也不常有拖延的情况。但是到了大学，学习更多是凭借自觉，这个时候很多人就会拖延，期末要交的论文不提前写，到最后几天才开始动笔；有大量背诵内容的学科到最后几天才开始复习，最后成绩肯定很不理想。我在大学期间的绩点是 3.87，满绩点是 4 分，毕业时获得了"荣誉学生"的称号，跟大家分享一下我大学四年极度自律的动力和方法吧。

自律的前提是动力

一个人如果没有对目标的超强渴望，是不可能自律的。相信在看这本书的同学一定都是动力十足的，但有的时候我们也会泄气，突然没了向前冲的力量。在这里我想跟同学和家长们聊聊怎样培养动力。

我们为什么要学习？学习动力分为内部动力和外部动力。内部动力来自我们本身对竞争的兴趣。我相信每一个学霸都是争强好胜的，取得好成绩并且排名靠前，真的可以获得满足感。当然我们对竞争的渴望也可以通过正反馈来加强。如果我们在很小的时候偶尔成绩拿了高分，家长狠狠地夸赞了一顿，老师也在家长会上表扬，那我们尝到了名列前茅的甜头，就会自然而然地想要好好学习，然后再一次拿到好的分数。所以家长的表扬也非常重要，如果我们有一对只会在考试失败时大声斥责的父母，我们对竞争的兴趣只会慢慢转变成恐惧。我非常希望家长可以明白，责骂真的没有效果，夸赞才能带来源源不断的动力。

另外一个内部动力来自兴趣，如果家长让孩子多钻研自己喜欢的学科，而不是逼着孩子去上许多兴趣班，孩子一定会更有动力去学习。当我们有机会可以钻研自己喜欢的学科，我们就会畅想着未来从事这方面的职业，就自然而然地想着好好学习，可以考进心仪的学校去学习自己喜欢的专业了。而且就算志不在学习，能够找到热爱的事情，并且坚持下去，以后的人生也一定不会太差。

最后一个内部动力来自对美好生活的渴望。我们要是学习好了，上到好学校，找到好工作，我们才有更多的选择，想去哪儿生活去哪儿生活，想去哪儿玩去哪儿玩；我们能够更有尊严地活着，不会被人欺负，不会出于经济原因忍气吞声。我现在真的深刻理解了好好读书带来的福利，这让我毕业之后找工作变得极其顺畅，工资养活自己绰绰有余。现在，我开了一家咨询公司，自己当老板，根据时间和精力接待咨询者，根本不需要看人脸色。不知道在阅读的你能否想象到这样的工作状态——在职场不被上级或者甲方支配，真的很自由轻松。而这一切，都是好好学习给了我机会。

当然，除了内部动力也需要外部动力。每一次我们学得好，家长或者我们自己一定要给予奖励。不是所有学科我们都有兴趣学，这个时候家长如果答应，这些不喜欢的学科在期末考试考得好就可以奖励一部新手机，相信我们就会充满动力，我们也可以奖励自己放假多玩一些游戏。

当然，很多心理学家都说奖励这种外部动力的方式对孩子不好，所以一定要注意一个前提，那就是如果我们本身喜欢这门学科，用奖励的方式可能会让我们丧失对这门学科的热爱，但是对于本身就不喜欢的学科，奖励这种方式还是可以起到很大的促进作用的！

等我们动力十足了之后，再来正式聊聊如何自律。

合理制定任务，让你保持高效

（1）制定每日任务

制定每日任务安排在寒暑假这样的时间是特别有必要的，平时在学校里学习任务繁忙，一般都是被作业推着往前走，就不是特别需要制定任务。但是寒暑假有大把的时间，很容易荒废掉。所以寒暑假的时候一定要给自己制定任务。另外，学生进入大学之后也需要制定每日任务，因为离开中学之后，时间一般都是自由安排了。

我喜欢用一个很好看的本子来做计划，写自己每天要做的事情。好看的本子会更有仪式感，会让自己把要做的事情看得更加重要。我一般倾向于早上起来，吃完早饭之后开始写一天的计划。有些人喜欢前一天晚上写，这两个方法都可以。

我一般这样写任务清单：按照优先级写好自己要做的任务，从重要到不重要，一一列好，每一个任务都会写一点描述，以免自己忘记要做什么——这种情况在任务多的时候确实会发生。另外，如果有必要，我会写这个任务是几点之前要完成的，不能错过截止时间。

每日任务的模板

1.1.21		
任务	**内容**	**时间**
□ A	× × × ×	10：00
□ B	× × × ×	12：00
□ C	× × × ×	14：00

有时候，一天任务太多，不知道怎么排先后顺序，可以考虑用四象限方法来规划。

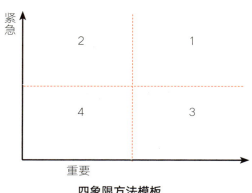

四象限方法模板

四象限用紧急和重要分为四个部分。从左到右是不重要到重要，从下到上是不紧急到紧急。标注为 1 的部分是紧急又重要的，肯定是要优先处理的；标注为 2 的部分是紧急但不重要的，可以第二部分处理；标注为 3 的是重要但不紧急的，可以第三步处理；标注为 4 的是不重要又不紧急的，可以放最后处理。

当然，在做任务的过程当中，如果第一部分的内容强度太大，也可以把其他部分的简单内容提前完成，放松一下。

（2）制定每周任务

除了制订每日计划，有时候还需要制订周计划。

周计划分两种，一种是每天写好要做的任务，另一种是倒计时类型的，写好自己在某一天之前要做好的任务。我个人比较喜欢第二种，内容比较灵活，比较适合我现在的工作强度。

周三前完成	周日前完成
×××	×××
×××	×××
×××	×××
×××	×××
×××	×××

时间	计划
周一	×××
周二	×××
周三	×××
……	……
周日	×××

两种周计划模板

解决拖延症的技巧

拖延症，每个人都有。从心理学的角度来讲，一旦你开始做被拖延的事情，内心就会有不好的情绪，为了防止这个情绪被激发，就一拖再拖。所以要解决拖延症，很重要的就是想办法来缓解这个负面情绪。比如说，很不想写很长的论文，觉得想不出任何思路，很急躁，其实这个时候可以和教授讨论，或者请学长学姐来帮忙构思。

我在大学做过一段时间的辅导老师，我专业的学生经常会来问我没有思路的论文怎么动笔。其实一旦我们一起讨论，想出了思路，他们写出了提纲之后，马上就有动力下笔了。比如，论文要写 20 多页，怎么都不想动笔，一想到就压力大，那就给自己安排计划，每天写 2 页，花 10 天完成，分散了压力之后，写作的动力也会更强了。

有时候我们不想动，是因为一件事情确实需要花掉很长时间。这个时候，我们可以适当地骗骗我们的大脑——就专心坐下来学习 10 分钟就够了！

10 分钟一点也不难吧？当你坐下来的时候，你的大脑已经开始运转了，就不只是工作 10 分钟了。

还可以利用好碎片时间，吃饭、做饭、洗碗、整理衣服、整理房间，做这些事情的时候，都是大脑容易空白的时间，这些时间段是可以看和听一些学习内容的。如果你有教科书的音频，这个时候你就可以听书了。我一般会在这些碎片时间看不带中文字幕的美剧，这样可以快速提高我的英文能力。

多奖励奖励自己，如果自己今天做得比之前有进步，就可以奖励自己做一件自己喜欢的事情，打游戏、买好吃的都可以。

不要一味地责怪自己"我怎么又在拖延了"，应该问自己：我这次拖延真正的原因是什么？我学到了什么？如何才能避免下次犯同样的错误？有些人会有一点强迫性性格，做事情喜欢从一开始就完美，所以拖延了一段时间之后，意识到自己有问题了，想开始努力，却又陷入了责怪自己的怪圈，责怪自己为什么不在一开始就做好，现在剩下不了多少时间了。其实，凡是人就会拖延，没有必要要求自己从一开始就完美，只要意识到了问题，想要开始努力了，就不要觉得太晚而去后悔，往后安排就好。毕竟这个世界上你几乎找不到完美按照计划执行的人。能做到那样完美执行计划的，有可能是心理上有一些问题的。比如，美剧《生活大爆炸》里的主人公谢尔顿就是一名严重的强迫型人格患者，每天不按照计划执行就会发疯，同时把身边人逼得够呛。

提高自律的两种方法

（1）要提高自律性，首先要制订计划，这些内容在前面都已经讲过，制订每日和每周计划，鼓励自己严格执行。只要执行到了，就给自己一些物质奖励。

大家可以利用番茄钟计时法来学习。番茄钟是以前欧洲的厨师做番茄料理所发明的计时器，现在应用在学习上。番茄钟计时法就是让自己腾出 3 个小时的时间来学习，其间每学习 25 分钟，就休息 5 分钟，这样一共进行 6 个来回，3 个小时之后，彻底放松休息几个小时。人无法做到长时间的注意力集中，所以学校里的课堂一般都安排 40 分钟。其实 40 分钟的全神贯注也是很难的，所以番茄钟计时法就设计了 25 分钟的学习时间，让自己在短时间内高度集中，达到最好的效果。

大家在学习之前，一定要先提前想好自己在学习过程中可能会碰到什么困难。比如，我现在都是用电子设备办公，那就很容易在办公的时候忍不住想要刷手机，看看微信、抖音。所以我会选择在学习的时候把手机放到另外一个房间，以此来增加我刷手机的成本，这样我就不会顺手去看手机了。如果你可以提前预料到在工作和学习的时候会诱发自己走神的因素，然后把这个因素剔除，在学习的时候就很容易应对走神的问题了。

在学习的时候，我们难免碰到坚持不下去的情况。我一般在坚持不下去的时候都会告诉自己：我的目标是什么？今天如果要写两页论文的话，就必须坚持一下，如果今天不完成，明天也一样不会想完成的。我的长期目标是什么？不光要把这篇论文写完，更重要的是早点写完就可以抽出时间修改，改出一篇好的论文，这样这门课程才能拿到好的成绩。我在大学的时候特别注重成绩，因为我大学的目标特别明确，就是考上好的研究生，所以每一科的成绩都很重要。这样想下来之后，就会意识到现在在做的事情是很重要的，绝对不能放弃、走神。如果每一次学习的时候都放任自己不自律，日积月累，后果就会不堪设想，到那时候后悔，不如现在自律一些。

（2）还有一个方法让自己自律，就是暗示自己很想做的事情根本就没什么意思。

比如，我们在学习的时候都忍不住想刷手机，就告诉自己，微信朋友圈到底有什么好看的？都是大家的琐事。抖音又有什么好玩的？都是一些没营养的东西，看了你又会后悔。《王者××》有什么好玩的？不就那样嘛，没什么意思。

心理暗示的力量其实是很厉害的，很多时候心想事成根本不是空谈，只要你足够相信自己的心理暗示，不管是积极的还是消极的，一般都会往预想的方向走。当你暗示自己忍不住想玩的东西很无聊的时候，它真的会变得很无聊。同时，当你暗示自己很棒，一定会取得成就的时候，久而久之，你就真的会往好的方向发展。

5

心理健康比什么都重要

作者：张译雯

加州大学欧文分校　社会心理学本科
哈佛大学　发展心理学硕士

大家都知道心理健康很重要，对学习有至关重要的帮助。但是很多人只理解了字面意思，不知道怎么做才能保持自己的心理健康，很多家长甚至是增加了孩子的心理负担。所以在这个部分，我会花很大的篇幅讲青少年的心理健康需要注意的方面，以及家长应该注意的地方。

缓解焦虑，轻松应考

相信大家都有过考试焦虑，考试前睡不着，考试的时候太过紧张，完全不能发挥出平时的水平。其实有一点紧张是可以提高考试效率的，但是紧张过了一个阈值之后，考试水平的发挥就会直线下降。所以在这里，我跟大家来聊聊如何缓解考试紧张与焦虑。

破解考试焦虑最好的办法，就是不在乎。我们之所以焦虑，就是因为我们害怕考砸了的结果。当我们告诉自己，就算考差了也没关系，并做好后备方案的时候，我们就可能不会那么紧张了。

其实考试过度紧张的人，一般都是非常优秀的，你会担心自己考差，就说明你平时也带着这份焦虑在拼命学习。所以，你只要稍微不在乎、不紧张，考试成绩都会很不错。而且告诉自己，我就算中考失败了、高考失败了又能怎么样？人生那么长，难道一次考试就定终身？其实成大事者，也总是不停失败（其中甚至就不缺中考、高考的失败），然后不断爬起，不停地往前冲。所以考试失败根本不算什么，人生常态而已，爬起来继续往前冲，才是真本事。

如果考前睡不着，你可以尝试在白天做做运动，晚上睡前喝牛奶，会有很大的帮助。但是如果还是睡不着，也不用害怕。一个晚上睡不着根本不会影响你的发挥。其实大考前很多考生都是睡不着的，也不差你一个，放宽心吧！而且有时候，等你真正觉得"睡不着也没事"，你的身体一下子就放松，反而马上就睡着了。

有时候我们明明告诉自己考不好没关系，但还是心跳很快，不妨试试冥想。找个地方躺下，或者打坐，专注自己的呼吸，然后观察自己的焦虑，自言自语道：哦，原来我焦虑会心跳加快，原来我会流汗，原来我会肚子疼，焦虑原来是这个样子的呀！

相信我，当你观察自己的焦虑时，你就突然不焦虑了。人只要意识到并且能准确而具体地描述出自己当下的负面情绪，就能瞬间好起来，这代表着大脑前额叶控制住了杏仁体。通俗来讲，就是先进的大脑控制住了原始的大脑。

克服外貌自卑，由内而外塑造自信心

外貌自卑一直是青春期学生最大的困扰，尤其是女生。现在是网络极其发达的时代，中学生接触到资本全面打造下的完美明星的机会太多，同时被网络上通过修图技术而拥有完美容貌的网红拔高了审美，以至于提早进入了容貌焦虑。容貌焦虑带来的直接副作用就是自卑，会影响到学习的能力与发挥，孩子也容易在上学时胡思乱想，浪费掉很多原本可以用来学习的时间。

大学生如果因为容貌而自卑，还是有很多机会可以去打扮自己，但是中学生几乎不被允许。开明的学校允许学生留刘海，纪律严格的学校甚至要求所有学生必须留短发，美其名曰"排除杂念"。其实这样的严格管理是非常反人性的。任何年龄段的人都对美有天然的追求，尤其是女孩子，容貌姣好带来的不仅仅是自信，还有同伴甚至是老师的喜欢，这些都让人心情愉悦，会对学习有很大的帮助。

我在上学的时候，学校的领导对容貌天然好看的学生特别照顾，但是查化妆这类违禁行为，却又很积极。这其实是一个非常撕裂和对立的行为，其背后的意义就是，"天生好看就值得被喜爱，而谁妄想后天变好看就是不守规矩"。我一直是非常反对学校这种违逆人性的规矩的。

首先对于孩子来说，在遵守学校规定的前提之下，我非常鼓励学生尝试让自己变得好看。可以研究适合自己的发型，让自己看起来更精致；可以用好的护肤品，也可以在白天涂美白防晒霜；可以健身减肥，让自己的身材看起来很棒；虽然要穿校服，但校服里面可以搭配好看的衣服。

我想鼓励每一个孩子，不要觉得打扮自己是一件羞耻的事情，我们要直面人性：我好看，我就会更喜欢自己，更自信。当一个人自信的时候，你根本不知道他会爆发出多少潜能。不要觉得一天中花那些时间打扮自己是浪费时间，花一点时间让自己开心自信，就可以更有效率地投入学习当中去。

当然，做事也需要一个度，过度追求美貌只会让自己更焦虑。我们在注重外貌的同时，也要告诉自己，适可而止，能够到自己舒服的程度就好，不需要追求极致。毕竟容貌在青春时达到顶峰，但是不可能永远保留，人终将会老去。一辈子真正的自信与内心的快乐还是来自自身的实力。在学生阶段，也就是学习成绩，好的学习成绩能够为将来有一个好前途打下基础。

对于家长而言，如果发现自己孩子开始注重外貌了，千万不要马上打击。打击只会有两种结果，一种就是使孩子叛逆心理渐起，更加打扮自己；另一种就是孩子行为上顺从了，但是把自己内心憋得难受，不能从根本上解决问题。家长可以跟孩子说，在不影响学习和遵守学校规则的情况下，允许适当地打扮自己。周末的时候，可以花更多时间打扮。家长一定要多夸孩子外貌上的优点，让孩子有更多的自信。只有当孩子对自己的容貌不感到自卑了，更自信了，他才能更加沉下心来学习。

科学减肥，保持好心情

青春期很多人会发胖，特别是女孩，胖了之后想减肥但是又没有科学的办法，就只会节食，结果往往是人没有瘦下来，倒是得了贫血，甚至产生了抑郁情绪，严重影响到学习。接下来，我想跟大家讲讲如何科学地保持身材和抗击厌食症。

青春期发胖，主要是因为中学期间学习强度大，用脑多，消耗很多能量之后会更容易饿，再加上久坐腿容易变粗。想要保持身材，首先在饮食上一定要科学。正确的减肥法是要减少摄入米饭与面条，多摄入蔬菜和高质量的蛋白，高质量的蛋白是少油少脂肪的。有些学生会住校，学校里的菜放的油容易很多，所以尽量要选择清淡的食物。其实一日三餐还是要吃饱，晚上可以适当少吃一点。但是千万不要不吃主食，实在饿得扛不住了又去吃零食，特别是甜的零食。这样的恶性循环一定会让自己前功尽弃。要注意多喝水，少喝饮料。

还有很重要的一点是一定不要久坐，要多运动。每坐一个小时一定要站起来运动运动。跑步的时候如果担心快跑会让自己腿变粗，可以选择绕着操场慢跑，慢跑一定能让腿瘦下来。其实运动对学习也有很大的帮助。每次运动完回来，学习注意力都会有更好的提升。

当然，有很多人会在节食的道路上极端化要求自己，变成厌食症患者。一旦有了厌食症，人就会对自己的身材有不真实的感受，永远觉得自己胖。这个时候，就需要家长更好地来引导孩子，告诉孩子现在对自己的身材的认知是不正确的，应该至少达到 BMI 最低的健康要求。孩子现在只是觉得自己胖而已，但是大家会觉得已经瘦到失去美感了，而且不健康的瘦会导致严重的疾病。此外，不是瘦下来就一定会好看，一定会受人喜欢。美是由很多部分组成，瘦只是其中的一个部分，还有其他很多方法可以让自己变好看。除了好看，情商也很重要，说话让人舒服也一样会受人喜欢。

当然，更常见的还是减肥的同时又暴饮暴食的，很多人会忍住几天不吃饭，但是会在一周的最后几天突然大爆发，疯狂进食。因为后悔进食太多，有人会选择催吐，有人会选择疯狂运动。我在大学的时候有一段时间经历了类似的状况，整个过程还是有一些痛苦的。如果是在高中，发现了这样的情况，一定要明白科学饮食比疯狂节食要好很多。科学饮食，一定能够让你瘦到一个正常的范围。有些人交替性暴食厌食也是因为压力太大，学习的压力太大会让人们通过吃来缓解，但同时又顾及身材，就导致厌食和暴食交替。建议大家可以通过其他的方式来发泄压力——做运动、嚼口香糖、睡觉、跟朋友吐槽聊天，甚至可以做冥想训练，这些都可以帮助你缓解情绪。

家长如何应对孩子的青春期恋爱

很多家长觉得青春期恋爱是一件让人非常头疼的事情，但对于孩子来说，恋爱是大部分孩子想品尝的"禁果"。总体而言，我认为早恋确实不理智，其原因在于恋爱是一件很难的事情，人与人之间的沟通是一门很难的学问，恋爱中的人很容易因为想法不一致，互相不理解而导致很严重的争吵。对于不到20岁的学生来说，大脑还没完全发育好，共情能力（体谅他人的想法和情绪）还没有达到最佳状态，非常容易在恋爱中发生争吵，一旦分手了，很多学生就会陷入情绪低谷，无法专注学习，自然对大型考试有很大的负面影响。所以我是建议学生尽量克制自己想要早恋的想法。

当然，我不是告诉大家不要恋爱，大家就不会想去尝试了。青春期学生开始性发育，本身就会对异性有很大的兴趣，再加上越不让人尝试的东西，人就越会有逆反心理，所以如果你真的恋爱了，我希望给你一些意见。就像我前面说的，恋爱是很难的，你和你喜欢的人在一起需要很多磨合，你们会在很多地方有很多的不同，所以你们两个人一定要努力从对方的角度去考虑问题，从对方的角度来看对方这样做、这样想是不是也是有道理的。千万不要在每次吵架时都觉得自己一定是对的，是受委屈的那一个。在互相体谅过后，再说出自己内心希望对方去做的，然后达成一个妥协。只有体谅、沟通和妥协，你们的感情才会相对稳定。

当然，也不排除你们根本就不是一类人，即使通过很努力的尝试也不适合在一起。这个时候，一定要非常体面地分手，分手后努力调整好情绪，尽量处理好彼此分手后的关系，不要引发对方的不满。要告诉自己，不应该为别人而伤心，这样很傻，也对自己的未来很不负责。只有情绪稳定，才不会影响到人生重要的考试。

当然，也不排除很适合又成熟的恋爱，你们在一起之后突然对未来有了很清晰的规划，多了一份学习的动力，成绩飙升也是有可能的。我们学校有好几对都是大学霸，一起去图书馆学习，最后都双双考上了 985 高校。

当家长发现孩子在一起了，不要强行拆散，强行拆散只会让他们触发逆反心理，更加坚定地想要在一起。希望家长们把我在前面对孩子的建议，跟孩子复述一遍，让他们自己知道早恋的利弊。如果孩子们因为恋爱了有动力学习变得更好了，可以少进行干预，甚至可以帮助他们调节平时的矛盾，让恋爱成为学习的辅助。当然，如果这段恋爱让孩子心理和成绩都越来越糟糕，就趁早劝他们分手，并且做好抚慰工作，让孩子明白，不要让别人影响到自己的情绪，自己的人生精彩才是最重要的。

当家长跟孩子平等与尊重地对话的时候，孩子是很愿意跟家长分享心事的，这个时候，家长提出的建议孩子也容易听进去。

对校园暴力说"不"

校园暴力是一个经常被提及的问题，一些孩子很不幸地成为暴力的对象。如今校园暴力已经不是单纯肢体冲突这么直接了，因为直接的肢体暴力很容易被校方发现并且给予处罚。更普遍的校园暴力的形式还是语言攻击和排挤。当一个人遭受了校园暴力之后，一定会陷入低落的情绪，这绝不仅仅会对成绩有影响，更严重的会给人带来阴影，影响到一个人一生的心理健康。如果你或者你的孩子受到了校园暴力的威胁，以下的办法希望可以帮到你。

第一，建立自信

对于校园霸凌者来说，他们喜欢欺负不自信，或者过于自信的同学。还有些孩子有明显的缺点，也很容易被霸凌者攻击。不自信的孩子一般内向，偶尔被人欺负了，也不吭声，这样就助长了霸凌者的气焰。过于自信的同学有时候会表现得过于以自我为中心，不考虑别人，容易被人在背后嚼舌根。有明显缺点的同学就容易被心术不正的霸凌者取笑。

因此，在抗击霸凌者之前，每个人都要努力让自己自信、强势起来，受了欺负至少要回击回去，让霸凌者知道欺负你的成本是很高的。太过于自信的人就要收敛一下自己的光芒，不要完全不考虑别人的心情，比如有些同学喜欢炫耀自己的成绩，在人前炫耀太多就容易被人在背后议论。而有明显缺点的同学，还是要努力改正自己的毛病。我读书的时候就有同学不太爱干净，会把宿舍弄得有味道，他同寝室的同学就会集体孤立他。其实这个同学只要更爱干净一些，保持公共卫生，他的室友就不至于针对他了。当然，更重要的还是要广交朋友，你在学校里朋友越多，被霸凌欺负的概率就越低。

第二，保持冷静，用沉着抵制语言暴力

当我们遭遇语言校园暴力的时候，一定要表现得沉着。语言霸凌者就喜欢看到被欺负的人害怕难过的样子，以得到成就感。当我们表现得毫不在乎的时候，霸凌者就觉得没劲了。因此一定要很明确地传达出"不管你说什么，我都不在乎"的意思。心理强大的同学甚至可以去反讽。比如说一个霸凌者嘲笑我们智商低，我们可以反讽："哎，我确实是不太聪明，不像你这么聪明，我真羡慕你呀。"当你不仅不被他的话伤到，还保持友好地"夸赞"了对方一

下，对方就不知道如何把话接下去了。

当然很多人喜欢在背后嚼舌根，制造流言蜚语。这个不是我们能避免的。不过能够被制造流言蜚语，也证明你很优秀，被人嫉妒了。我上学的时候，班上一个很好看的女生也被人造谣了，不过她丝毫没有被这些绯闻影响，依然我行我素。她不仅长得好看，而且成绩还好，别人自然不想管流言蜚语说了什么，还愿意和她做朋友。面对流言蜚语，最重要的就是保持冷静，继续努力变好，无论是外貌、成绩，还是能力上。只要你足够强，身边的人根本就不会在乎那些风言风语。人天生就喜欢与强者为伍，那样一些谣言根本动摇不了他们想要和你接近的想法。

还有一招也很有用：如果你知道是谁在诋毁你，与其为自己辩解，不如在他人面前说那个说你坏话人的好话，高下立判，别人都会知道谁才是在背后诋毁的人了。

如果在学校里碰到动手的霸凌者，我就不建议表现得毫不在乎或者冷处理了。否则霸凌者只会变本加厉地欺负你。遇到这种情况可以及时找老师或家长沟通解决，甚至在有必要的情况下可以选择报警，绝对不要害怕或者心软。对方如果对你造成一定身体上的伤害，一定是触犯了法律，应该让他得到应有的惩罚。

另外家长平时一定要多跟孩子沟通。父母跟孩子关系好，孩子在学校里被欺负了，才会告诉家长。家长听说孩子被欺负了，千万不要让孩子自己去反省"为什么就欺负他不欺负别人"。这个时候的孩子很脆弱，特别需要家长的鼓励。只有家长支持，孩子才有底气跟霸凌斗。家长如果给予更多的打击，会加重孩子的心理阴影。

家长可以参考我前面的方法帮孩子出谋划策，也可以跟孩子商量是否告诉班主任。事态严重的话，可以找校长理论。如果校方没有任何回应，也可以运用媒体的力量，把校园暴力事件给曝光出来。

和你的孩子平等沟通

并不是所有的孩子都会叛逆，很多孩子的叛逆其实和父母有很大的关系。跟父母在童年时期关系很好的孩子，一般到了青春期也不会叛逆。

叛逆的孩子喜欢通过忤逆父母的方式来表达对父母的不满。最常见的叛逆方式就是故意打游戏、早出晚归、打扮标新立异，以及就是不肯学习。总之，良好的亲子关系对孩子的专心学习有很大的作用，这个部分我希望家长可以仔细阅读。

首先，希望家长把孩子当作一个拥有完整意志的人来看待。我们面对朋友和同事都可以尊重相待，但是为什么到了孩子身上，只因为是"自己生的"，就可以对孩子任意使唤，强迫孩子做我们认为是对的事情，甚至在不满意的时候就随意打击，还喜欢拿自己孩子跟别人家孩子比较呢？这些行为都不是一个有自由意志的人所能承受的。

更可怕的是，很多家长在伤害孩子的时候还有一种道德优越感，认为这种逼迫和打击式的教育都是为了孩子好，都是因为爱，以后孩子长大了，懂事了，就会感激自己。当家长为自己的伤害而沾沾自喜的时候，孩子的噩梦就开始了。如果我们把自己想象成孩子，被强迫做事，被时刻打击，还天天被拿来比较，我们的内心一定是很煎熬的。

在孩童时期我们会忍耐，因为我们觉得父母说的都是对的；一旦到了青春期，我们的大脑思辨能力开始发育了，发现了父母和自己一样也会有犯错的时候，就会想"为什么一定要遵守父母的意愿""为什么要忍受父母随意的指责"，于是就有了叛逆的想法。

当家长把孩子当成有完整意志的人来尊重时，父母就不会随意指责孩子，更不会在人前随意批评孩子，或者把孩子跟别人家的孩子作比较。好的家长明白鼓励的作用远远大于斥责。凡是人都有自尊心，不能因为孩子小就当他的自尊不存在而随意践踏。

有时候孩子明明已经挺努力学习了，家长还是浇一头冷水，说"你怎么没考100分呢"，这样的打击式教育怎么可能会让孩子对学习有热情？有时候孩子明明考了全班前几名，家长突然来一句，"隔壁家的谁谁都考了全班第一，你怎么没跟他一样争气呢"，这句话说出口，对孩子是多大的伤害？

更有甚者，当孩子犯错了，很多家长不会说任何理由，直接开打开骂，孩子连自己哪里错了都没搞清楚，怎么可能会改正呢？我并不是完全反对体罚，但是不讲清楚缘由的体罚没有任何意义。我记得从小到大，我的父母亲没有打过我一次，也绝对不会在人前骂我。当然我有被斥责过，但是每一次我都非常明白是哪一件事情激怒了父母，明白我做错的原因到底是什么。最重要的一件事情，是我的母亲从来不把我跟其他孩子比较，她常常挂在嘴边的话就是"别的小孩咋样我不知道，反正你已经做得很好了，我也想不到你还能怎么样做得更好了"。在我学生时代最深的印象，就是我妈妈每次从家长会回来，都会告诉我老师表扬我了，没有说我一句不好，妈妈很骄傲。现在回想，我总不至于每一次家长会都被老师表扬，或许妈妈只是在说善意的谎言，但是这一次又一次的鼓励确实让我对自己的学习能力充满了自信，也对学习有了极大的动力。

尊重孩子的父母，任何事情都会和孩子商量着来：他们给孩子立规矩的时候，还会让孩子也参与到规则的制定中；他们会像跟大人聊天一样，有理有据地劝说孩子好好学习，告诉孩子学习对未来的工作有很大的帮助，而不是无缘由的逼迫；孩子如果天生不是学习的料，就不应该逼迫着孩子往自己认为理想的方向发展，而是努力去挖掘孩子独有的天赋；孩子的兴趣班应该由孩子自己来决定，而不是别的孩子学什么就逼着自己的孩子也要跟他们一样；将来孩子选择大学专业的时候，家长也要尊重孩子的选择，而不是自己觉得什么就业方向好，就擅自做主。

我很幸运，因为我的父母非常支持我的专业选择。他们并没有强迫我去学一个他们认为好就业的专业，只是告诉我喜欢什么就去学，也不像很多家长一样逼着孩子去考公务员，找一份稳定的工作。如果当时我的父母逼迫我学其他的专业，今天的我就不可能从哈佛以发展心理学硕士的身份毕业，现在也不可能成为一名心理咨询师。当孩子充分感受到自己的意见是被尊重的，做自己选择的事情就会充满着动力。他们也会自己思考，如果要没有后顾之忧地做自己喜欢的事情，就需要现在努力学习。主动学习的动力就来了，就根本不需要家长去逼迫学习了。

最后我想说，父母的夫妻关系也对孩子的学习和身心健康有很大的影响。父母尽量不要在孩子面前吵架，摔碗砸盆子的，这会让孩子心神不宁。父母也不要强迫孩子站队，更支持爸爸还是妈妈，不在孩子面前说对方的坏话，这会让孩子对父母双方都失望。当父母在孩子心目中是失败者的形象，父母对孩子提出要求的时候，孩子就更不愿意去遵从了。

比如，父母要求孩子学习，在孩子看来，"你们自己的生活都一团糟，我凭什么要听你们的"。所以，如果夫妻之间真的已经没有感情，和平体面地离婚比在一起天天吵架、拉拢孩子要强。

研究发现，即便父母离婚，只要双方定期跟孩子有联系，多和孩子沟通，父母见面时没有情绪失控的场面，背后不嚼舌根，就不会对孩子的心理造成影响。所以，父母双方一定要自己去解决成年人之间的事情，不要给孩子带来不必要的心理负担。

学习的"核心助力"：自信与毅力

最后这部分，我想来聊聊如何提高自信与毅力。自信与毅力都对学习有很大的帮助。自信的人相信自己能做得很好，本身对考试的发挥有很大的正面作用。毅力强的人，不会因为几次失败就一蹶不振了。

要提高自信，首先就是把自己的外貌打理好，打扮得整洁清爽，这个部分在前面已经讲过，对自己外貌自信的人，容易心情愉悦，对其他方面也会有自信。

另外一个办法就是找到自己的擅长之处。一个人在找到自己的擅长之处之后，就不会觉得自己一无是处，人生也会有了奋斗的目标，就会更认真地投入学习了。我在很小的时候就发现了自己的语言天赋，这点也是归功于我母亲和小学老师。很小的时候我就喜欢听录音带里面放的童话故事，听完之后就会把故事很完整地复述出来。我的母亲发现我的这个才能之后，就大力地培养我，给我买了很多磁带，也夸我故事讲得好。后来上了小学，我的语文老师也在每学期期末的测评卡上，特地写了我的语言表达能力很强。这样就让我对自己这一块特别有自信，将来想要做老师这类和语言沟通有关的工作。所以，我到了中学之后就特别清楚自己的方向是什么，读书也比较有动力。

后来我从事心理咨询行业，这本身也是一个需要能说会道的职业，除了咨询师之外，我也是心理学老师，这和我小时候的兴趣就非常一致了。

当然，有了擅长的地方，也要非常明确，人不是只有成为一个全才才可以自信，人只要有一技之长，在自己的领域很强，就应该对自己充满自信了，也没有必要拿自己的短板和别人的长处去比。

要提高自信，除了自身努力之外，父母的鼓励也很重要。我们发现，有些人就有一种与生俱来的自信，这种自信其实是原生家庭所赋予的。我在之前的内容中也强调过，父母一定要多给予孩子鼓励。看到孩子哪儿有天赋，就一定要鼓励孩子坚持下去。告诉孩子自己永远以孩子为傲，不把孩子跟其他人去对比，夸赞孩子是独一无二的。在夸奖时也要注意，不要夸孩子聪明，但是要夸孩子的努力。夸孩子聪明，孩子可能会因为考试失败证明自己不够聪明，而不敢积极应对考试。而夸孩子努力，告诉孩子努力是一个比聪明要重要得多的品质，努力接受教育的人可以提高智商（研究证明确实如此），但聪明的人不努力只能原地踏步。这样，孩子面对考试的时候就不会害怕，就相信自己只要足够努力，每次就会进步一点点。

相信自己通过努力可以越变越好的信念，对学习和将来的事业发展都有关键的帮助。

现在跟大家聊聊毅力。毅力是自律和抗压能力的结合。前面讲过如何提高自律能力，现在来说说如何提高抗压能力。

要提高抗压能力，就需要一些失败的磨炼，过于顺利的人生是一件很可怕的事情。我见过一些名校生，一路很顺利地考入了顶尖的学校，却在步入社会之后碰到挫折了就一蹶不振。他们的人生中没有过"失败"二字，突如其来的打击对他们来说就是晴天霹雳，所以挫折教育是很重要的。

挫折教育的本质，并不是故意去给孩子的生活制造"困难模式"，而是引导孩子正确地看待失败。平时孩子经历失败的时候，一定要告诉孩子，我们看待失败，要把它理解成一次将来可以避雷的经历，而不是单纯地当成一次挫败。每个人都会犯错，都会失败，这个世界上不存在不犯错的人。所以，你的这次失败是非常正常的，甚至是很珍贵的，它可以帮助你积攒人生经验。步入社会之后，有些错误犯了，不单单会影响到自己，也会影响到别人，受到老板和同事的批评，很多人会因此怪罪自己，一蹶不振。这个时候，也要告诉自己，人都是会犯错的，老板和同事对自己的批评如果就事论事，全都认了；要是上升到人身攻击，那他们就是有问题的。

千万不要过度自责，犯错就犯了，诚恳地道歉，并且想办法弥补，在之后就完全原谅自己，不要有内心负担。只有认识到失败是人生的常态，每一次经历失败都去努力学到经验，并且不自责，才能培养出很强的抗压能力。有这样的心态，不管是学习还是未来生活，都会一路坚持不放弃，最终都能获得很不错的成绩。

在以上三章，我讲了提高记忆的各种方法，自律和缓解拖延症的办法，还讲了青少年必须注意的心理健康问题。希望每一个家长和孩子都能意识到这些"软性"技能跟学习方法和做题技巧一样重要，甚至有时候更为重要。

这些"软技能"的影响，是贯穿孩子一生的。

6

打破刻板印象，掌握理科
学习规律

作者：曾婧君

麻省理工学院　科学与电子工程本科在读

我是麻省理工学院（MIT）中国留学生学生会主席、MIT无名剧社社长，也是MIT China Development Initiative的组织宣传负责人；曾在麻省理工计算机实验室及斯隆商学院担任助理研究员。

作为一名理科生，我的成长经历中总会听到不少家长说"学习理科需要天分"，好像理科学得好与天资聪颖一定是挂钩的。但在顶尖名校麻省理工学院学习的时光，我发现要想学好理科，学习方法往往比天赋更重要，所以在接下来的两章中，我将结合我本人的求学经历，把我认为最高效的理科学习方法全部分享给你。

破除偏见："学习理科需要天分"

很多名校学子信奉的"Study Hard, Play Hard"（努力学习努力玩）其实并不是因为他们天资异于常人，而是他们能在有限的学习时间中最大化自己的学习效果，所以之后不需要再花费额外的时间在学习上。

名校生大多有时间培养生活兴趣，这也是我在麻省理工的生活模板。正因如此，我的学习分享也将会围绕如何最高效学习理科来展开，帮你打破生活中对理工科固有的错误思维。

无论理科还是文科，学科的掌握与运用都是有规律可寻的。与其把科目草率地分成文、理，倒不如去仔细思考每门科目的特性，逐个分析击破。大部分传统意义上的文科（如经济、政治）其实更应该被称作社会科学，这些文科的归纳与总结也是有逻辑科学根据的。

不同学科之间往往也是互相关联的。当我们想象经济中的供给与需求图的时候，同样需要运用到数学作图，把一个社会经济的模型转换成数学模型去解决。这个最简单的数学模型是现代经济学的理论基础，所有的逻辑从这上面开始延伸。从经济出发，我们还可以更深入地了解政治与历史，通过逻辑进行一些简单的推理，如古代王朝衰竭时期通常伴随着严重的通货膨胀，现代战争来自资源的冲突和供给不足。

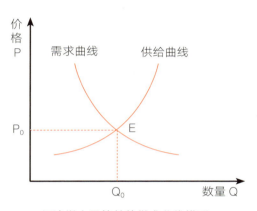

经济学中最简单的供求曲线模型

正如经济学从供需图出发一样，数学从 1+1 出发，每一个科学学科的背后都是一套基于观察简单事实而建立的模型，学习科学便是要透彻地理解模型背后的逻辑，无论文理，逻辑都是最后学习的落脚点。

我想，前面讲的所有事实恰恰证明了偏科才应该是少见的，而人们所说的理科"天资"只是更习惯于从理科中总结出学习规律。21 世纪的青年大多是"斜杠青年"——他们能够熟练地运用和掌握多种方向的知识，而成为"斜杠青年"的办法便是有效地总结与学习。

理科，顾名思义，在于总结事物运行的道理，从而定义一套理论。一般情况下，理科多用于讲述需要实验去证明的科目，如我们经常想到的物理、化学、生物。有时候，理论也不一定来自实验推理，也有基于默认真理的逻辑推演，如数学中的几何、代数。

出于人道主义，在社会科学中，人们并没有太多的办法进行大规模的实验与重复，所以其中的很多理论知识来自经验学，但是这些学科本身也有一套逻辑自洽的体系，因此我想在这儿打破另外的一个偏见——文科就是死记硬背。我认为文科同样是需要逻辑的。

关于文理工科的分类，我们不需要想得太深入，从下方的思维导图上我们也可以很清楚地看到，逻辑才是学习的重中之重。很多时候一个学生学习不好，并不在于有没有好好背诵，而在于是否理解了概念背后的逻辑。在后文中，我也会更仔细地分析怎么样才能用理性思维来提高各科的学习效果。

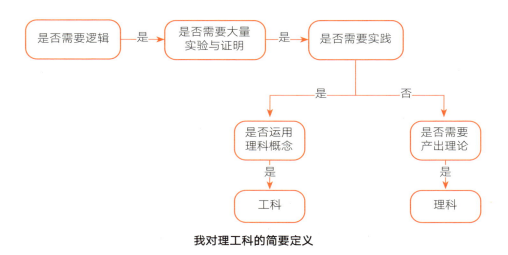

我对理工科的简要定义

从"新计算机的诞生"，论理工之差异

在这个章节，我想邀请大家和我一起进行一个思想实验：想象在一个没有计算机的世界里，我们会怎样重新创造一个计算机。

通过这个实验，大家可以进一步窥探自己的思维究竟是通过思考逻辑学习的理科生思维，还是通过动手了解工作进程的工科生思维。值得注意的是，这两种思维本质上是没有好坏之分的，甚至说这两种思维在学习中也是相辅相成的（一个人可以同时拥有两种思维模式，但只是有一个相对偏向的百分比），但是分清自己的思维偏向对于自己未来学习方法的选择是极具参考意义的。

如果想要构建一个计算机，我们得先思考为什么现在的计算机是这样的。想必大家都知道，现在我们计算机的语言是二进制的，即所有的数字都由 0 和 1 组成（十进制中的 2 即二进制中的 10，3=11，4=100，以此类推）。从 0 与 1 开始，我们能够建造简单的逻辑门（见图表），从而应用到更加复杂的运算中，在此之上再去搭建大众更加熟悉的十进制计算。

部分逻辑门的简单展示与定义

逻辑门的电路图	名称 / 定义
	与门（And Gate）： 只有输入均为 1 时输出才为 1 例：（1,1）→1，（1,0）→0，（0,0）→0
	或门（Or Gate）： 只有输入均为 0 时输出才为 0 例：(1,1) → 1, (1,0) → 1, (0,0) → 0
	非门（Not Gate）： 输入为 0 时输出为 1，输入 1 时输出为 0 例：(1) → 0, (0) → 1

虽然这个二进制 - 逻辑门计算的底层构造是现代所有计算机的基础，但请你思考，我们有没有可能直接用十进制去构建一种新型的计算机呢？答案是肯定的，但是在人类科技的发展过程中，我们拒绝了这一选择，而这样做的原因，正需要用"工科思维"来回答。现在就让我们跟随着计算机历史发展的脚步去进一步窥探前人做出这些选择的原因。

谈到这里，有的人可能会觉得在生活中二进制似乎只是与计算机挂钩的，但是我想请大家一起思考一个问题：是先有的计算机，还是先有的二进制呢？二进制到底是什么时候诞生的呢？倘若二进制诞生之初没有电脑，那个时候的人们又拿二进制来做什么呢？

为什么要思考这个问题呢？因为这将很好地反映出理科与工科在本质思考上的不同。当我们在建造计算机的时候，我们只是想到二进制能够很好地帮助我们构建逻辑门，所以我们使用这样的一个计算方法。然而，二进制的诞生实质上并无定论，在古埃及、中国、古印度等文明中都有记录类似运算的身影，但可以肯定的是，它的诞生是在计算机之前，它是一种对事物的认知与计算的总结，而并不服务于计算机。

在 1854 年乔治·布尔提出布尔数（Boolean Number）的时候，他仍然是从二进制的数学假设下去讨论一套代数化的逻辑系统，而二进制真正走入计算机应用的视野却是在 1937 年，克劳德·香农用继电器和开关实现了布尔代数和二进制算术运算。克劳德·香农为什么用二进制而不是我们所有人更加熟悉的十进制呢？答案只是因为方便，因为电器中的"开"与"关"恰巧对应了二进制中的"0"与"1"。

在我们的科技迭代中，我们可以这样简单地区分二进制与其背后的理科思维和工科思维。理科的思维仅仅需要一套完整的逻辑闭环，所以创造二进制、四进制、十进制全都是兴趣和逻辑探索的结果，而工科则需要从理科的基础上选择最好用的一套理论进行应用与实践，即根据需求从各种运算模式中选择了二进制。其实理科和工科是相辅相成的，正如牛顿当时为了解决物理问题而提出微积分一样，理工的定义并不总是泾渭分明的，但是只有明确了理科是发展工程的基石和理科学习中的逻辑闭环，我们才能更好地理解它的应用。

同样地，理论和实践不仅仅适用于计算机领域。在以理工科而闻名全球的麻省理工学院，我们在各个领域都能看到工程实践与理论是并驾齐驱的。在学校里，随处可见学生搭建的一些有趣物件，校园里甚至有"搭建过山车"

的迎新传统，也许在搭建的时候，学生们也仅仅是一时兴起，但是这样的实践反映出的却是工程学、力学与建筑学中最基础的理论知识。

在学习的时候，尤其是理科学习，我经常听到很多同学没办法将抽象的问题具象化，从而也没办法理解更加困难的概念。这个时候，你要做的第一步便是确认自己的思维偏好。假如你是一个工科思维的人，就可以尝试用各种软件或者硬件搭建实验，模拟事物的发展，这便是我们经常在物理和化学学习中做的实验。但假如你是一个理科思维的人，最有效的办法则是跟着一个晦涩难懂的概念思考，在脑海中跟随着概念的逻辑走一遍，这个实际上也是我们经常在数学学习中用到的数学证明：从一个已经理解的知识点上搭建新的知识点。

在高等教育的学习中，我们经常可以看到工科思维和理科思维的结合运用，比如在确认研究课题的时候便是从工程思维与具体的应用出发，而在撰写论文的时候，我们会用到理科思维分解相应的理论，从而达到对一个理论问题有更加全面与深刻的认知。当一个人同时具备这两种完善的思维时，他就可以在各门学科中达到一种融会贯通的境界。

理科的基础：数学学习与逻辑

正如逻辑理论是工程的基础，而数学则是所有科学理论知识的基石。

许多哲学或者物理的应用都是基于现代数学的逻辑搭建而成的，正如本节的主题，我希望在这里能够更加深入地探讨怎样从数学的"专"走向其他领域的"广"，带你了解为什么真正的专才总是能够在各个"风马牛不相及"的领域中都有所建树，比如大家熟知的艺术、科学与数学全才达·芬奇、从哲学走向数学的笛卡儿，还有通晓逻辑学和认知科学的诺姆·乔姆斯基。

首先我们要清楚一个认知：专才与全才必然不会冲突。很多人会将全才称为天才，当然这些人在自己的领域都是不可多得的天才，但这并不代表他们的思维不可复制，他们只是比我们更理解学习逻辑，因为有丰富的专业知识储备，这些全才才能够将自己的所学所想变得融会贯通。例如，麻省理工虽然以理工科著名，但在经济学、社会学、语言学、认知科学、人类学、政治学等学科上同样领先于许多知名高校，在各项世界科目排名中名列前茅。这一成果并不是偶然，而是普适性的。

想到这里，不少人可能心里会有疑惑，在学校教育中，不少同学可能都遇到"偏科"的问题。我有必要解释一下，上文提到的"专才最后能成为全才"的情况不是必然的，更多的是个人选择的结果。既然大部分知识底层的逻辑是不变的，那为什么还会出现偏科呢？据我的观察，多半是以下两点原因：

1. 兴趣使然：通常偏科的同学会对自己擅长的科目更有信心和好奇心，所以花费了更多的时间在思考自己更加喜好或擅长的学科。这里的时长指的是真正思考和理解的时间。很多时候面对一个自己本身并不喜好的学科，大部分人的大脑就会产生畏难情绪，从而抗拒花费时间在这些对自己有挑战的科目上。但其实这个时候，你更应该培养自己对不擅长科目的好奇心，了解其应用，从而达到让自己的大脑接纳该科目的目的。

2. 假偏科：这种情况在生活中实际更为常见，原因可能是对自己本身擅长的科目并没有做到真正的融会贯通，思考的逻辑出现断层，所以无法产生正确的逻辑闭环，同时又将更多的时间花费在提高自己不擅长的科目上，事倍功半。判断这类型的偏科也非常简单，那便是直接检测擅长科目的水平，像在国内中考、高考等考试中，如果满分是 150 分，你擅长的科目达不到120 分，不擅长的科目也只能拿 100 分以下，那多半能够视为假偏科。这种情况下如果你不及时补足学习逻辑上的漏洞，那在未来专业的学习中也一定会出现纰漏：对于"擅长"的学科反而越来越吃力，在各个方面的学习中都会落下。

清楚了专才与全才的关系之后，我们回归到讨论数学的重要性以及它在其他学科中的应用。在此，我想先请大家思考数学与语言的关系。在平时的学习生活中，数学似乎总是和文科分开的，仿佛这两者是天生相克的结合，有些人的刻板印象是语言好的人一定情绪细腻，更善于表达，而数学好的人则肯定心思缜密，更精于计算。显然，我想告诉大家这种刻板印象是不正确的，实际上数学与语言关系密不可分，而且如果我们在一个更加广义层面上去思考语言的定义，我们不难得出这样一个结论：数学本身就是一种语言。

这并不是我个人的主张，假如我们认真去钻研自己说的每一句话、每一个字，它们似乎都对应着某一种概念，正如数学中的每一个等式、数字与符号也代表着不同的概念，本质上我们都是在运用语言去把概念具象化。因此，我认为无论对于哪一门学科的学习（尤其是理科），越到后期的钻研和考证就越需要底层的数学证明逻辑。

既然我们已经聊到了这里，那到底什么才是底层逻辑呢？简单来说就是"蕴含规则"，p 蕴含了 q（写作 p → q），则当 p 为真时，q 必为真。翻译成更加通俗的例子就是，假设你不做作业的时候（p 事件为真），你的母亲一定会生气（q 事件为真），那么当你做了作业的时候（p 事件为假），你的母亲也有可能会生气（q 事件可真可假）。

从证明的层面上看，很多朋友的逻辑出错一般是由于没有办法证明 p 是否真实，或者不清楚 q 事件在问题中指向的是什么。那这个数学逻辑怎么帮我们理解其他学科的概念呢？我们可以举个经济学中的例子，凯恩斯主张国家应该采用扩张性的经济政策，通过增加需求来促进经济增长。那么，我们怎样去证明或者驳倒凯恩斯的主张呢？

按照上面的逻辑，首先我们要先定义 p 事件，即会影响其他事件的一个前提条件。在凯恩斯的主张中，p 事件指的便是采用扩张性经济政策和增加需求。接着，我们定义 q 事件指的是经济增长。那么要证明这个主张，我们仅需要证明 p 事件为真时 q 永远为真，也就相当于说每次国家采用扩张性经济政策时，我们一定能获取经济增长。相反，假如我们要驳倒这个主张，我们只需要一个反例，说明在这种情况下，如果国家采用扩张性经济政策，我们无法获取经济增长。

当一个主张或者模型能够被驳倒或者证伪，我们都称之为可证伪，即这个观点拥有逻辑和证明支撑。所以，从这个意义上来讲，所有可证伪的学科实际上都属于大范围的理科范畴。

7

用"动画视觉"理解理科

作者：曾婧君

麻省理工学院 科学与电子工程本科在读

学习的方法有很多种，每个人适用的方法并不一样。

例如我比较较真儿，在思考问题的时候一定会反复思考一个概念的前因后果并加以证明，所以当身边有人帮我解释这样的证明过程时，我的学习吸收速度就非常快，我会通过与别人的沟通和提问补足知识的缺口，完成每个概念的逻辑闭环。

再以我自己为例，虽然我从其他渠道中也能获取知识，但是我最有效率的学习方式必然来自语言，也就是说，我是一个以"听力学习"为主的人，相对比较少见。值得注意的是，我在本章中会着重讲解怎么利用动画视觉来学习理科，这个方法对大多数人——视觉学习者最有用。但即便如此，无论你适合什么学习方法，利用动画视觉去理解理科概念，永远都是我们窥探抽象理念的一扇窗口，它带来的启发是属于所有人的。

视频时代，怎样让学习理科变得更加简单？

互联网的资源包罗万象，虽然大部分人应该都是视觉学习者，但大家还是可以依照下页的表来简单地判定自己属于什么类型的学习者，这可以帮你在互联网中更高效地找到适合你的学习资源。

互联网已经给我们的生活带来了很多便利，它的作用对于视觉学习者来说最有利，假如你恰巧也是个视觉型，那么恭喜你，接下来的资源分享将会给你的理科学习带来不小的帮助。

假如你是其他类型的学习者也不必担心，你也可以通过对自己的了解与判断选择性地去使用视觉学习来帮自己查漏补缺。而且大部分的听觉学习者在传统课堂学习中非常依赖老师讲课的方式和逻辑性，所以相对其他人来说，他们在传统的面对面课堂中有更大的学习优势。与此同时，动觉学习者则需要更多的动手项目和实验，通过实践来理解学习的概念，所以边上课边做笔

学习者的三大分类

视觉型	典型的视觉学习者喜欢阅读教科书或白板上的信息，而不是听讲座。可视化技术帮助他们记住事情。他们经常喜欢涂鸦和绘画，可以使用这种做法作为学习工具。
听觉型	听觉型学习者擅长用耳朵听，能快速用耳朵接收信息，并且记忆力强。听别人讲话时，常会侧头、歪头或者是玩小东西等小动作，看起来在走神，实际是在思考。
动觉型	动觉型学习者喜欢动手参与，没有耐心长时间坐着学习，要让他们专注，最好的办法是让他们边学边动，加入各种手工制作、工具使用、互动游戏，甚至体育项目等动态元素，也多添加一些休息时间。比如，同样是记单词，动觉学习者多摆弄单词卡或者拼写单词。

记对于提高动觉学习者的学习效率也非常重要。

和传统的学习方式相比，视觉学习者往往最适合通过互联网视频来进行学习。这方面有很多科普型的博主能够比教科书给我们更多启示，因为动态图像带给我们的冲击是更加全面的，我们也更容易理解，所以动画能够让我们从一个新的角度理解一些看似晦涩难懂的学科，比如数学。

数学是一个最需要了解几何意义的学科，不幸的是，这一点却常常被大家忽略。举个简单但是很唯美的例子，从线性代数上讲（如下图所示），两个向量的交叉乘积实际上代表了所在平行四边形的面积，而三个向量的交叉乘积则代表着所在平行六面体的体积。

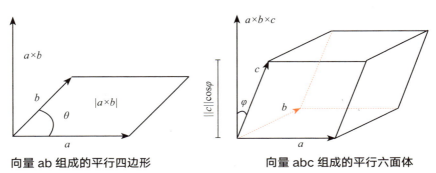

向量 ab 组成的平行四边形　　　向量 abc 组成的平行六面体

除了数学以外，物理、生物和化学等常见的理科也会用动画来解释一些复杂的概念模型，像前几年火爆的生物视频"Inner Life of the Cell"（细胞的内部生命）便正是利用这一科实验科学的特质，通过动画的方式细致地描述了细胞内部的工作原理。假如你正对理科学习感到懊恼，或者在基础学科的学习中有不解和困惑的地方，不妨把不清楚的概念搜索一下，找寻相关的动画视频资源，弄清楚模型机制的前因后果，进而提高自己对其中概念的理解。

最后，我希望给拥有不同学习习惯的同学推荐几个公开的理科学习视频资源：YouTube 博主 3Blue1Brown（热衷于用图像和动画去展示概率、代数等抽象数学概念，适合视觉学习者）、Numberphile（邀请各领域的数学相关从业人员来解释前沿数学理念，适合视觉学习者）、麻省理工线性代数公开课（公认的全网最生动形象的线性代数课程，尤其适合和我类似的听觉学习者）、可汗学院（通过做题、讲题来讲述方法概念，适合跟着讲题人一起做题的动觉学习者）。

做涉猎广泛的全才，从拒绝听话读书开始

相信大家读到现在已经了解到，没有一套学习方法可以适用于所有人。虽然我并不提倡直接复制他人的学习方法，但是我相信我的经历能够和大部分同龄（1990—2000 年出生）的读者产生共鸣，所以我希望分享几则自己在学习成长生活中的真实小故事，讲述一个并没有赢在起跑线的、幼儿园老师口中考不上大学的小孩是怎样一步一步地接近大家口中的"学霸"的。希望大家在阅读完之后也能一起思考什么是学习。

最近听说有一部关于小升初的电视剧，讲的是近年来流行的"鸡娃教育"。有趣的是，作为2000年生人，成长于某南方一线城市的我也许正是早期"鸡娃"的代表。父母在我小学前给我报过的兴趣班有舞蹈、书法、围棋等，但结果也如你所见，我在这些领域毫无建树，甚至除了舞蹈以外，大部分都不记得学习的内容了。除此之外，这个阶段的家长也热衷于和其他家长互相攀比小孩的学识，经常能听到"×××小学前就会背乘法表、唐诗三百首，会认几百个字"。

作为一个天生注意力不太集中的小孩，我上小学前可谓大字不识，甚至简单的数数都偶有错漏，与同龄孩子相比可谓"文盲"一个。

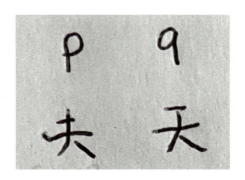

左列为我幼时（5岁）认知的数字"9"与汉字"天"，右列为正常书写

正因如此，我父母当时在与其他同龄人家长沟通后感到更加焦虑，生怕我输在起跑线上，所以他们也开始教我背诵九九乘法表。他们十分耐心，一字一句地教，教了很长时间。可奇怪的是，九九乘法表，这样一个朗朗上口的口诀，一首几乎刻在每个中国人DNA里的"打油诗"，我却总是只能背到二二得四，后面就不记得了。

无论我多么努力，我父母内心多么着急，简单的"二三得六"我总是记不住。在得知其他小孩上一年级前就已经把这样的"天书"熟记于心，巨大的挫败感向我袭来，我开始向父母大声抗议："乘法是什么？！我不背了！"看到我的反应如此激烈，我的父母也很着急：难道我的小孩真的那么笨吗？

相信类似的问题，很多同学和家长都在自己心里默默地问过自己：我们真的有那么笨吗？但这个答案一定是否定的。事实上，我们当中的绝大多数都是智商正常的普通人，但是为什么这个东西我还是不懂呢？为什么九九乘法表我背不下来呢？很简单，原因就是：我不懂什么是乘法，我也从来没有自己"实践"过乘法。这个原因不仅适用于乘法表，同样适用于微积分或者其他你能想到的更晦涩难懂的概念。

在教学中，老师或者家长常常会面临这样的困境：他们忘了当初自己学习这件事情的时候有多难，所以他们不理解为什么这么简单的问题学生都不懂。每个孩子的学习方式都不一样，恰巧我的学习是需要足够的证明才能让我理解并且背下来某种概念，即便是简单的九九乘法表，我也必须从根本上理解乘法是多少个数字相加，自己亲自运算几遍，总结下规律才能够把它刻进我的记忆里。

我很庆幸当年那句抗议，在自己无法理解的时候，没有听话硬着头皮把乘法表背下，而是把自己不理解的事情表达出来了，问出了那句"乘法到底是什么"。当然，大部分人对学习的质问肯定是来自比乘法表更加复杂的数学概念，但我相信这个故事可以说明在很多时候，特别是在非常需要逻辑和理解的理科学习上，我们遇到的困惑恰恰就是我们所不理解的本质，这时候与其乖乖地背下来，不如大声地质问："×××到底是什么？"

在这则故事里，我想邀请各位回想一下自己小学时期的成绩，再与自己中学时期的成绩进行对比，然后思考一下故事标题是不是也和你的情况一样。但请不要着急去证实或者反驳这一句话，默默地把自己的结论放在心中，先跟着下面的故事去思考这句话的前因后果，再想想考试对我们来说到底意味着什么。

每一个"鸡娃"家长，为什么焦虑，为什么"鸡"？多半是因为标题的这句话，没有家长愿意自己的孩子在"起跑线"上就落后于人，也正因如此，许多小孩子在童年时就忙碌于各种补习班，我也很不幸是其中之一。

从我的经历而言，补习实际上并不适用于所有人，更多的时候，补习只是在解决家长本身的焦虑。在这里，我也可以试着帮大家分析一下都有哪些学生会补习：

1. 学习本身不差，但是被父母逼着学的；
2. 想要挑战自己，学习课外更难的知识；
3. 课内学习太差，需要通过额外的学习时间补足。

那究竟哪一类的学生参加补习班最有用呢？我认为答案永远是第二种，但第二种学生实在是太罕见了，试想一下，能有多少人真正觉得学习是快乐的呢？包括我自己，小时候的我也觉得学习是一件极其痛苦的事情，而我去补习班的唯一动力是去和朋友玩、吃零食。所以，我想给大家分享一下一个不爱学习的孩子怎么样才能不输在起跑线上。

小学初期的我绝对不是大家想象中的尖子生，在大部分同学考试都是九十几分的情况下，我的成绩却经常处于中游。这对于当时望女成凤，信奉"小时 1 分大时 100 分"的我父母而言，自然是不满意的，我妈妈可谓急成了热锅上的蚂蚁，天天商量着再给我上这个那个的补习班，而我在补习班里却每次都是带着玩乐的心态，几乎没有学习任何知识。但神奇的是，当学习任务变难，进入小学后期甚至中学阶段的时候，我却没有真正落下过。

小时候因为想着去补习班可以和朋友玩，所以即便我内心清楚我在补习班上并没有学到太多的知识，但是我也从未阻止过我妈妈给我报名补习班，直至现在，我妈妈仍然坚持认为我后来学习没有落下全是她给我报名补习班的功劳。可实际上，我后来了解到当时很多一起上补习班的朋友反而是越补越差的，这说明大家学习的好坏本质上不是由补习班决定的，而是是否存在知识漏洞所决定的。

首先，我们要确定分数差距究竟来自哪里。这也分两种情况，一种是考试状态问题，另外一种是来自知识和学习习惯的欠缺。第一种情况是相对好解决的，而这也是我自己在小学时大部分的情况。在一、二年级的时候，当别的小朋友都考试拿满分，而我却只能拿九十几分的时候，是因为我经常出于一些粗心大意的小问题而错失满分，甚至有时候因为马虎只能勉强上九十分，但后来这样的分数差距在学习中却被慢慢磨平了，也根本没有所谓的一分之差导致学习跟不上的恶果。

对于这种不细心或者因为考试状态不好而影响发挥的情况，最好的解决办法是调整做题习惯和做题心态。像我小的时候做题速度很快，但经常会忽略过程和审题，于是后来我就养成了每次做完卷子都重新把卷子再做一遍的验算习惯，从而查漏补缺。而对于考试紧张的同学，最好的办法则是把每次的练习都当作考试，锻炼自己的考试心态。当然，我在这里不能够涵盖所有的解决方案，最好的办法还是重新审视自己考试的心理，根据考试心理状态的问题，给到相应的心理暗示，从而提高分数。

那什么时候是第二种情况呢？也很好判别，你只要审视一下自己卷子上的错题，假如你不能通顺地把这个题目的正确解决方法教授给别人，那多半就是你在知识上出现了严重的逻辑纰漏和知识断层。这个时候，越早发现知识上的漏洞越好，因为这样的一分之差确实可能在未来就是 100 分的差距了。那补习班是不是最好的解决方案呢？我的建议很简单，三个字——"看老师"。正如我上文提过的，每个人的学习方法不尽相同，有些学生可能不适合学校里老师的教学模式，所以如果学生更适应补习班的教学模式，或许能够得到很大的提高，反则作用不大。除此之外，我十分鼓励这样的同学在网络上发掘适合自己的公开课类型，从而达到给自己知识查漏补缺的效果。

最后，我想说考试分数只是衡量自己知识掌握的标准之一，作为学生，我们要做的不仅仅是提高分数，还要理解到底在什么方面或者哪个知识点上是有不足的，通过考试达到查漏补缺的效果。除此之外，以上说的分数差的情况完全可能发生在同一个人身上，所以每一次的考试，都是一个自我审视的过程。假如我这次考差了是第一种情况，或许不用过于担心，但是我们永远要警惕第二种考差的情况。如果出现第二种情况，我们一定要及时地解决，而不能因为分值不高就放任不管。假如一定要从这个故事里提炼一个学习技巧，那便是多多总结错题，及时了解自己的知识短板吧。

故事 3：我为什么不爱看书？

每每当我回顾童年的时候，我总会想起来以下的对话：

"你要多读四大名著，这样子你的语文才会好！"我妈如是说。

"为什么要读《红楼梦》，情情爱爱什么的对学习有什么帮助吗？"我叛逆地反驳道。

很多时候，当家长们听到一个孩子热爱学习，默认的情况便是这个孩子喜欢读书。在我学习成绩挺不错的几年，也经常会听到其他家长对我戴眼镜是这样评价的："这个孩子太爱读书所以近视了，为了眼睛着想别太用功了。"每当听到这样的评价，我父母总是会心一笑，内心清楚地知道他们孩子近视其实是因为暑假沉迷于看电视剧。虽然在上文中也提及了我不是视觉学习者，但我还是想强调，热爱读书和学习好并不是等价的。

诚然，在如今的时代，知识的获取是多种多样的。学习虽然大部分时候并不快乐，但是大家一定要找到最大限度能让自己快乐的学习方法，对我而言，知识获取最高效的办法来自平时的课堂。是的，你没看错，对于大部分人而言，想要学习好，其实平时上课的时候认真听讲就够了。在上课的时候跟着老师的思路走，课后做一些相应的习题，就已经完成了中、高考学习的任务了。

假如你的学习出现了纰漏，可以回想一下，在老师讲课的时候，是不是每一个知识点都听懂了呢？假如没听懂的话，有没有积极地提问呢？至少在我国目前的九年义务教育中，我一天中花在课内的时间绝不超过12小时，这并不代表我聪明，只是我最大化地利用了课堂时间进行知识转换，所以对于课内学习而言，额外的读书其实是没有必要的。

回到最初的问题，读《红楼梦》有用吗？有用，但是这样的阅读实际上是平时学习任务之外的，作为课外知识来说是有用的，但对于考试成绩的提升并没有太多帮助。如果你想要了解这部名著，除了阅读，你也可以看《红楼梦》的电视剧或者听《红楼梦》的评书。正如我大部分的课外知识都来自自媒体、视频和电视剧一样，这些获取知识的方式本质上和阅读并没有优劣之分，但是它们相对于书本是更加碎片化的，不成系统体系的，所以当你不从书本获取知识的时候，一定要多加思考才能把不同的知识点联通到一起。

在这里，我并不想鼓吹读书无用论，我只是想再次说明，对于一些注意力难得集中又不是视觉学习者的人而言，你即便不喜欢读书也能学得很好！学习的重点从来不在于读书，而在于对知识的解构。

学习到底是什么？

我不相信学习完全依赖天赋，学习应该来自个人对世界的好奇。我是一个有注意力缺陷同时没有完美学习环境的普通人，以前我也很讨厌被父母老师逼着学习，但是在我仔细地挖掘了每个学科有趣的点之后，我就与学习的痛苦和解了。在前文中，我致力于举出不同学科的范例进行分享，因为我真的觉得每个学科都是前人智慧的果实，而我恰巧生在网络时代，能够通过各种各样的办法窥探到他们毕生研究的课题中的一二，这已经是极大的幸运了。我希望对于任何人来说，学习都不是来自外在的压力，而是你内心里那份最纯粹、最简单的欲望——对这个世界的好奇、探索、思考。

8

如何培养理科思维

作者：汤晓颖

伦敦大学学院　物理学本科
剑桥大学　物理学硕士
剑桥大学　物理学在读博士

我是剑桥大学物理学在读博士，也是英国华人音乐社团联合创始人，在国内音乐节演出、运营自媒体，曾以科普量子力学为主题，参加 China thinks big 创新项目挑战，并在 TEDxYouth 上发表演讲。

对于每一个学习理科的同学，物理是绕不过去的一道关，而作为一个在本科、硕士研究生和博士研究生阶段都学习物理专业的人，在接下来的两章中，我将向你分享我独特的物理学习思维以及高效的时间管理法则。

如果我只能选择两件事去标记我过去 22 年的人生，那一定是物理和音乐。

我从小就对物理有浓厚的兴趣，以至于我对其他学科的记忆已经模糊不清，却能清晰地记得从初中开始的每一堂物理课；高三申请大学选专业的时候，单纯凭着热爱进了物理系，正式踏入物理这个"冷门"的专业。转眼间，从第一学历读到博士，我从知识的"消费者"逐步转向知识的"生产者"，目前我在进行软物质凝聚态领域的研究。不管是课本上的理论，还是和其他学科融合的新科研趋势，都一直给我带来惊喜。在这个过程中，我越来越注重知识体系的架构和创新，也不断欣慰地发现，我学习物理的初心从未改变——我总能对物理好奇，也总愿意在物理中寻找答案。

另外一件能够给予我相同感受的就是音乐。弹琴、听歌之于我已经远远超出"爱好"，而成为我困惑时的归属和答案。我三四岁开始学琴，像大部分小孩一样，系统性地学古典钢琴，（让我妈妈）吃了点苦。在高中，我开始接触乐队，为摇滚乐痴迷——在吉他的失真扫弦中，既有倾泻而出的呐喊与汗水，也有深情款款的爱与纠结。我觉得这就像我们二十几岁这个年纪的缩影——认识到人生充满困难、矛盾与不公，却继续坚持梦想和自我。后来我在伦敦组建了自己的乐队，还与志同道合的伙伴运营英国最大的华人音乐社团。那些时光形成了我后来最乐意与人分享的故事。音乐让我不再孤独，更不怕孤独。

其他的小爱好如滑雪、健身、芭蕾、攀岩等虽不足以定义我，但也令我乐在其中。这两章中，我会从上面说到的两件事出发，先谈谈我学习物理的经验体会，讲述理科思维的培养；再从时间管理的角度给大家解答，我是如何最大限度分配、利用好我课内外的时间，从而兼顾学业和爱好的。

我似乎是从很小的时候就接触科学的——夏天的夜晚我躺在爸爸的腿上，他会握着我的手指着天上的星星，跟我讲宇宙的奥秘；和妈妈挤在老房子的小厨房里做饭，她戴着围裙一边烹饪美味佳肴，一边向我解释为什么燃气灶上的火是蓝色的；玩具箱里装满了魔方、高达、孔明锁，复杂的图形和结构总是对我有一种莫名的吸引力……当然我可能遗忘了一些没有被解答的疑问，或者我"选择性"地模糊了其他记忆，但我必须说，我的理科思维以及对科学的兴趣，是在我童年时就埋下的种子。

思维本身就是一个很抽象的东西，一种思维的培养通常是潜移默化和积累的过程。从心理学和信息学的角度来讲，思维是指通过思考找出某类事物本质属性和内在联系的能力，是认知过程的高级阶段（刘颖、苏巧玲，1997）。因此，认知结构是本，思维能力是末，不能本末倒置。这也是为什么大家直到大学阶段，更加系统性地学习了专业学科之后，才逐渐能体会到思维方式的存在与差异：和你同专业的同学总是能关注到和你想法相近的重点，聊天的时候句句投机。

比如，当初伦敦发生恐怖袭击，物理系的同学先从统计学看反社会人格，又聊到热力学第二定律，再拓展到熵减假想和玻尔兹曼大脑，这些都是在一条线上串下来的；其他专业的同学（尤其是相差较大的）则会从不同的角度去看同一件事，更像是从某一个点向各个方向延展。这当然是一种奇妙的体验：思维的碰撞不只能够激发我们自身的思考，更是我们从个体向外延伸的动机，是整个人类文明进步的基础。

在这里探讨理科思维，首先要声明的是，我没有任何表示理科思维优于其他学科思维的意思；相反，我更鼓励大家在学习的路上能够多元发展、欣赏思维多样性。为了能够助力各位对理科感兴趣的朋友，我总结出下面三种对我影响最深刻的思维方式，将我学物理的不同阶段概括分享给大家，希望能对你有所启发。

极限思维：中学物理满分秘籍

初中应该是大部分人正式开始学习物理的时候。

不知道你是否对初中物理有同样的感受，我从初中开始喜欢上物理，因为当时觉得学到的东西可以解释那么多生活中的现象：天为什么是蓝的，我们的用电插座是如何设计的，为什么有的物体会在水中浮起来而有的不会……

那个时候我还没有意识到，即使初中物理还没有包含太多复杂的概念、推导，但是它已经对物理学本身的特点有所体现：物理是一门研究万物规律的学科，我们对物理学的研究过程大体分为归纳、演绎和验证这三个环节。其中归纳是指从现象中归纳某种规律得出结论，演绎是指从规律出发进行逻辑推演，验证是指利用实验验证某结论在某范围内的正确性（严伯钧，2020）。物理从发展至今，几乎所有的理论皆如此。

如果我们从这三个环节出发，其实不难发现，充分理解物理并不需要任何高深的推导或者数学，而中学物理以现象学为基础，就更是如此：我们仅仅利用充足的逻辑推理就可以把物理的核心思想想通，并且完全驾驭中学物理题。这里的关键点就是极限思维——在初中没有接触任何微积分的情况下利用极大、极小这样的思维占据学科优势，取得一个好成绩。

在初中物理中应用极限思维通常是不被允许或鼓励的，老师也不会系统性地教授，但是我爸教给我的极限思维在当时仿佛成为我做题的秘籍，帮助我在初、高中所有物理考试中都基本取得满分（不过与之相对的是，本身不包含太多现象、无法利用极限思维的化学，我常年考班级倒数）。

我们生活在一个温和的世界：我们用肉眼看不到极小的物体，例如原子、分子，我们感受不到绝对零度，我们无法运动得太快……而极限思维其实就是通过把环境参数调到极值，从而放大某种现象的思考方式（严伯钧，2020）。早在400多年前，伽利略就通过思想实验推导出了重要的物理学规律：自由落体。伽利略在研究时先是证明了从斜面上滚落的小球，不论倾斜角是怎样的，都做匀变速直线运动。后来他把斜面倾角增大到90°的极限情况，此时，小球将自由下落，从而说明自由落体运动也是匀变速直线运动。又如开尔文把查理定律设置在零压强这一极限情况，引入了热力学温标，并赋予绝对零度以物理意义（林新勇，2004）。

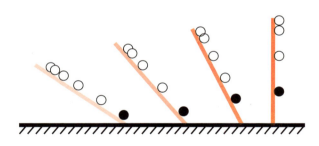

伽利略相关示意图

在初中物理题中，我们经常被问到这种问题：比较 A、B 两个物体的物理量大小。比如"比较两个底面积不同的容器在底部受到的压强大小"或者"比较电路某两个节点的电流大小"等，为了方便思考，这时候我们可以直接把二者差距拉到最大，假设其中小的那个无穷小，大的无穷大，很多比较复杂的问题便会变得显而易见。

第二种可以用到极限思维的问题包括某物理量的改变是如何影响其他物理量的，比如"滑动变阻器滑片移动时，电路某数值如何变化"或者"摩擦力变小运动速度如何变化"等，那这时我们就把变化的量拉到最大，假设极端条件：滑片移到最左或最右、摩擦力变为 0，看物体在两个极端情况下的状态。极端情况就像是起点和终点，中间的过程一定包含在起点和终点内，从而判断变化量即可。

当然极限思维不仅限于快速推断中学物理选择题的答案上，大学物理的学习也可以应用极限思维，比如学习质点的概念时，当所有的"小球""小方块"变成了"圆盘""曲面"，用微积分解决复杂系统问题，就是在考虑"极小"的情况（实际上，微积分就是牛顿发明来解决物理问题的）；又如在统计物理中，一个空间中所有的分子都跑到了同一个角落，就是在考虑极端情况；现代物理中，用费米气体模型推导中子星质量，还有狭义相对论中物体质量降为 0，这些都是从极端理想模型出发推演的过程，都包含着深刻的极限思维。这样看来，不论是四百年前的伽利略，还是一百年前的爱因斯坦，都证明了物理学从来离不开极限思维。

量子思维：打开新的世界

到了高中，你可能会接触到更加微观的物理世界，以及更多在 20 世纪初提出的现代物理学理论。

我的现代物理启蒙书是乔治·伽莫夫的《物理世界奇遇记》（*The New World of Mr Tompkins*）。初中的时候在书店里随手翻了两页就被深深吸引，作者把狭义相对论和量子力学用宏观世界的现象类比出来，当时读到的感觉就是我了解到了这个世界的另一层秘密。在这里我把当时觉得最奇妙的几种量子思维分享给大家。

量子力学是一块奇妙的领地，神秘、危险，却又令人心神向往。量子理论的奠基人之一玻尔曾经说过："如果谁不为量子论感到困惑，那他就是没有理解量子论。"量子知识的庞大与深奥可见一斑。

　　首先，在量子力学中，我们研究所预测的不是一个结果，而是预测不同结果对应的可能性。在双缝实验中，一束电子向一个切了两个狭缝的屏障行进，在屏障后面有一个屏幕，当电子击中屏幕时会发光（Cox，2013）。如果此时我们把这些电子想象成生活中的物体，比如苹果或米粒，那么在粒子行进的过程中保持发射时指向的方向前进，肯定就有一部分粒子会被屏障阻挡，屏幕上会呈现与狭缝位置对应的两条"电子带"，由穿过狭缝的电子组成。

　　然而实验表示电子并不是打击与狭缝对齐的屏幕，反而形成了一个条纹图案。这个条纹像水波一样通过双缝发生干涉（interference）和衍射（diffraction），因此证明了电子和光子等既不是寻常意义的波，也不是寻常意义的粒子，而是一种波和粒的叠加态：电子、光子等微观粒子同时具有波的性质和粒子的性质，这个性质被称为"波粒二象性"（Wave-particle Duality）。在这个实验中，我们虽然无法准确得知每个粒子的行进轨迹，但是我们已经可以准确计算出一个粒子落在某个区域的可能性。

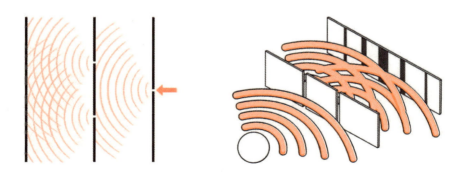

波粒二象性示意图

说到叠加态，一个更著名的思想实验是"薛定谔的猫"：一只猫被放进一个装有毒药探测器和放射性物质的盒子里，放射性物质每小时有 50% 的概率会有一个原子发生衰变。如果有原子发生衰变，就会被探测器探测到，探测器就会放出毒药毒死薛定谔的猫；如果没有原子发生衰变，薛定谔的猫就会幸运地活下来。在一个小时内，我们并不知道密封的盒子里是否有原子发生了衰变，如果在一个小时后把盒子打开，实验者只能看到"衰变的原子核和死猫"或者"未衰变的原子核和活猫"两种情况（苗千，2011）。

所以与其说"我们无法在未打开装置前确定猫的死活"，量子力学中我们更喜欢表达为"未打开装置前猫既是死的又是活的"，即处在"死"与"活"的叠加态。这个概念给了高中的我极大冲击。我发现运用这种思维，我们可以把世界上很多事物看作同时拥有两个状态：抛硬币猜正反，不管是硬币在空中的过程，还是盖在手心里的过程，我可以认为这些时候硬币是同时处于正、反两个状态的。

从双缝实验和薛定谔的猫进一步延伸，我们可以开始探讨量子力学中最让人迷惑的一件事：观测。

现在假设我们在双缝实验的两条缝上各安装一个探测器 A 和 B，当有粒子经过对应的狭缝时，会被对应的探测器检测到。我们在这里所做的事情其实就跟"打开盒子看猫死活"没有本质上的差别了——每一个粒子的经过，我们都可以给它一个对应的标签：A 或 B。这时这个实验的结果就会和不观测的时候完全不同：屏障背后的屏幕上只会留下两条印记。这是因为对系统的观测导致了波函数的坍缩。一个量子系统在测量之前，其结果是不确定的，但只要进行测量，所有测量的结果都会与第一次测量保持一致。

在量子力学中我们面对的是一系列概率问题，那么当我们进行观测的时候，其实我们给了自己一个百分之百得知某结果的概率，这会使粒子回到某个本征态。

至于那个"消失的另一种结果的可能性去哪儿了"，1957 年，还在普林斯顿大学读研究生的休·艾弗雷特（Hugh Everett）提出的量子力学多世界诠释（many-worlds interpretation）解答了这个疑问：当每一次我们进行观测时（每一次波函数发生坍缩时），另一个没有被观测到的结果成为另一个现实分支（branch of reality），存在于另一个平行世界中。在第一个世界中，我们测到某粒子通过了 A 狭缝，在测量的同时另一个世界分裂了出来，在那个世界中，同一个粒子通过了 B 狭缝（Zukav，2011）。

有了叠加态，我们还可以开始讨论量子纠缠。两个处于纠缠态的费米子，它们的自旋（角动量）一定是一个为上，一个为下。它们之间的状态不会过多地受空间的影响从而相互纠缠（理论上两个粒子是可以分隔无限距离的，但是目前实验上还没有完全实现），就好像一对心有灵犀的双胞胎，即使不在同一个地点，也知道对方在想什么。因为纠缠系统中只涉及两个粒子，它们的状态互相为对方的相反值，如果我们知道其中一个粒子的状态，在无限短的时间里我们则立刻可以知道与它纠缠的另一个粒子的状态。

"假如我这笨拙的身体是思想，不作美的距离就不能阻止我，因为我就会从那迢迢的远方，无论多隔绝，被带到你的寓所。那么，纵使我的腿站在离你最远的天涯，对我有什么妨碍？空灵的思想无论想到达哪里，它立刻可以飞越崇山和大海。"（莎士比亚，《莎士比亚十四行诗全集》）看来莎士比亚早在几百年前就提出了这样一个瞬间传输的思想，我们也可以用这样的思维来理解量子纠缠——它们像思维一样迅捷，不需要沟通，只在一瞬间，便可传达向远方（苗千，2012）。

在这里我不想再过多地去讨论量子力学中的理论，不然听起来很像民科。但我要澄清的一点是，量子力学如今已经是一门发展较为成熟的学科，利用严谨的线性代数体系进行表述：量子系统的量子态可以用态矢量（矢量空间的单位范数矢量）设定，量子算符作用于量子态使它变换成另一个量子态，即可对应在量子系统中进行测量的行为。假如量子算符作用前后的量子态除了乘法数值以外均相同，此乘法数值为本征值，即测量的结果。

虽然人们对科普书的看法褒贬不一，但它确实是一块敲门砖，至少能够帮助我们探索自己的兴趣。不过这个过程是单向的：学习物理专业真的毁了我看科幻小说和电影的乐趣!

有关现代物理的科普书出现在了我人生最关键的时刻,给予了我新的世界观,新的思维方式,影响着我从那往后的决定。量子思维让我把这个世界看作一个基于概率论的世界:我们在人生中会经历很多成功和失败,每种不同的结果都有各自对应的可能性。在未到达终点之前,我们努力的程度和方式均会随着事件的推移改变各个结果的可能性。所以过多在意一件事的结果是没有必要的,你也不必为某些还未发生的不确定性焦虑,与其为未知的结果担心,不如把握成功的可能性。

在这里我把我喜欢的几本书推荐给大家:

1.乔治·伽莫夫的《物理世界奇遇记》。这本书是我的现代物理启蒙书。作者把狭义相对论和量子物理等方向的奇妙现象放大到宏观世界,让读者直观地理解现代物理。

2.史蒂芬·霍金的《时间简史》。很多人说这是一本门槛很高的书,看进去不难,看懂不容易,但我总觉得能跟着霍金的思维一窥热力学、宇宙学的神秘,也是一段奇妙的思维旅程。

3.《爱因斯坦传》。一本自传,更是20世纪物理学史。像爱因斯坦这样极端聪明的物理学家,经历了怎样的人生,拥有怎样的思维,都值得我们学习。

数学思维:回归物理学习的本质

到了大学物理,一切变得严肃了起来。

我发现大学的物理学习中,物理学家就是喜欢把所有的东西放到一个公式里表示出来,不然等于没有研究透彻。物理学里的公式像诗歌一样美妙:对仗工整的麦克斯韦方程,精妙绝伦的标准模型的拉格朗日量……初中、高中学到的物理现象在大学的课堂上变身成了一行行复杂的公式，每个公式背后又是长达一两页的推导，其中大部分都曾让我为之惊叹。

说到不同时期的物理课，如果我们从内容角度去思考，其实学的大致范围是相似的：电磁、力学、光学等一直没变，除了到大学才会系统性地学习现代物理之外，我们其实是在一遍遍地反复学"同样的内容"。为什么会发生这样的事情呢？不同阶段的物理到底哪里不同？其实答案就存在于数学中。

初中物理大部分都是学习解释现象，到了高中物理又加入了简单的方程和微积分，而到了大学，为了让物理的表达更加系统化和准确，我们开始涉及相对复杂的数学概念，这确实是因为我们需要利用数学。

首先数学里的微积分本身就是牛顿发明出来解决物理问题的：我们需要格林方程为流体力学系统求解，需要曲面与曲线积分分析复杂结构的电磁场。数学中的线性代数让我们更好地表述量子力学，进行动力学系统坐标系转换。复分析帮我们处理周期性电流电压，解波函数……更不用提那些根本就是建立在数学上的理论物理，比如当年爱因斯坦在广义相对论诞生之前就寻求了数学家格罗斯曼和希尔伯特的帮助，微分几何成为引力场方程的突破口（灵遁者国学，2019）；又如2016年的诺贝尔物理学奖就直接颁给了广义上属于数学的拓扑……

自然科学中用到数学的学科有很多，但是联系得如此紧密的，只有物理学。数学家认为物理是数学的应用，物理学家认为数学是物理的工具。物理需要数学来配合自己的"归纳、演绎和验证"，完善理论体系的架构；而数学有了物理则是锦上添花，因为数学只需要逻辑自洽，不保证对真实世界的正确解释。

以我自己的经验来看，数学模型将复杂的物理学系统抽象地提炼出来，实际上是一个回归本质的过程。如果只是单纯地对一个物理现象进行总结归纳，在很多领域都是不足够的，更何况在原子、高能物理这样的领域，我们能够直接观测的现象少之又少，就更需要学习物理理论的数学模型，帮助我们思考某个现象的本质和根源。

在生活中，很多时候也需要我们从复杂的事件中抽离出来，简化回归。从日常饮食起居的小事，到人生转折点做出的重大决定，很多时候从简思考，能够帮助我们把握住最根本的关键问题，减少纠结和多余的欲望。走在人生的道路上，也要偶尔回头看，当初开始的本心，是否还在坚守。

每个人都要有点"理科思维"

说回理科思维。我好像谈论了很多理科中涉及的学习、思考方式，但是我认为理科思维不应该狭义地被理解为"理科生具备的思维"，从广义上来说，它有以下四个方面的特点。

1. 理科思维强调理性和逻辑，注重对事实的陈述

从一个理性的角度、遵循某种逻辑去描述一件事，对于交流和解决问题来说是非常高效的一种思维方式。这同时联系到物理专业就业的问题。刚开始的时候我提到过，我也曾经经历过父母的反对，因为他们当时觉得物理是一门冷门的学科，之后不好就业。但是后来我发现事实恰恰相反。在我本科物理系的第一堂迎新课上，我们的系主任当时讲过这样一个事情：几年前很多银行都在经济危机中受到了很大的影响，但是唯独巴克莱银行很好地生存下来了，原因是他们的首席执行官是学物理出身的。

当然他说这句话的时候有开玩笑的意思，但是我自己确实在实习、找工作的过程当中，发现各个行业开始越来越看重理工科思维。事实上招聘的时候，知识和硬件技能只是作为一个门槛，很多投行、科技公司都会看好理工科学生解决问题的思维方式和他们强大的逻辑能力。

2. 理科思维可以是一种清晰的表达方式

你现在读我写的文章，我的措辞、结构，都是我表达方式的体现。虽然我尽量保证自己写下来的每一句话都清晰，并减少可能存在的误解，但是不可避免地，我的表达一定会让一些人感到困惑。这也许不是我写作的手法不够高明，而仅仅是因为某位读者和我有着不同的思维方式。很多人时常会疑惑，我们本科专业学的东西很多都会忘掉，那么我们花那么大精力学下来的意义是什么呢？实际上，我们学到的知识精炼成了我们的思维方式，表现在了我们的表达中。我们说出什么样的话、如何去说，这些都是思维在潜移默化、从内部去影响的。

3. 理科思维可以是追求真理

大学之前我们把"数、理、化、生"归为理科，让我们误以为理科思维就是指学这几门学科的思维。但是实际上我认为，理科即科学，是对真理的探求。现在的科学发展，其实早就不是一门学科单打独斗，一路摸着石头过河走到天黑了。现在的科研，有很多都是交叉学科，从不同的学科中提取知识再进行融合。现在很火的学科比如生物信息、物理哲学、生物物理等，实际上就是不同思维的相互交融，而遵循的一个原则就是人类向真理的探究。

4. 理科思维可以是一种世界观（paradigm）

有一次霍金被一位追星女孩问了这样的问题："泽恩离开 One Direction 组合导致万千少女心碎有怎样的宇宙效应？"霍金回答道："你应该多关注理论物理的研究，因为有一天，多重宇宙的存在可能会被证明。很有可能在我们的宇宙之外还有另一个不同的宇宙。在那个宇宙，泽恩仍然是组合成员，也许在那个平行宇宙你还和他幸福地生活在一起。"所以你看，有时候理科思维会带给我们新的看待事物的态度，让我们有不同的新奇的心灵体验。

9

亲测有效的时间管理法

作者：汤晓颖

伦敦大学学院　物理学本科
剑桥大学　物理学硕士
剑桥大学　物理学在读博士

如果你也在名校学习，想必你会和我一样发现身边的学霸永远不是"学习机器"——对于那些学习优秀的人，除了天赋、努力，我更从他们的时间管理和自律中受到启发。

大学里我参加了很多社团，大一的时候第一次看剑桥大学舞蹈队的比赛，我简直无法相信台上是和我同龄的、非舞蹈专业的大学生。我自己也是从小学习芭蕾和钢琴，后来因为学业不得已放弃了芭蕾，这更让我思考，他们是如何坚持自己的爱好，如何保证充足的练习时间的呢？

在后来的大学生活里，我慢慢体会到了时间管理的重要性。留学生圈里常说的一个大学生活的规律是：学习、社交、睡觉，你只能三选二。事实证明确实如此——今晚系里组织聚会，不去的话等于放弃这部分社交，去的话可能要花费额外的时间来做今晚的作业，额外的时间只能从睡觉中压缩。

像这些关于计划、安排的决定存在于我们大学生活的每一天中，所以我们需要找到时间分配的平衡点，思考多少程度的社交足够维持我的人际关系网络，学习上要安排多少时间使我拿到一个满意的成绩等，这道"算术题"并不容易。

大学前，我们仿佛生活在一个目标明确的舒适圈中，初中的目标是考高中，高中的目标是考大学，但是没有人真的告诉我们上大学的"目标"是什么。这也是为什么很多我的同龄人在自由的大学生活中迷失了：当他们发现不去上课不再有惩罚，即使玩一整天的游戏也没有人会管他们时，他们开始变得容易放弃，不知道自己上学的目的，并无限包容自己的错误。

同样值得一提的是，在越来越多元化的今天，很多公司或者博士生导师在招选的时候都会更加注重学生的全面发展以及心理健康。国外的名校向来不是一味地追求成绩，就连一向尊崇学术能力的英国，也都在申请中逐渐开始强调课外活动的重要性。国外的企业亦是如此，在招聘应届毕业生时，他们更看重一个候选人是否具备符合公司价值观的性格特征，也会在简历中寻找各种软实力和学术之外的技能证明。

因此，不论是为了之后的发展，还是个人的进步与健康，在大学中平衡学业和课外活动是成功的关键。这同时是走向独立的体现，即我们可以独自、合理、自洽地生活。我认为这是对我来说上大学主要的目的之一。

管理自己的生活是一门学问，其中也包括我们对自身目标的明确和对自我的认知。如何合理安排我们的大学生活成了非常实际的问题。那些优秀的人到底是如何做到兼顾学业和课外活动的？他们的时间都是哪里来的？我如何寻找适合我的学习方法？……这些问题我从"四象限时间管理法"中慢慢找到了答案。

四象限时间管理法

我从小开始学钢琴和舞蹈。在学业不是很重的时候，我的课外时间基本被这两件事占据。不用上别的补习班确实帮我节省了许多时间，但也许是从那个时候开始，我养成了把练琴和跳舞安排进日常的习惯。

我也在这样忙碌的生活里慢慢学会独立地规划自己的时间。史蒂芬·柯维的《高效能人士的七个好习惯》是一本令我受益颇深的书，其中对我影响最深的就是四象限时间管理法（Covey，1989）。在这一小节，我会对他书中的时间管理概念加以概括，并在下一小节结合我的个人经历谈一谈，我是如何应用这种时间管理法来实现我的个人目标的。

在讲述四象限时间管理之前，史蒂芬·柯维问了读者这样一个问题：请思考一件事，它能够令你觉得如果从今天起你每天都做这件事，你的生活会变得更好，但是你现在并没有开始做这件事。请问会是什么？

读到这里的时候，你可能和我一样想到了很多事情：学一门外语、早睡早起、多做运动……

我们生活中所有需要完成的事情，都可以用两个参数来进行描述：紧急性和重要性。紧急的事件例如接电话，我们必须在事件发生的时候去处理。

重要的事情则指那些会产生有意义的结果的事情，这些事情贡献于你的任务、价值和目标。

充分理解了紧急性和重要性之后，我们进而可以把生活中的事情归入四个象限：

Ⅰ. 紧急重要

Ⅱ. 不紧急重要

Ⅲ. 紧急不重要

Ⅳ. 不紧急不重要

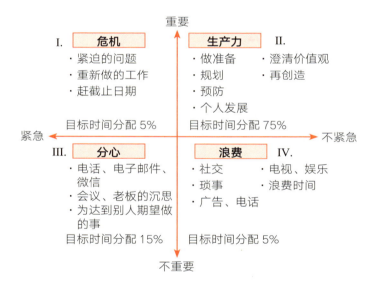

生活中紧急的事情（第一、第三象限）时常会扰乱我们的计划，比如当有电话打进来的时候，很少有人会继续做手头的工作而不去接电话；又如当有特殊的计划变动的时候，我们不得不迅速调整时间安排去完成某些紧急任务。

我曾经有段时间就一直把自己困在第一和第三象限中：我每天都看起来非常忙，经常赶截止日期，甚至还会通宵做作业。还有的时候，我在复习时会被突然传来的消息提示打断，在学习中间开始回复消息和邮件。在无意之中，我把大部分的精力分配给了看似紧急的事情。

后来我才发现，其实紧急的事情容易迷惑我们的大脑——它们让我们觉得很忙、很有效率，但是实际上占用了我们很大一部分的时间，收益甚微。而且，一直忙碌于第一、第三象限的事件，会让我们更想要在第四象限"不紧急不重要"的事上花费时间，用来缓解处理紧急事件的不适。比如在通宵赶工之后，我会想要补偿自己，在床上躺一天，看看手机、刷微博，进而浪费了更多的时间。

退一步来看，通宵学习真的等于努力或高效吗？显然答案是否定的。是什么造成了我当时被困于第一和第三象限呢？我之所以需要通宵，是因为我没有合理安排完成这项作业需要用到的时间。如果我提前每天都分配一些时间在这项作业上，我就可以在截止日期之前很顺利地完成，但是我却用这些时间去做了别的事情，导致自己被迫把这件事变成了一个紧急的事件。

由于我以前不太会拒绝人，我经常会忙碌于第三和第四象限。但第三、第四象限不论紧急与否，都是我们生活中不重要的事——其中就包含了很多由于不好意思拒绝而为别人去做的事。大量的精力花费在帮助别人身上，我们的人生就变得十分被动，那些对我们真正重要的任务就会离我们越来越远。

因此，真正高效率的人可以通过合理的方法尽可能地缩小第一、第三、第四象限，并放大第二象限。

我们再来看一下第二象限的特点：重要但不紧急。其实就是我刚开始提到让大家思考的那件如果重复做便会提升自己的小事，这些事情有着积极的结果，同时我们又有充足的时间去完成它们。放在第二象限的事情通常也是跟我们的长期目标相结合的。比如，我想要掌握一门外语，想要投资自己的健康，这些事情的结果通常不会很快被我们看到，而是需要长期的时间投入。

然而，因为我们没有办法快速地得到正面反馈，如果想要一直保证自己多做第二象限的事情就需要我们拥有强大的自律能力。书中建议我们，想要成为高效的人士，第二象限的事情应该占到我们时间的80%，也就是说我们要把生活中那些紧急的危机和被动的问题缩小到可控范围内，并提前考量、规划，从工作的根源入手，再通过提前去做第二象限的事来从源头上避免把任务变成危机事件。

我的"第二象限"人生

每天反复做的事情造就了我们。优秀不是一种行为，而是一种习惯。

史蒂芬·柯维提出过四代不同的时间规划工具，而我自身的经历恰好见证了第一代到第四代的转变（Covey，2018）：

第一代：清单类工具

刚开始的时候我会使用清单（checklist）类工具规划时间。这就跟小学我们记作业一样，哪门课老师留作业，把要做的作业写在记事本上。回到家翻翻书包，再挑出自己最喜欢的那门课开始做作业。做完一项划掉一项，直到全部做完再出去玩。我们有意无意地在这个过程中使用着第一代时间管理工具。

小学、初中的任务不多，用简单的清单形式完全可以驾驭，但是到了高中、大学，有了更多的课外活动，我慢慢意识到了这种方式的弊端：清单这种方式实际上没有办法让我们认清自己应该优先考虑的事（priority）——我们只是短暂地享受了完成任务的快感，把"完成任务"当成了任务本身，却没有长远地对自己的产出有所规划。

而且，当我们没有办法完成当天的清单时，今天的任务就会被移到第二天重新完成，第二天没有完成的任务移到第三天，最后我们一直在做一个"下半截任务清单"的循环和重复，没有办法帮助我们合理地量化任务。显然，这种方式并不能帮我在上大学之后平衡学业和课外生活。

第二代：根据时长量化任务

后来，我又开始尝试利用日历，以周为单位，先把固定的讲座、习题课放入日程表，再在这些必须参加的、拥有固定日程的任务中寻找空隙，用来复习和预习。这样的规划方法属于第二代时间管理工具：去规划自己每天要做的某一件事情的时间和时长，单纯用时长去量化自己的任务并且完成它。

比如我知道我需要复习老师课上讲的内容，大概 2 个小时的讲座，我需要 4 个小时的时间去充分复习，那么我当天的任务就是完成 4 个小时的复习。又如，我从小学钢琴养成的练琴习惯，每天练习 1 个小时，我在读本科期间如果还想要坚持这个爱好，我会在日历中再规划每天 1 个小时的时间用来练琴。这一点也和我上面说到的放大自己时间管理矩阵的第二象限一样，保证这个每天去进行积累的过程。

在简单的清单中加入了一定的时间轴和预见性，这样的规划让我至少能够保证需要花在某些必要任务上的时间，我的时间表告诉我做什么，到时间了就去做。当时的我很相信自己的效率，只要规划了时间去复习，我就会潜心复习，所以这种方式也不差。

第三代：根据目标量化任务，分配时间

到了期末复习的时候，因为需要在短时间内充分复习和提炼大量知识，我就会反过来，从结果出发来思考——这个时候我的目标非常明确，就是考高分（物理系的考试就是做题，没有论文，可能跟其他学科有所出入），所以也相对容易量化自己的任务量。

我会细致地罗列出我需要学习的内容：哪些内容是我在考试之前必须掌握的，我手头有哪些复习的材料是对我有帮助的，比如我的学习笔记、所有做过的错题，以及历年考试。

明确了自己整体的工作量之后，我会去计算自己从复习阶段开始到考试

那一天所拥有的时间，再用工作量除以时间，就是每一天自己需要花在这门课的时间。

这种从结果出发的时间规划，其实是第二代时间管理的一个升级：从日历的框定中跳出来，重新去思考自己要做的每件事，这些事中哪些是应该放在首位的，哪些事花的时间最长，我要在几个月内完成什么样的目标。这样，我原本的日历就跟我的长远规划联系了起来。

这也是后来我慢慢到了研究生阶段最常用的方式。不过因为研究生基本没有课，更多的时候是自己自主规划学术进度和实验等，这样的课程安排直接导致我的日历中没有办法再利用那些必修课来构建一个框架了，更没有办法往这个框架上填充任务。

之前像"一天复习4个小时"这样的任务，我能够保证我的4个小时均用来复习。可是到了研究生阶段，我们的学习任务变得难以量化，类似的任务设定变得不够明确：我需要用4个小时复习多少内容？我需要做到什么程度才是对的？这个时候我会从目标入手，先思考自己的精力和时间应该投入于哪些长期（以年为单位）、中期（以月为单位）和短期（以周为单位）的目标上，最后细化到每天的具体安排，把每一天划分为更小的目标并进行实现。

我每周都会利用一些时间来制作我的日程表，在这儿给大家推荐手机或者电脑上可以同步的电子日历。我会创建不同日历，并且根据任务的性质给它们分配不同的颜色，这样我可以在周视图中直观地看到我每一类任务分配到的时间，从而把握生活的平衡，我的分类包括：科研相关（读文献、做实验等）、社交（和同学见面等）、个人提升（包括锻炼、读书、练琴等）；我还会运用电子日历的重复生成功能，让某一件划分在第二象限的事情以天或者几天的单位进行重复，因为我们生活中很多东西都要积累才有收获。

不过这里要提一点，虽然很多人能够很舒适地利用第三代时间管理方法去高效地完成任务，这个方法也是有弊端的。首先，规划本身也是非常消耗时间的；其次，我们在规划每日任务的时候，不自觉地会把做事情的顺序看得比事情本身更重要；另外，我们在规划的时候很难预见到每一个小任务所花费的时间，有的时候我们会在精力充沛的时候规划很多事情，但实际上的工作量是远远大于我们的能力的。这个时候会适得其反：由于完成不了一天的规划而感到挫败，并且丧失信心。

第四代：及时利用时间轴回顾目标

为了解决上面提到的第三代时间管理方法的弊端，我在做每日规划（daily planner）的同时，还会选择利用时间轴来回顾我的一天或者一周。时间轴的制作让我能够在一天结束的时候回顾我今天在什么时间完成了哪些任务，该任务花费了我多少时间，是否和我规划的时长相似，我是否完成了今天的小目标，今天的小目标是否和我的中期目标契合等，这些小的反思和回顾都是可以体现在这样一个简单的时间轴上的。

当我把视野放在了一周而不是一天的时候，我也对我的生活有了更整体的把握。以周为单位总结和规划比日常表具备更多的平衡和内容。这就是第四代时间管理所强调的：时常回顾我们的原则和目标，并且永远围绕这些原则和目标去生活。不要让那些第一、第三象限的事情掌控你的时间规划，而要让自己的时间规划去掌控那些第一、第三象限的事。

说到这里可能你已经体会到了，我们所谓的时间管理实际上是自我管理。把一个人有限的时间规划好，只是一种手段，刚刚提到的几种时间规划的方式也不过是一种工具。真正能回归自己的初心，去更好地认识自己，再去执行任意一种时间管理的方法，才是最重要的。

强大的自我管理者能够对此持之以恒，找到自己的平衡，专心于第二象限，以自己为出发点，并且拥有强大的适应能力。他们能够对外界扰乱自己计划的事情或人说"不"，能够对自己的目标说"好"。

强大的自我管理者也是聪明的拒绝者：在别人向自己寻求不重要的帮助时（第一、第三象限）学会拒绝。在别人提出需求的时候，能够做出判断：我当前最重要的任务是什么，求助者从客观来讲是否值得帮助，所求助的任务工作量有多大，拒绝之后是否会影响短期或长期人际关系。他们擅长想出"共赢"

的解决方案，所以即使是拒绝他人也能够令人信服和理解，帮他们赢得尊重。

　　在这里我只是浅显地结合我自己的亲身经历阐述了《高效能人士的七个习惯》提供的时间管理方法，但是我不得不说，这本书对我的影响至深，让我后悔没有再早一点开始阅读，所以在这里强烈推荐给各位读者。

我的关键总结：做比想更重要

　　回过头看过去二十多年的人生，我似乎已经经历了许多影响一生的关键决定；在这一个个人生节点串起来的旅途上，我与不同的人相遇、离别；在任性的时候走过弯路，但同样珍惜这些经历。因此在最后我想告诉大家，不论是什么样的经历，不论选择什么样的道路，做比想更重要！

（1）面对危机，做比想更重要

　　2020 年对于整个世界来讲都是不同寻常的一年。如果没有这样一场大流行病的存在，也许我们永远不会认识现在这个自己——在困境中的自己。这期间，有人经历过难过、孤独，也懂得了珍惜和坚守。疫情最严重的时候，很多人问过我，你为什么还留在国外，自己应不应该因为疫情放弃出国。这些人其实给了我启发：真正区别你与其他人的，并不是在顺境中我们表现如何，而是在逆境里我们是否还能坚守自我、克服困难，明确自己的目标。每个人留学的目的不同，而我的目的除了学习知识之外，还有培养站在世界角度看世界的意识。

　　本科的时候我们有一个关于世界公民（global citizenship）这个概念的课外项目：每一个人作为世界公民，某种程度上都是平等的。所以世界的危机也是我们每一个人的危机，解决世界问题是我们每一个人的责任。我深受这个概念的启发，因此更多时候我愿意去了解不同国家的同学对一些事情的看法，愿意体验不同国家的文化。

这场疫情也无一例外，当我们站在世界公民的角度时，做比想更重要：即使疫情阻挡了一些人的脚步，但是这个世界仍在运转，因为我们面对的是全人类的危机。因此与其焦虑现状，想象世界另一头狰狞的样子，或因为信息不完整而取消自己未来的计划，不如去看看在困境中砥砺前行的国际化精英，由强大世界观和自我意识支撑着的坚守的人们。

（2）学习物理，做比想更重要

除了关注国际化发展的世界，我所学习的学科——物理学，也是一门做比想更重要的学科。物理学不断地在探究自然的本质，解释我们生活的空间以及空间之外的空间，而这个探究的过程需要经历几代人的积累和失败。

比如，现在很多以人名命名的公式，这个人只是第一个写下公式的人，而真正的公式会经历后人三到四次的修改，其中除了单纯的推导，也有从实验中总结出的新发现。比如原子模型的发展，意外的实验现象成为突破口。Nature was kind enough to reveal its secret to prepared minds（大自然很友善地向有准备的头脑揭示了它的秘密）。只有不断用行动去探索，我们才能够更加接近这个世界真实的样子。在历史的长河中行进，也是鼓励我向前人学习的过程——为自己热爱的学科持续探索。

考进剑桥大学，确实是我人生中的惊喜。但是我始终认为，在世界名校学习、做科研从来不是我人生的终极目标，而是一个起点。剑桥大学，是一个永远在激励你向高处走，成为一个更优秀的自己的地方。

在这里，我能够接触到世界顶尖的科研。还记得我刚来剑桥的时候，恰好赶上当年的诺贝尔物理学奖揭晓，得奖者正是我读硕士所在的卡文迪许实验室的奎洛兹（Didier Quelo）教授。邮箱里收到"热烈庆祝我系迪迪埃·奎洛兹教授获诺贝尔奖"，我第一次感觉自己离诺贝尔奖这么近。更幸运的是，得奖第二天，奎洛兹教授就在剑桥开了一场讲座。我近水楼台先得月，接触到了诺贝尔奖得主，这是我之前想都不敢想的事。

从他的讲座中我受益最深的两个点分别是：

第一，他在讲座中分享了他当年发现 exoplanet（系外行星）的过程。当时他的导师刚好出差，而他从数据中观察到了异样。他兴奋地赶紧联系他的导师。结果他的导师在电话里敷衍了事，一开始根本就不相信，因为他的发现足以推翻当时所有的理论。不过他还是选择了相信自己，把自己的研究进行了下去，又用更多的结果证明了自己，确实推翻了现有的理论。他在讲座中直接跟我们讲："你的导师说啥你都别听他（她）的！"

第二，他跟在座的做科研的学生说："失败是科研生活中最大的一部分。我应该在接下来的教授生涯中去鼓励失败，反正现在我得诺贝尔奖了，没人敢说我是错的。"

不论是他对自我的坚持，还是对失败的积极认知，都在告诉我做比想更重要：面对他人的质疑，埋下头去做，用结果证明自己；对于做了但是错了的结果，用更多的努力去追求正确。

（3）走出舒适圈，做比想更重要

如果你有出国留学的想法，我还想说：走出社交舒适圈收获属于自己的友谊，做比想更重要。很多人可能和我一样，在社交场合显得尴尬和慌张，因此在下一次社交场合来临前都会感到无比紧张，觉得还不如待在家里看剧；在人群中，找不出什么话题，或者在脑海里一直重复几句话而说不出口……基本的社交能力是需要锻炼和培养的，你可以给自己设定小目标。比如，一定要在某某社交场合至少找五个陌生人说话、在探讨的时候至少提出三个属于自己的新观点，等等。与其在脑海中想象尴尬的场景，不如勇敢地迈出舒适圈，享受思维、文化的碰撞。

（4）教育子女，做比想更重要

随着年龄的增长，我对父母为我的付出有了更加深刻的理解。我所获得的一切，都离不开父母给予我的家庭教育。我的爸爸是寒门出才子的典范，在村里其他人都早早地从初中退学的时候，他即使从路上捡别人当废纸丢弃的书也要学习，在教育条件没那么丰富的环境下成为为数不多的大学生、研究生。在大学中，他和我的妈妈相识。我的妈妈为了给她的孩子提供更好、更科学的教育，毅然从理工科转向心理学，开始她的博士学习。那个时候为了兼顾我和她的学业，她常常需要凌晨4点多就起床开始学习，在安顿好我之后坐一个小时的公交去学校做实验……

他们的刻苦和压力是我无法想象的。直到现在，他们仍然每天在学习新的知识，不断提升自我。他们各自对学习这件事的重视和热爱始终是我学习道路上的榜样。他们用自身的行动向我证明，给予子女教育，做比想更重要。我是幸运的，父母的爱让我敢于不回头地向前方走去。我的家庭教育是我成功的一部分，我的父母是伟大的父母。

再说到我自己，纵观过去的二十二年，我也秉持着做比想更重要的原则。也许你的经历与我的大相径庭，但我也希望在这里可以鼓励你：要在每个年纪敢于试错，敢于听从内心的想法，对于我和很多人来说，有些事情如果当时没做，可能后来就再也不会做了。该发生的事总会发生，与其去焦虑自己的付出是否会有结果，不如就在想到这件事的时候把握住那份冲动和热情，并且从中获得满足和快乐，摆脱世俗的限制。即使无法预见结果，我们也永远可以把握过程，从努力中收获。

参考文献

1. ［美］史蒂芬·柯维著，高新勇、王亦兵、葛雪蕾译：《高效能人士的七个习惯》，北京：中国青年出版社，2011。

2. ［英］布莱恩·克劳斯、杰夫·福修著，伍义生、余瑾译：《量子宇宙——一切可能发生的正在发生》，重庆：重庆出版社，2013。

3. ［美］伽莫夫、［英］斯坦纳德著，吴伯泽译：《物理世界奇遇记》，北京：科学出版社，2008。

4. ［美］盖瑞·祖卡夫著，廖世德译：《像物理学家一样思考》，海口：南海出版社，2011。

5. 林新勇：《极限思维法及其在解题中的应用》，《物理通报》2004年第5期。

6. 灵遁者国学，https://www.bilibili.com/read/cv3691716/，访问时间：2019.

7. 刘颖、苏巧玲：《医学心理学》，北京：中国华侨出版社，1997。

8. 苗千：《薛定谔的猫与新量子力学》，《三联生活周刊》，2011年第46期。

9. 苗千：《如思想般自由迅捷》，《三联生活周刊》，2012年第41期。

10. 严伯钧：《六极物理》，北京：接力出版社，2020。

11. 张天蓉：《世纪幽灵——走近量子纠缠》，合肥：中国科学技术大学出版社，2013。

第 3 节　建立好奇心

腾出碎片时间去了解新事物

辨别好奇心和舒适区，做真正发自内心意愿的事

行动计划表：如何将好奇心转变为行动力

PART 4
优秀习惯

第 4 节　找到内部动力，规划自己的未来

缺乏学习动力怎么办？

思考专业选择

如何找到你真正喜欢的工作

跟随心之所向

自律的前提是动力

合理制定任务，让你保持高效

解决拖延症的技巧

提高自律的两种方法

第 1 节　提高自律，摆脱拖延

四象限时间管理法

我的"第二象限"人生

第 2 节　亲测有效的时间管理法

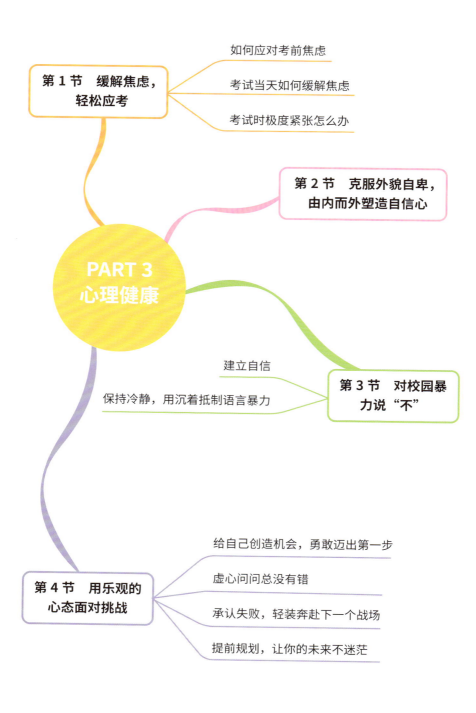

第 1 节　缓解焦虑，轻松应考
- 如何应对考前焦虑
- 考试当天如何缓解焦虑
- 考试时极度紧张怎么办

第 2 节　克服外貌自卑，由内而外塑造自信心

PART 3
心理健康

第 3 节　对校园暴力说"不"
- 建立自信
- 保持冷静，用沉着抵制语言暴力

第 4 节　用乐观的心态面对挑战
- 给自己创造机会，勇敢迈出第一步
- 虚心问问总没有错
- 承认失败，轻装奔赴下一个战场
- 提前规划，让你的未来不迷茫

第 1 节 适当的激励，
激发孩子更多潜能

第 2 节 把孩子
的人生还给孩子

警惕父母对孩子的控制欲

培养独立品性，陪孩子一起成长

PART 2
家庭关系

第 3 节 家长如何应对
孩子的青春期恋爱

先做好自己的事，再向父母提要求

了解孩子的需求

和你的孩子平等沟通

第 4 节 良好的亲子关系
从"互相尊重"开始

第 2 节 高效率考前规划方法

- 不同分数段的复习策略
- 如何制订自己的学习计划
- 如何克服考试焦虑
- 把握做题速度，掌握考试节奏
- 高考数学，如何轻松拿高分

PART 1
学习规律

第 3 节 超强记忆法

- 有效的记忆法，帮你塑造更有活力的大脑
- 多感官记忆法
- 相似记忆法
- 简化记忆法
- 奇特联想法

错题集，怎样用才最有效？

停止无效努力，看到自己的问题

通过模仿快速建立自己的学习模式

破除偏见："学习理科需要天分"

用"动画视觉"理解理科

极限思维：中学物理满分秘籍

量子思维：打开新的世界

数学思维：回归物理学习的本质

如何正确运用"题海战术"

冥想提高学习效率

WBS 方法：分解任务，让学习更轻松

费曼学习法，高效率的秘诀

四个方法学好英语

数学学习的建议 1：用推导代替死记硬背

数学学习的建议 2：善于归类，搭建知识网络

第 1 节　学业突围全面计划

10

保持好奇，终身成长

作者：赵炫

英国帝国理工学院　计算机科学本科在读

我是2018年耶鲁青年学者（Yale Young Global Scholars，简称YYGS），凭借着对计算机的热爱，我曾一路过关斩将：参加CTB创新挑战并赢得类别组中第一、入围AICC全国中学生人工智能大赛高中组决赛、LeetCode 2020秋季赛全国前500，并充分利用课余时间掌握了英、日、法、韩、西五门外语。

　　"兴趣是最好的老师"，在接下来的两章中，我将告诉你如何找到真正适合自己的发展方向，以及如何制订高效的学习计划，帮你实现目标。

　　好奇心是人与生俱来的本领，也是一个人免费享有的终生财富。词典里定义"好奇心"是动物处于对某事物全部或部分属性空白时，本能地想添加此事物的属性的内在心理。它既是动物本能地想要获得回报的探索性行为，又可以被解读为智人想要探求知识的渴望。

　　很多时候，对一个领域，或是一件事物的好奇心，足以强大到改变一个人一生的轨迹。然而，很多人在成长的过程中，出于各种各样的原因而失去了这一项宝贵的技能。

　　接下来，我将带你重新拾起你的好奇心。

建立好奇心：腾出碎片时间去了解新事物

建立好奇心的第一步，是要预留时间和自己对话，并通过实践来找到自己的好奇心究竟会在哪里不经意间被释放。

如果你还是学生，或者刚踏入社会，可能会有前辈或是家人告诉你应该如何去选择热门或出路比较广泛的专业或者行业，例如计算机或者是金融及会计。如果你被他们所影响，这会导致你的思维变得趋向于"结果导向"，进而把自己的职业发展和薪资、人脉及社会资源等方面捆绑。事实上，在我看来，过早地进行"功利性规划"不一定会带来最好的结果，因为对各行各业的大环境和发展思路都在趋同，每种职业都有各自的烦恼和门槛，而更为重要的，反而是放下眼前的事情，认清能让自己好奇并持续产生内驱动力的事物，然后一直沿此走下去。

如果你正在忙于准备考研、法考、校内事务或是比赛，你也可以尝试给自己 2 个小时来盘点这些事情是如何对你今后想做的事推波助澜的。不论你仍在校读书还是已经在社会上打拼，只要你有过想躲避眼下忙碌的念头，那么请停一停手中的事情——你需要让你的生活暂停 4—5 天，把现在正在进行的所有事情记在笔记里，然后忘掉这些事，腾出时间去发掘你真正感兴趣的事物，激发本能的好奇心。

所谓"腾出时间"，指的是你需要预留一段时间，并在这段时间内付出一定努力去了解未知的事物，而并非停下脚步去放松娱乐或是做冥想。在这段时间里你需要和自己独处，尽量避开一切外界干扰或是无意义的社交，屏蔽一切主观想法。

首先，选择 3—4 个你感兴趣或是正在关注的事物：可以是某个新推出的电子产品、某个摄影师的最新作品集、某本新书、某一首歌、某个城市的地铁设计。这些事物必须可以反复推敲，有它的研究价值，不可以是某条即时新闻或是仅有一天热度的快餐式信息。

下一步，将你这一天的时间按自己的喜好分为相同长度的 3—4 个时间段，每个时间段对应一个兴趣点。你可以利用线上百科、科普类帖子或是线下书籍来回答你想要问的问题，并对你感兴趣的点做标记。在这个过程中：

1. 如果是文章，则一定要说明文、科普文，或者是学术论文 / 杂志 / 教材等；如果是视频，则视频内容一定要将重点放在科普或知识介绍。

2. 对你留意的点做好标记，并尝试搜索这些点的相关信息。一直重复这个过程，直到你觉得疲惫或是不再感兴趣为止。记录下来你每次搜索的深度，同时把所有搜索结果和对应链接或出处记录下来。

3. 一天结束后，统计每个感兴趣的事物分别收获了多少个兴趣点，以及它们的最大搜索深度是多少。

4. 如果你发现这个事物有一定的学习难度，那么把难点都记下来，然后跳过它们并继续寻找其他兴趣点。

将上述过程重复四到五天之后，你会意外地发现自己究竟会对哪些事物感兴趣。在这几天探索完成后，你可以利用碎片时间去继续了解你感兴趣的点，直到你愿意去付出时间和精力，忽略一切功利的想法并愿意去制定长远目标。

如果你没有很多想法或思路，那么下面会有一些话题，你可能会有兴趣去研究：

1. 对摄影学好奇的朋友可能会从单反和数字的成像原理了解到世界各地不同地域的风土人情。

2. 对音乐制作感兴趣的朋友可以从电子音乐技术和音频录制 / 音响工作原理入手。

3. 对带货直播好奇的同学要从电商平台和厂商的合同了解到市场营销和

大众传媒。

4. 对游戏设计感兴趣的小伙伴要从游戏开发周期和美工了解到三维图形渲染技术。

5. 对数学感兴趣的朋友可能会研究自然数和（0，1）范围内的实数哪一个会更多。

6. 对计算机感兴趣的朋友可以了解一下蓝牙和 Wi-Fi 的工作原理或者是图灵机的数学定义。

7. 对经济学感兴趣的朋友可以了解一下关于 2019 年诺贝尔经济学奖的讨论。

8. 对哲学或是社会学感兴趣的朋友可以了解一下乐观虚无主义。

不论是入门还是进阶，在论坛上或是专业书籍里这些都是触手可及的。只要是在研究某个你从未接触过的领域，或是捕获到从未听闻的知识点，那么做出的任何努力都是值得的，不需要只关注于一小点。在当下，很多真正做科研的朋友也都是通过每个阶段了解的信息去推进理论和技术的迭代，而不是一直闭环地单独去研究某一个现象。比如，在学计算机时，小白阶段的朋友可能都是去看哪些领域是最前沿的，当看到例如半导体行业很有趣，这个时候才会去看计算机设计与架构的经典书籍；当看到了计算机自底而上的架构之后，可能才会对例如主板设计或者是能耗控制更感兴趣，进而继续了解其他例如逻辑电路和电路等相关的知识。

从一开始看一些前沿的信息，到最后扎身一个领域，都是先有第一步才有了后续的内容。不论是什么领域，只要是需要知识和经验的地方，就需要迈出第一步去了解它。

"好奇心实验"：选择可以让你保持长期好奇的事

现在，请想象你身处一座孤岛，周围的资源很丰富，你可以建设各种想要的东西——读想读的书，看想看的电影，时间上任你去自由分配，有自己的小屋和躺椅，有连接到互联网的台式机，房间里有各种日常需要的用品，但你暂时无法离开这个岛屿。

这个岛上只有你一个人，所有的东西也都只属于你自己。想象你拿起笔和纸，写下所有你发自内心想做的事情：可以是看海景、听音乐，也可以是尝试动手建小屋，或是尝试去弥补这个小岛上你希望拥有但可能缺失的部分。你可以记录下来 100 件事情，记下来的事情越多越好，但是请记住：你无法离开这个岛。

你可以选择去看海景，但海景终究也有看腻的时候，因此你需要记录下来你在这个无法离开的岛屿上愿意长时间投入精力的所有事情。你可以尝试将这份列表的内容进行简单的分类：是否属于某个领域、是否为娱乐活动、是否可以长期投入精力，等等。

根据列表的内容来安排在这个孤岛上第一天的行程，并挑一件你最想做的在现实生活中尝试去做。接着，你可以安排第二天的行程，但是要去掉这个列表中 10% 的内容。同样地，你可以挑一件你想去做的事情在现实生活中复刻。第三天做选择时去掉原列表中 20% 的内容，第四天去掉原列表中 40% 的内容，直到列表中只剩下三件事情。如果短暂地考虑过后，很明显剩下的三件事情你在现实生活中无法长期投入精力和时间，你需要重复上述过程。

在做任何一步选择时，都要遵从发自内心的好奇，不可以去考虑日后发展或是其他的评判标准。记住，你还在这座孤岛上面，没有人陪着你去做任何事情，也不会有人去评价你的选择是否合理。如果你觉得剩下来的三件事情很妥当，你自己也非常愿意在这座孤岛上一直做下去，那么这个状态保持一周，就按照你在孤岛上的安排，回到现实生活中去做同样的事情。

如果对这三件事情慢慢失去了热情，你需要顺藤摸瓜去寻找新知识，要能够让你对它的专注力保持至少一个月。其实在很多国家和地区的顶尖高中预科教育中，同样的事情从初三或高一就开始了：必修课占到三成，剩下的选修课就是学校让大家去做选择，但同样的事情，其实每个人自己也都可以进行复盘，不必非要利用学校的制度或者专业导师。

　　在探索新事物的过程中，自然会存在机会成本：你可以选择进一步去探索某一处的风景，也可继续前行来进行下一步的探索。虽然你可以返回之前拜访过的地方或是做过的事情，但是在这个过程中所耗费的时间是回不来的，每个事情或许都不错，也可能都有些许问题，但总体来说两种选择都不错。

　　在这个岛上，你可以去探索某一处的风景，驾驶无人机进行拍照，或者是整日坐在屋子里去写出各种各样的生活中易用的程序，也可以去翻修整座岛屿，让它变得更现代化，甚至你可以选择用现有的材料来制作飞行工具来想办法逃出这个地方。不论是什么选择，在你找不到感兴趣的事物之前，先不要停止对岛上生活的想象。这个本应持续数年的过程，即使在有限的时间里，应该也需要花费两到三周的时间去完成。毕竟，在现实生活中找到了有意义的事情，远比在现实生活中复制别人的路更容易实现自我价值。

　　当你成功找到了能够持续两到三周的事情之后，你可以在现实生活中复刻你在岛上的生活习惯和时间表。时间表可以是零散而没有规律的，也可以是每天早起抓住第一缕光的，这个暂时不重要，重要的是你能够按照岛上的所闻所见，按照自己的好奇心去行事。每个人都会有不同的岛屿，你所勾勒出的岛屿也是基于自己平日里的所闻所见。如果很难想象在岛上自己会做什么事情，那么不妨在现实生活中也听听别人所经历的事情，他们看到的大趋势以及新奇的事物有助于唤起你的好奇心。同时，你要知道什么事情是值得长期去做的。盲目地去追寻内心原始的欲望，听从他人没有考虑清楚的建议和无限放松的心态会得到一个适得其反的结果。

这个实验过程是长期的，并且需要你像认真学习和工作一样对待整个思考过程。这个实验的目的，并不是让你放松地进行自由想象，而是引导你客观谨慎地去做每一个选择。

辨别好奇心和舒适区，做真正发自内心意愿的事

拥有好奇心，不等同于你进入了内心的舒适区，但是两者之间有相似之处。当你对一件事物产生了好奇心时，你会本能地研究它的属性和内在价值，对其反复琢磨而废寝忘食，拥有"沉浸式体验"；而当你待在内心舒适区时，更多的只是对当前事物的消耗，并不会有发自内心想去了解其本质属性的想法。你的潜意识很容易混淆这两个概念，所以要时刻提醒自己，你当下正在做的事情是否真正是发自内心的意愿。

如果代入一个心理学概念，那么好奇心指的是你的内控倾向，而舒适区则偏向于外控倾向。

当我们在面对新鲜事物时，短期内总是会被它的新奇所吸引，然而让我们长期地接触和研究，很容易就会失去耐心。对一件事物开始时真心对待但是热情逐渐消退是一个很正常的现象，毕竟趋利避害地躲到内心舒适区，是所有生物的本能反应。在这个过程中，不同的人会有不同程度的情绪波动。

怎样让自己长期坚持下去呢？

首先，要理性地分析热情消失的原因：

1. 是否因为想要攻克的领域难度过大或过难？

2. 是否存在他人观点导致失去信心？

3. 是否因为这件事情本身不可持续？

其次，按时间顺序记录内心真实的想法：是什么时候开始失去耐心的？是仅仅过了两三天，或是一周，几个月？从哪一周开始出于什么原因没有继续坚持下去？

分析完原因后，假设让你回到原点，清除你对这个领域的所有知识，然后说出 5 个能让你发自内心地感兴趣的原因，以及 3 个你想要深度挖掘的内容。如果你成功地说服了自己，那么每隔一段时间，继续重复这个复盘的过程。如果你只能勉强编出几个理由，那么请你继续回到岛上发掘你的好奇心。

除了重新回到岛上之外，你还需要复盘你的生活习惯以及是否存在干扰源：停止一切符合内心舒适区定义的事情，切断一切垃圾信息来源和不必要的人际关系，每天按时作息，定时学习和放松。同时你要意识到，一个人可以用来探索世界的时间仅仅只有 20—25 年，等到 40 岁或 45 岁的时候，更多的是在自己已有的技能上去专注某一个领域，不论你有多少技能。社会上的朋友和同事们，也可能会因为时间的推移而失去联络，但唯独你喜欢的事物和内心深处的好奇心是不会轻易走掉的。

行动计划表：如何将好奇心转变为行动力

开门见山地说，将好奇心转变为行动力最好的方式是做一个详细的行动计划表。这个任务听起来很简单，似乎很多人都会做，但只有极少数人能够真正做到。即便有的人短期内做到了，也很难长期有效地执行。而正是这样一个不起眼的小习惯，使得我能够在校内、校外的不同任务和截止日期之间自如地来回切换，并且可以在课外自学几门语言以及不同的技术。

行动计划表要分成两套：一套用于长期规划，另一套用于每日时间安排。长期规划更像是在记忆中刻写好的一套目标，所作所为都要朝着这个方向去努力；而每日规划则是一天的作息和学习内容，以及完成规划后给自己的奖励。

例如，我最初出国的一大原因就是对欧美的科技圈感兴趣，"出国学习西方科技"是我的长期目标。为此，我建立的第一个目标自然是托福 100+ 分，并申请湾区附近的高中。为了托福能考到高分，我制订了每日计划，这个计划包括每天背 50 个新的词汇，复习 50 个已经学过的词汇，以及每日听写一篇新闻演讲稿或纪录片片段，等等。虽然整个过程会感到疲惫和乏味，但是每当看到日新月异的科技产品，作为科技发烧友的我因为太想加入科技开发的大军之中，所以也不会觉得托福 100+ 是一个非常困难的任务。

后来到了高中，我才发现整个高中的学习都偏文科，并没有关于计算机和技术的课程。我打听了相关原因，发现学计算机的基础课要求很高，需要有很好的数学和统计学基础。于是，我继续按部就班地学各种其他学科的知识，同时在外慢慢自学编程。

一开始的过程是艰难的，一边要不断地琢磨基础学科的英语词汇，一边要学习计算机的底层知识和内容，学会做基本的网页开发。但每当我感受到各大科技公司的新产品带给我的震撼之后，我就觉得，过程再难，也不会阻止我去完成既定的目标。

我的每日行动计划表虽然也会随着各种情况的到来而随之改变，但大的方向最后还是正确的，直到现在，我也还在走高中时给自己规定好的长期规划。等到日后达成了目标，又可以开始下一个行动计划表。人生是漫长的，有时候也很乏味，但寻求知识的路一定是有趣的。

在下一章，我会带大家详细了解如何制作行动计划表。这个计划表只是一个工具，而它的真实价值取决于用它的人。能否将计划坚持下来，一个重要因素是能否对自己好奇的事物以及自己的好奇心产生正确的认知。

假设现在有一位朋友问你为何要守护你自己现在正在做的事业，你不仅需要给他，更是要给自己一个满意的回答，由此才能说明你的好奇心是足够长久的，你对这件事情有着源源不断的内在动力。可见寻找好奇的事物，是人生当中一个非常重要的过程。同时，你也可以问问内心，是否愿意去顶着无数个要熬的夜，是否可以放弃一些绩点去追求在自己的兴趣领域达到一个自我满意的高度。如果对这些问题的回答不够笃定，甚至有些犹豫，那么你是时候再回到自己的岛屿上寻找真正想做的事情了。

多去利用自己的好奇心，去拓展相同兴趣爱好的圈子，结识更多的朋友。这个道理不仅仅适用于能一起唱歌或者去旅行的朋友，更适用于学术或者是文学创作相关的朋友。在大多数人的观点里，以数学或者是工程类学科出身的朋友，似乎不会经常以本学科来作为社交手段去结识新的朋友。但也有很多学数学的朋友去做各种表情包来娱乐大家，也有很多学物理的同学会去设计各种科学家之间的笑话，也有学地理和政治的朋友喜欢做波兰球来在圈子内轻松地讨论时事……

就像《生活大爆炸》中的科学家一样，大家都能够用自己感兴趣的学术知识去开玩笑，去结识朋友。每个人都不去考虑外界对自己的看法，不去考虑现实生活中社会对他们的要求，而是追求自己心里所保留兴趣的那个领域，并同时利用它去认识更多人，多几份真正宝贵的友谊。这部剧最抓人的点就在于每个人能够把自己所喜爱的事物带到生活里，可以和同伴们一起分享，一起去创作。说不定在这个过程中，就像谢尔顿和艾米一样，还能收获爱情，一起奋发向上。

除此之外，还有许多力所能及的事情可以做。你可以养成做笔记的习惯：把每天生活中所看到的现象用一两句话简短地描述一下，并整理出自己觉得有趣的事情和想法。你可以尝试用 Notion 或石墨文档，也可以用便利贴手写下来，贴在一个醒目的位置。你也可以建立一套奖励机制：例如，在你发掘并深挖了若干个兴趣点之后，你可以奖励自己 1 个小时的放松时间，或是破例消费 1 次等。

定期的运动和放松也很重要。我仍然很感谢我的长跑教练在高中时能够一直催促我每天进行两个小时的长跑或体能训练。在加州的山上半个小时跑 5 英里带来的收益，甚至远超出我在图书馆里学两个小时的多变量微积分。运动作为一种放松方式不仅可以帮助我们调整时差或者缓解失眠，而且可以完全改变一个人的状态，让我们更易于专注。而在专注的状态下才能够不考虑外界的杂音，遵从自己的好奇心做出每一步的决定。当你觉得似乎没什么事物能够引起你的兴趣时，就应该开始考虑如何调动自己运动的积极性，来进入这样一种正面循环。

11

运用"任务管理器"，
轻松完成学习任务

作者：赵炫

英国帝国理工学院　计算机科学本科在读

计算机科学里的操作系统是一个非常值得深究的分支。其中的一个主要研究方向是如何在有限的内存空间和计算资源内去合理分配计算机应去做的事情，而其中的线程调度所用的方法和我的每日或长期规划表非常类似，所以本章就以此为主题来介绍我是如何进行短期和长期规划的。

计算机操作系统当中的线程调度，简而言之就是同时运行多个程序时，如何将内存和计算力分配给重要的程序，而将其他不常用的程序闲置，并且如何根据程序对电脑的影响来对它进行评级。当一个程序被频繁使用时，它评级自然会高，而当它开始大量消耗计算资源，使得处理器温度过高，或是阻碍其他程序时，它的评级就会降低。同样的道理适用于我自己的短期或长期规划：我会对每一个任务进行分类，并对它们进行一个系统性的评级，然后根据自己的算法去为每个任务分配不同的时间和精力，最后在执行过程中会调整每一项任务的评级，进而更好地控制学习和正常生活的平衡。

任务评级：全面了解你要做的事情

许多朋友以为任务评级应该是基于现有的信息对于他们的投资和回报比进行评估，但其实真正有价值的评估标准是去看每项任务所消耗的时间和精力。计算机操作系统运行时，就是通过检查上一次执行同一个任务所消耗的计算资源和时间来首先对它进行评级，也只有在任务时长合理的范围内才有提出它投资回报比的意义。同时，还要考虑到相同的任务对于不同个体来说需要的时间长度是不一样的。例如，一天记忆 30 个单词对于一些人来说只需要 30 分钟，但可能有些朋友需要 1 个小时。同样对于进行艺术创作的同学来说，有的人作品集里的一幅画作需要 4 个小时去完成，而有的人则需要 2 天的时间。

对我们来说，前期需要花一两周时间来完成每项任务，才可以去衡量每一个任务所要求的时间和精力。你可以尝试定下来一天之内的工作和学习时间，例如每天的上午9点到下午7点。在这个时间段内安排所有你能够去做的事情，而之后的时间可以正常休息。在这个时间段你也需要去安排定期休息时间，之后的讨论中会进一步讲如何平衡工作和休息时间。接着你需要去定一个阈值，例如任何时长超过两个小时的单个任务需要被减量或者被进一步细化，但这个过程只适用于每日任务评估。

之后再去做每个任务的成本和回报评估。首先是对于成本的分析。所谓成本无非第一是时间，第二是金钱。其实对于小于15分钟的任务，只要每天坚持，它所谓的成本是几乎为零的。对于超过一个小时的任务，就需要考虑它长期坚持需要的时间和精力了。在考量所有相关因素后，对它们进行评分，下表是我之前参考的精力表和评分对照公式。

$$精力对照表：任务成本 = 精力值 \times 小时/天 + \frac{(人民币/天)}{50}$$

任务中存在的现象	精力值
是否可以光看同一个来源的教程就能学明白	1
是否必须请一个导师或相关专业从业人员	2
是否需要查阅大量不同来源的其他相关知识	3
是否一定需要多人合作，且组员效率很高	3
是否一定需要多人合作，但组员效率不高	8

时间成本的单位是小时，金钱成本的单位是人民币，其中各项参数可以参考实际情况进行调整，你也可以在精力表中添加多个符合你自己情况的规则。其中时间成本在大多数情况下可以忽略不计，仅在一个阶段内需要投入大量金钱时需要考虑。

其次就是回报。在讨论回报时，其实标准并非一定是所带来的收益，更像是你对做这件事情的预期和好奇心。诚然，一件自己喜欢的事情完全可以去放心做，但也要考虑成本和预算。如果一件事情成本不算很高，也不会产生收益，但是它会让你在做的过程中很享受，那么也可以考虑坚持下去。但若是投入过多精力和时间而并不会产生任何收益，反而可能会在长期投资之后产生疲劳感，这个时候你一定要及时止损，并且最好在规划阶段就仔细去思考这个问题，然后在试执行阶段测试这件事情究竟是否值得去投入对应的时间和精力。另外评估回报还有一部分是建立预期目标，然后把最终结果和预期目标进行对比。对于回报的评估也有一系列的方法，下面是我经常用的一个比对系统。

$$任务回报＝任务兴趣评级 \times 长期目标完成占比$$

其中的任务兴趣评级是从 1 到 10 的数字，是你自己根据在执行任务时的状态和对它的好感度去评分的。长期目标完成占比指的是在完成这个阶段目标之后，它在量化之后的长期总目标里所占的百分比，是一个 0 到 1 之间的数字。例如，托福考试中假设熟悉 12000 个单词的量化占比为 20%，那么 6000 个词汇的阶段性目标的占比就是 10%。但假如你没有长期目标，就可以考虑换一个计算方法，例如：

$$任务回报＝任务兴趣度^2 \times 0.1$$

另外如果你有一个计划的目标，那么还需要评估这个目标的合理性。合理性具体体现在两个部分：一是投资回报比；二是是否为长期目标服务。投资回报比的比率大致如下：

$$投资回报比＝\frac{投资回报}{投资成本}$$

而评价是否为长期目标服务，其实是量化长期目标的一个过程。例如，最常见的就是将托福、雅思的目标分数量化为词汇量和阅读速度，或者是将目标职业需求变成一个个量化的小目标。这样一来，对需要付出的代价可以做到一目了然。目标过高并非就是一件坏事，只能证明你需要进一步将它细分为每个阶段性的目标，只不过需要较长时间才能达到而已。

制作长期计划表：确定好方向才不迷茫

这里所说的长期目标并非所谓的人生终极目标，而是以年为单位的阶段性的、更长期的计划表。只有有了长期计划，一些短期计划才有执行下去的动力，所以应该先去考虑长期目标，再去设计短期计划。你需要先去了解感兴趣领域的背景知识，有了足够的了解之后才有广泛的长期目标选择范围。如果不知道怎么去衡量一个镜头模组的好坏，以及不了解最基本的构图，那么自然也没有能力从事更高级、更专业的摄影了。

在定下来具体的目标之后，只需要将它进行合理的量化就能生成一个最基本的长期计划表。下面我举两个具体的例子。

例如，在准备托福考试的时候，我们最常见的目标可能是设定一个理想的分数。在设定完分数之后，需要将每一个子项的分数也确定下来。又如，对于目标分数为 100 分的同学可以将阅读和听力设定为 26 分以上，然后再将口语设定为 23 分，写作设定为 25 分以上，之后再去将阅读题目划分为易错题和词汇问题，去计划词汇量目标和阅读文章量的目标。待词汇量上升后，听力可以将目标设定为每天遇到并解决 10 句难懂的句子，你可以将目标定位成"无字幕也能听得懂英文电影"。同样，写作可以去根据题目每天写一段句子，目标可以定位成"短时间内看到托福写作题目能够快速有思路且句型丰富"。口语因为回报率最低，可以考虑作为长期目标：在未来三年内可以和英语母语者正常交流沟通。

再如准备投资开桌游店时，可以考虑设定一个目标的开店日期和投资预期。前期可以从学习最基本的个体运营和市场考察开始，将目标设定为走访过的店铺数量或者是商圈数量，以及产品设计方案的数量。之后可以去学基本的融资和理财的相关知识，然后可以设定融资的目标和计划。最后是招兵买马，可以按照招人数量为阶段性的长期目标。一开始可能会有各种问题，方案可能会出现变动，但是在这个过程中至少能够知道市场需要什么样子的店铺，以及自己真正适合投资的领域是什么，坚持以后逐渐也会有了一个靠谱的长期的投资预期。

制作短期计划表：步步为营，将难题逐个击破

短期计划表应有的几个要素包括：任务名称、任务具体内容、任务时长、任务性质、对应长期目标，以及任务完成后的奖励机制。下面是我在去年年底刷 LeetCode 以及学日语时制作的一个短期计划表格以及每日打卡记录。该表大部分内容是我除去实习之后给自己安排的额外工作。

2020 年秋季学期计划表（部分）

#	任务名称	任务内容	任务时长	任务性质	长期目标
1	LeetCode 每日 2 题	每天练习并熟练掌握 2 个相似题目	工作日每天 30 分钟；至少持续到 12 月底	非常重要；每日必做；成本适中	熟练掌握常用算法；提升思维能力等
2	LeetCode 周赛	参加 LeetCode 周赛并对错题进行整理	每两周周六双周赛；每周日周赛；至少持续到 12 月底	重要程度一般；如果有紧急事项可以放弃；成本适中	
3	学习新标日语	每天 15 分钟阅读 +15 分钟听力练习	每天 30 分钟；无期限	重要程度一般；每天按需调整；成本低	争取明年拿下 N2

#	任务名称	任务内容	任务时长	任务性质	长期目标
4	学校课程内小组作业	完成 Pintos 阶段性任务及 SED 每周作业；完成算法练习	工作日每天 2—3 个小时；周末每天 3 个小时；持续到 12 月底	很重要；但必要时可舍弃部分时间；成本高	完成学业；争取拿一等学位
5	申请暑期实习	每天查询到想要申请的至少 5 个公司的岗位信息并整理出要求技能	工作日每天 30 分钟；周末无时间限制；持续到 10 月中旬	非常重要；时间就是金钱；成本低	职业发展；试错阶段

2020 年秋季学期打卡表格（样本）

日期	完成事项	内容	总结
2020 年 10 月 8 日	1,3,4,5	LeetCode 97 和 98 题；新标日语中级第 14 课对话；Pintos timer_ticks () 函数完成；查询到 Ocado 和 UBS 等公司	国庆休假刚结束；希望早日恢复学习工作状态
2020 年 10 月 9 日	1,3,4	LeetCode 102 和 105 题；新标日语中级第 14 课长篇阅读；Pintos 轮询线程调度完成	今晚努力完成了轮询线程调度
2020 年 10 月 10 日	1,3,5	LeetCode 115 和 116 题；新标日语中级第 14 课练习；查询到 Arm 和 Cisco 等公司	今天上午出去跑步，下午回来稍作休息
2020 年 10 月 11 日	2,3,4,5	LeetCode 周赛，做出前两题；新标日语中级第 14 课练习；Pintos 优先级线程调度在开发；查询到 Tesco 和 Apple 的岗位	LeetCode 周赛有些难，需要继续复习图论相关的算法，掌握还不熟
2020 年 10 月 12 日	1,3,4,5	LeetCode 117 和 119 题；新标日语中级第 15 课对话；Pintos 优先级线程调度完成；修改简历并递交了 10 份申请	今天花了很长时间修改简历，希望以后可以减少需要修简历的时间

　　其中任务的具体内容一定要写得很详细，把每天做的题号或者是掌握的知识点全部要总结出来，这样子做的话之后可以很容易避免做过多重复的工

作，也对记录任务完成进展很有帮助。你可以选择性地将觉得有意义和感兴趣的地方高亮起来，日后可以继续深挖。有时我也会把任务具体内容写成今天学习内容的一个总结和感受，但是平日里时间和精力不允许长篇大论。当你在过程当中觉得撑不下去了，仍然要记得对进度随时记录。

在表格中你可以选择性地加入每天预期的目标，但在不清楚方向的初始阶段，可以暂时不考虑这一步。如果需要添加目标，那么就需要尽可能地详细，然后在任务的具体内容上要尽量拟合乎设定的目标。

任务的时长既要记录原本预计的时长，也要记录实际执行的时间。这个时候可以用计时器，也可以考虑用更高级的应用程式去计时，但基本的概念不变，就是在专注的时候需要禁用一切毫不相关的电子设备或是应用。实际学习时间可能会低于预期时间，但这完全没有关系。只要你在任务具体内容当中填写的内容是你满意的，就可以算是完成了。事实上，在试运营阶段，时间的调整幅度可能会很大，这也是计划当中的一部分。

任务性质大致可以按照以下的顺序进行分类：首先，决定该任务是否重要，例如是不是自己要做的本职工作；其次，可以提醒自己这件事情是不是自己想做的，可以简单地做一个评级；再次，要决定这个任务是否为之后的长期目标服务，可以简单回答是或者不是；最后，要去决定这个任务是否需要很高的成本，可以分为高成本、中度成本和低成本。

· 是否重要：本职工作 | 业余爱好 | 未来发展必需 | 重要程度一般 | 可牺牲

· 是否出于自己意愿 / 好奇心：发自内心 | 一点兴趣 | 有一点厌恶 | 完全被动

· 是否为特定长期目标服务：是 | 否

· 任务成本：耗时长 | 耗钱多 | 时间成本适中 | 时间成本低 | 成本可忽略不计

你可以根据自己的喜好调整任务性质和评级。在有急事或是状态不好时，可以通过任务性质来决定你今天想要完成的有哪些。

奖励和成就系统：助你走得更远，达成目标

奖励和成就可能是整个表格中最重要的东西。没有什么事情是一顿好吃的不能解决的，如果有，那么就再来一顿。这里列举一个很符合逻辑的设计：对于难度更大、成本更高的任务，就要有对应更高级的奖励机制。具体到计划表里要体现两个方面：一是每次奖励的内容；二是奖励发生的频率和条件。下表是我定义的一个奖励样本。

2020 年秋季学期奖励机制（样本）

完成目标	奖励内容
LeetCode 完成 200 个题目	允许更替现有的一部电子设备
完成新标日语中级所有课程	允许自己规划一次长期旅行 (2 周左右)
拿到 5 个公司的初面或代码测试	允许自己向公司请假一天 + 暂缓学校功课
LeetCode 周赛进前 100	允许更替现有的一部电子设备
完成 Pintos 的一项功能	当天空出 30 分钟做自己想做的事情
新标日语完成一个课时	
LeetCode 2 个题目基础上额外完成一题	

从上表可以看出来，奖励可以归类为即时奖励和目标达成奖励。其中即时奖励的成本一定要控制好，比如在一个小时以内不得超过 5 分钟的娱乐时间，并且不可以让奖励内容影响到之后投入任务中的状态，这类奖励可以是随机去听一首歌，或去外面散一小会儿步，但是很快要回来。

而目标达成奖励是在每日任务完成后，在一天结束之后才能执行的奖励。你可以选择在一天结束之后打打游戏，看看综艺，这些都可以算作奖励。在未完成任务的情况下，奖励也可以继续进行，但是要记住明天需要花更多时

间去弥补今天未完成的部分。当你发现未完成的部分像债务一样滚雪球式地累积时，你需要去考虑对现在正在做的任务是否还怀有好奇心，并进行反思以及进入一周的调整期。这个过程没有对错之分。当你对一个领域逐渐失去兴趣，可能是方向不对，更有可能是对其中某个问题或者是职业更感兴趣，所以调整期是为了重新考虑目标，而并非一定是懒惰的征兆。

你也可以任意去调整你自己的任务管理器。你可以编写顺应自己规则的一套机制，这个过程一定要在第一周完成。假设这一步很难去实现，则是对背景知识还没有足够的了解，或者是人生需要考虑换个方向罢了。

12

高效率考前规划方法

作者：胡曦阳

清华大学　建筑学本科
杜克大学　统计学硕士
卡内基梅隆大学　信息系统与机器学习博士

我是卡内基梅隆大学博士。本科就读于清华大学，同时进修北京大学暑期经济学课程，杜克大学统计学硕士。我研发的算法显著推动了自20世纪以来一直尚未解决的一个问题的进展，相应的论文被评为人工智能领域顶级国际学术会议的年度焦点论文。

在接下来的四章，我会讲述我是如何进行科学高效的时间规划来应对考试，以及如何通过有效的训练显著提高解题速度的。在应试之外，我还会分享自己从高中一直到博士的人生经历，以及本、硕、博横跨四个不同专业的思考和感悟，帮助大家思考自己的学业和职业规划，并找到自己的内在驱动力。

不管你现在需要面临的是中考、高考、SAT还是别的什么考试，也不管你现在距离考试有多长的时间，你要相信，哪怕是几十天的时间，也足够发生翻天覆地的变化。

拿我自己来说，在高中最后一个学期，我通过调整状态和合理规划复习时间，实现了从全校几十名到全校第一的突破，而且成为普通班唯一一位考上清华的学生。

当年我们学校分为普通班和"奥赛班"，也就是其他学校所谓的实验班。在我们学校，作为一名普通班的同学，是几乎没有可能考上清华、北大的。但是，我通过高效的复习和准备，不仅实现了从普通班考上清华的突破，还成为高考全校第一，分数超越了所有"奥赛班"的同学。

接下来，我会从心态调整、复习策略、时间管理、记忆方法，以及考试状态这几个方面，跟大家分享一下考前的备考经验。

心态调整，"相信自己"是成功的第一步

　　首先，也是最重要的一点，是心态调整。在考试之前或长或短的时间里，大家都要相信自己，哪怕只有几十天的时间，也是足够实现自我突破的。这个时候，你不妨给自己定一个稍高于自己现有水平的目标来激励自己。这样一个比现状稍高，但踮踮脚又能够到的目标，能够让你保持一个不断自我提升的动力，一点一点实现对自己的超越。

　　卡罗尔·德韦克在她的书《终身成长》（*Mindset: The New Psychology of Success*）中，提出了这样一个概念，叫作"成长型思维"（growth mindset）。"成长型思维"是指相信自己可以不断实现自我突破，相信自己现在不会做或者做不到的事情，都能通过不断地学习和训练，在不久的将来轻而易举地搞定。

　　我十分认同作者的观点。人与人之间在能力、性格、处理问题方面的差距，归根结底都是由于思维模式所导致的。当一个人拥有成长型的思维方式时，他会相信，个人的性格、能力、智力、商业头脑、运动体魄等，都是可以通过后天的学习和训练得到提升的。大家可以回想一下自己从小到大的成长中身边优秀的同学，他们所共有的一大特质，其实就是这种"成长型思维"。"成长型思维"的存在，使得他们有积极的心态不断地去学习和突破，并且把每一次的困难和挑战视作学习的机会，把每一个成就当成自己能力上的成长。

　　在书中，作者还提出了一个与"成长型思维"相对应的概念，叫作"僵固式思维"（fixed mindset）。拥有"僵固式思维"的人，往往有些相信宿命论的意味，认为自己的能力、智识、学习水平等都是天生就决定的，在后天中

没法通过努力来改变。与成长型的人不同，僵固型的人会将每一次考验当成对自己的审判，从而忽略掉其中所蕴含的提升自己能力的机会。僵固型的人会对负面的评价过于敏感，会放大失败的负面效应，不敢去直面失败，认为失败是十分可耻的事情，甚至会去掩饰可能的失败。他们不会从失败当中吸取教训，而会将失败当作自己无法在未来提升能力的一个断言。

备考的心态调整，本质上就是对自己"成长型思维"的培养。这种思维方式，不管是对于现在的求学考试，还是对于日后的事业和人生发展，都是大有裨益的。没有积极的心态支撑，你就不会有足够的动力去学习和支持，一切的方法和技巧都是建立在你想去学习的这种内在动力基础之上的。倘若在内心深处，你已经失去了提升自己的哪怕是一丝丝的渴望，那任何的方法、技巧和经验对你来说都是空中楼阁。

在我看来，人生就是一场永不停歇的修行，只有怀揣着积极的心态和成长型的思维，才能真正做到学到老活到老，才能真正实现一点一点成为优秀的自己。也许阅读本书的你正处在朝气蓬勃的年龄段，开放的心态和成长型的思维会为你的成长添砖加瓦。

如何培养成长型思维呢？在日常的学习和生活当中可以通过一些小物件来激励自己。它可以是写在小字条上的一句座右铭，也可以是来自自己理想学校的纪念品，还可以是往届优秀学长学姐送给你的一句鼓舞的话。哪怕是学校的誓师大会，同样是为了激励大家，用整个群体的力量带来协同向上的气氛。当你怀着这样积极的心态面对学习和生活的时候，你就已经有了成功的第一步了。

当你拥有了成长型的思维，相信我，你会发现你逐渐开始享受学习的过程，对于中考、高考，你也不再恐惧了。你会看到，你的努力都在慢慢地开花结果。

不同分数段的复习策略

我们先来聊一聊复习策略。

你需要根据自己的具体情况，制定一套有针对性的方案。拿高考来说，依据不同的分数，你的复习策略应该是完全不同的。

300—400分的复习策略

如果你现在是三四百分，那么你的提升空间就非常大，甚至提升100分以上是相当容易的。750分的满分，及格的分数是450。一般来说，450分以下的同学，普遍上都存在知识点上的广泛缺陷，这个时候，你需要回归到知识点本身，对着高考大纲查缺补漏。巩固基础的题型，在知识点的记忆本身没有问题之后，练习中档题，在这种情况下，你很容易拿到450，甚至500分以上的分数。

500分以上的复习策略

如果你现在是500多分，说明你对大多数知识点的掌握没太大问题，但可能在某些具体的小方向上存在缺陷。

比如，有的同学的弱项就是解析几何，那你就可以系统性地整理一下各类曲线的性质，然后通过最近几年高考题当中的解析几何题目，学习并总结其中的解题思路。

有的同学可能不擅长化学实验题当中化学物质的推理，这种情况下，你就需要回顾一下各类化学物质的物理性质、化学性质，以及相应的化学反应现象。通过这样分析自己的弱项，针对性地复习和练习，500多分的同学也能轻易获得至少大几十分的突破。

600分以上的复习策略

如果你现在已经是600多分了，想更进一步提升的话，除了刚才提到的知识点和弱项，就需要通过训练自己，掌握中、高档题目以及压轴题的解题技巧，突破自己的天花板。

高效整理错题集

不管你现在的水平处于哪个分数段，都要保证做错的题和不会做的题重新做一定会做对。因此，收集错题就是很关键的一步。

制作错题本的要点在于简单和高效。我自己的习惯是，能剪切粘贴的话就不去徒手抄题。如果一张试卷，我只有几道题需要收集，我就只把那几道题剪下来，粘在错题本上。可能有时候，正、反两面都有需要收藏的题目，只有在这种不得已的情况下，我才会手抄其中一面的题，剪切粘贴另一面的题。

如果一张试卷上面，有大多数的题都值得收到错题本的话，我就会直接圈出之后需要复习的题目，然后收藏整张试卷。把剪切和粘贴的时间也给省下来，这样在制作错题本的时候就能够节省下大量的时间。同时，在收录每一道题的时候，你需要确保自己完全掌握了这道题，你可以把解析遮住，自己完整地推导一遍答案，理解自己为什么错，掌握自己之前没有掌握的解题思路。

规划好你的时间，高效学习

不管是作为正在求学过程中的学生，还是已步入职场的打工人，都需要在有限的时间内完成定量的考核或者任务。尤其是对于莘莘学子，从小、中学到大学，甚至到研究生，躲不开的挑战就是日常的时间管理以及限时的应试考试。

"完了，怎么还没写完就到时间了。"

"那一题本来会做，但是没时间了。"

"要是再给我半个小时，我绝对能多考 20 分！"

这样的话是不是几乎每次考试后都能听到？

从表面上看，这种情况直接反映的是做题速度的问题，但仔细想来，可能有一连串的问题贯穿了你的日常学习和生活当中。做题慢可能是因为对题目乃至知识点不够熟悉，也可能是因为你在各个方面的时间管理都有问题，还可能是考试的心态不好，或者应试的技巧不够。

在我看来，为了赢得考试，不管是中考、高考、考研、SAT 还是托福、雅思，任何同学都需要首先做到日常学习过程当中的高效。为了实现这一目的，我们需要从整体上有所规划，在细节上有所反思，以及在方法上有所调整。

大方向规划

我们在每一年或者每一学期，都要对这一年或者这一学期有所期许和盘算。对于广大的小、初、高中同学来说，每一年学业上的进展是由学校整体上把握好的，不必自己操心。但是，如果你跟大部队的方向不完全一致，那就需要你自己规划一下这几年的进展。比如说，如果你是"竞赛党"，那你大概需要用一年左右的时间学完别人正常两三年的内容，此外还需要对竞赛特有的内容规划一下学习节奏。如果你是"出国党"，那你就需要计划好什么时候考语言、什么时候考 SAT 等，以及什么时候去做一些提升背景的课外活动或者科研项目。

小周期规划

在小一级的尺度上，一个学期内，或者几个月、几周的跨度，我们每个人都需要做大体的规划。这种规划通常是目的驱动的，比如说一个多月以后有学业水平考试，那我就会计划好每周的复习进度，每一周需要复习完成哪些内容，以及在每周的周末回过头检查一下哪些计划没有完成，并基于此调整之后几周的计划。

学习计划对我们有多重要

前面说的都是较高层面上的粗略规划，主要是为了在宏观的时间线上有一个较为长远的计划，为自己在学习方面制定一个目标和方向。为了将这样的中长期目标在现实当中落到实处，我们还需要每天的具体计划。

为了高效利用每一天的时间，我们要对每个时间段都做好具体的安排，这个时间段的单位可以是一节课的时间，也可以是四五十分钟或者一个小时左右。对于在学校当中的大家来说，我认为，时间段的划分与学校的时间表保持一致是比较方便的做法。你可以准备一张表格，按学校的时刻表划分好时间段，把老师上课的时间段先填写上去。然后剩下的空格时间段，就是你可以自己安排的时间段。你可以根据今天的课程，相应地安排课前的预习、课后的复习和练习，并根据自己的生物节律为每个科目制定最为高效的时间方案。

备考过程中必不可少的一点首先是做计划。对于身处小、中学阶段的同学们来说，每天都有一个具体的课程时间表，我们每天待在学校，大多数时间都会在老师的讲课当中度过。我们要做的就是每天遵循固定的时间表，安排好课外和自习课的学习内容。用计划和时间表来管理自己将如何度过每一段时间，对每天的高效学习和工作至关重要。我们可以将所有的课程和活动先列在日历上，然后将日历上的空闲时间段分配给自己的每一科。

作为一个过来人，根据我的观察，大多数同学是压根儿就没有学习计划的。我觉得有必要首先聊一聊，学习计划到底是什么。

学习计划是有意识地去组织你的时间，来实现自己的学习目标。就像工作或学校时间表一样，每个人都应该制定时间表，安排一部分自由支配的时间进行学习。这个时间表应该包括每天需要做的各种事项，也应该列出各个作业和任务的截止日期，来提醒自己任务的优先顺序。

其次我想聊一聊，为什么我们需要学习计划。

因为人天生是具有惰性和遗忘性的，人生性就是懒散和虚度时光的。学习计划是一种有效的方法，可以帮助你进行时间管理。除了上课外，我们还有其他各种各样的时间需求，例如课外活动、社交等。制订学习计划可以让我们知道自己是如何花费掉每天的时间的，并帮助我们养成提前预估时间的习惯，确保我们在课外留出足够的时间来完成学习任务。尤其是对于当今越来越常见的线上学习，少了在常规学校当中的物理上的约束和老师在身旁的鞭策提醒，我们更需要自律自制和强大的决心才能克服惰性，完成每天的学习进度。

如何制订自己的学习计划

在制订具体的学习计划之前，你需要知道几条原则：

1. 分析自己现在的学习情况，挖掘自己现阶段学习方法上的问题

不同人拥有不同的学习习惯，有些人喜欢花上连续的几个小时攻克一个科目，而另一些人更喜欢每过四五十分钟在不同科目之间切换着学习。在每个上午或者下午，我们都有长达三四个小时以上的学习时间，这种大块的学习时间需要高效地利用才能最大化它的价值。我个人的习惯是对这种大块的时间进行划分。

我的个人建议是，这三四个小时的时间，将其分为三至四个学习课时，每个课时 45 分钟左右。这会为我们保证足够的时间专注于攻克具体的知识点或者题目，同时帮助我们避免因为时间过长而带来疲劳和低效。像这种学习

安排当中包含长时间的学习，一定要确保经常休息一下，以舒展和放松身心。这会帮助我们的大脑保持清醒和活力。

在每个课时之间，我们可以休息10—15分钟，活动一下，吃点茶点，或者和同学、朋友聊聊天。需要注意的是，注意好自己的休息时间，休息结束后立刻切换回学习状态。休息时间结束时，开始下一个学习模块，并保持较高的生产率。对于晚上和周末在家这种大块的时间来说，用来完成长时间的课程作业，或者根据需要准备考试都是不错的。

2. 了解自己的生物钟，对自己的时间进行"私人定制"

每个人在一天当中的不同时间段，对不同科目的学习效率是不同的。在时间分配上面，要充分地考虑到人体生物钟的特点，在每天不同的时间段做不同的事情。

早上七八点一般都是大脑比较清醒、适合记忆的时候，我在每天早上早读课的时间，都会进行知识点的记忆。在上午和下午的课堂上，我会紧跟着老师的节奏高效复习。在自习课上，我会根据自己的状态灵活调整，同时会进行学科之间的穿插复习。比如，在做了一节课的数学或者物理题之后，我会切换到英语的语法复习，或者练习几篇英语阅读，避免因为长时间大脑进行同样的思维模式而感到疲劳。

晚上回到家之后，我会按照自己的计划进行做题，或者复习错题，以及巩固知识点。有时候在睡觉之前，我会看一会儿写作的素材，不需要刻意去背诵素材，只要在需要用的时候，能够用自己的语言，加一些文采复述出来即可。

3. 在紧凑的时间安排下，也一定要给自己留下一些休闲和放松的时间

无论是追剧看综艺、阅读自己喜欢的书，还是打一场游戏，去逛个街散个步，休息一下对我们的心理健康相当重要。如果在连续几天高强度的学习

时间之后，感到心力交瘁，甚至想放弃，那就给自己适当地放一放假，参加一些非学术的活动，比如运动，捡起自己的兴趣爱好以及和朋友们吃喝玩乐。

4. 排出让自己最容易坚持的时间表

尽量保持每周相似的时间表，会帮助我们更加专注于任务，并逐渐对自己的时间掌握得轻车熟路。我们可以尝试制订一个每个学期都可以大体遵循的学习计划。当然，在每个新学期开始时，我们也会在一定程度上根据需要调整计划。

现在，我们要开始制定时间表了。

第一步：制订学习计划和时间表之前，需要评估当前的日程安排和时间管理。

看看自己每个事项具体用了多长时间，以及有哪些时间段可以学习。如果你发现自己现在的日程安排留给学习的时间很少，那么你可能需要评估一下哪些事项的时间可以被削减，"让位"给学习。

第二步：我们需要计划一下每门课需要多长学习时间。

每个同学所擅长的科目都不太一样，因此要根据自己每个科目具体的学习情况制定好学习的时长，巩固自己的优势学科，补足自己的弱势学科。在每个学期开始的时候，我们可以翻看一下每个科目的目录和大纲，它可以帮助我们。因为某些课程可能比其他课程更为密集，它还将帮助你安排学习时间，以确保你有足够的时间完成所有作业并为考试做准备。

第三步：在大体上对时间预估之后，就可以在我们的时间表里安排学习时间了。

在时间表里，我们需要计划出在哪一天、哪一个时间段所要学习的科目，并确保我们为每个科目投入了足够的时间。同时，在时间安排上，应该保证足够的灵活性和创造性。比方说，如果我们每天乘坐公共交通工具上下学，那么我们可以利用这段时间阅读一些简短的内容。

第四步：开始执行计划表，并且及时调整。

在学习计划开始执行之后，在每个星期的开始，我们需要评估学习计划，并根据需要进行调整。反思一下上周的时间利用情况和各个科目的学习情况，并依此做出调整并确定和调整下周的学习计划。同时，检查一下最近有没有考试或者论文这种需要较长时间来准备的事项；或者最近会不会有新的课程章节即将开始，需不需要安排一些时间来阅读下一章的内容。

这样，就能根据最近具体的需要调整学习计划，以实现自己每阶段的目标，并充分利用每个学习环节。学习计划的目的，就是帮助我们提高效率和生产力。如果你发现现阶段的学习计划不起作用，请不要灰心，反思一下需要改进的方面，制订一个更适合自己的学习计划。

在这里，我附上了自己使用的时间规划表，大家可以根据自己的需求进行调整、灵活使用。

每周总体计划表

第_周	第_周	第_周	第_周
第_周	第_周	第_周	第_周
第_周	第_周	第_周	第_周

_月_日-_月_日	周一	周二	周三	周四	周五	周六	周日
_:_-_:_							
_:_-_:_							
_:_-_:_							
_:_-_:_							
_:_-_:_							
_:_-_:_							
_:_-_:_							
_:_-_:_							
_:_-_:_							
_:_-_:_							
_:_-_:_							
_:_-_:_							
学习生活状态							
计划完成情况							
一天总结反思							

一周总结：

战胜走神，培养专注力

想要高效利用时间，就需要做到专注不走神。然而，对于每个人来说，走神都是不可避免的事情，包括我在内。我们不可能完全不走神，但可以想办法降低自己走神的频率，减少走神的时间。

我用到的最重要的一个方法是，训练自己能意识到自己在走神的能力。每次当你发现自己不在状态，就要提醒自己："喀，我现在走神了！"只有当你意识到自己在走神，你才能停止走神。大家可以试一下这个方法，我就是通过这样的训练，显著地减少了走神的时间。

除了心理上训练自己减少走神次数外，还有很多小方法能够帮助我们避免走神。

做好计划

很多时候，我们并不是说不能集中精力，而是手足无措，不知道现在该把精力集中在哪儿。在没有计划的情况下，我们会很容易在进行一件事情的时候，偏离到另一件事情上去，将注意力分散从而导致拖延。明确的目标可以防止我们将注意力转移到其他事件上，好的计划往往可以让我们心无旁骛地把精力放在当下需要专注的事情上。

拆解任务

学会拆解任务很重要。对于一些大型的学习任务，比如说复习整个学期的内容以应对期末考试，我们可以将大型任务分解为较小的任务，这样可以更好地管理进度和把控时间。同时通过这种一点一点的突破，降低整个学习任务的难度。蚂蚁搬家式地分解和完成任务，可以在整个过程当中不断地给自己一些积极的反馈。这种成就感能够帮助我们提高效率和减少走神。

单任务推进

对于每一个时间段之内而言，要尽量保证把精力集中在一件事情上。我不太赞成多任务并行，因为这往往会拉低学习效率，而且任务之间的切换也会消耗掉大量的能量。因此，训练自己尽可能一次处理一件事情，而不是一次处理多项事情。这会帮助我们集中精力解决当前的学习问题，而不是囫囵吞枣地一次考虑太多不同的事项。

拒绝疲劳战，让大脑运转更高效

要注意让大脑适当放松。我们在每个学习时间段之间，应该合理地安排休息时间，让大脑得到放松，让我们更加清醒地集中精力开始下一项学习任务。

对于很多初、高中同学而言，尤其是高考备考的同学，常见的一个现象就是疲劳战。据我观察，这也是导致日常学习精力不够集中和容易走神的一大诱因。一个好的计划表，一定要包括每天的就寝和起床时间，要保证自己每天晚上拥有足够的睡眠，这样才有精力去进行专注的学习和思考。科学研究表明，人的大脑在夜间睡眠时，会帮助进行所摄入信息的组织和记忆。因此，良好的睡眠对于记忆知识点来说也是大有裨益的。

很多同学所陷入的误区是盲目地延长自己的学习时间。然而，一个最简单的道理，那就是我们应该最大化的是效率乘以时间，而不是时间本身。如果因为盲目地进行疲劳战而导致学习效率极度低下，这一定是非常愚蠢的行为。有些同学可能只是想通过表面上的起早贪黑来显得自己很努力，这种表面上的努力其实是种假努力，不过是做给周边人看的，而自己本身却没有得到真正的提升。

因此，如果我们想长时间集中精力，做到专注不走神，我们也必须管理好自己的时间和精力。根据自己的睡眠需求，尽可能做到每天晚上拥有7—9个小时的优质睡眠。还有一类情况是，虽然睡眠时长看起来十分充足，但睡眠的质量却不高，这也导致白天学习的时候感到困倦，效率低下。这种情况下就需要找出自己睡眠质量低下的原因，比如说睡前几个小时之内喝了茶或者咖啡，或者心理压力过大等。在必要的时候，记得去寻求专业人士（比如心理医生或睡眠医生等）的帮助。

在白天学习期间，也难免会有一些感到困倦的时刻，比如说午饭后，这种时候可以进行几十分钟的小睡来帮助自己缓解疲惫，从而以饱满的精力迎接下午的工作和学习。

保持学习环境的整洁

空间混乱也是容易导致走神的一大诱因。为了集中精力，在物理层面上，我们需要保证学习环境的简洁和整洁。确保自己有一个专用的学习空间，例如书桌或书房。学习空间内，应该仅包括自己在该学习时间段中需要的必需品，可以只在桌面上放置与本段学习时间相关的书目和文具，避免一些会引发走神的物件，比如手办、手机、游戏机或者宠物，等等。有条件的话，进一步设置一个单独的学习房间，保证整个书房中只有与学习相关的物件。

提前准备好笔记

书本和笔记本的条理性也能帮助我们集中精力。井井有条的书本、笔记能够让我们把精力集中在正在思考的知识点上，避免分散时间去寻找自己的笔记，甚至在不同的书和笔记本之间反复横跳。

训练自己集中精力是一个循序渐进的过程，重要的是每一天都比前一天更少分心。在每一个学习时间段结束之后，花上几分钟的时间，回想一下在上一段学习当中是什么让自己分心，以及如何能够避免这些导致分心的因素，尽可能减少走神的时长。

如何提升记忆力

如何训练自己的记忆力？大家可以参考艾宾浩斯遗忘曲线。

这条曲线告诉我们，人的遗忘是有规律的，遵循"先快后慢"的原则。在记忆的最初阶段，遗忘的速度很快，后来就逐渐减慢了，到了很长一段时间后，就会停止遗忘。观察这条遗忘曲线，你就会发现，如果你在学到某个知识点之后的一天内不抓紧复习，那么就会遗忘掉大部分的内容，随着时间的推移，遗忘的速度才会减慢。

因此，我们在学习时，要及时复习。

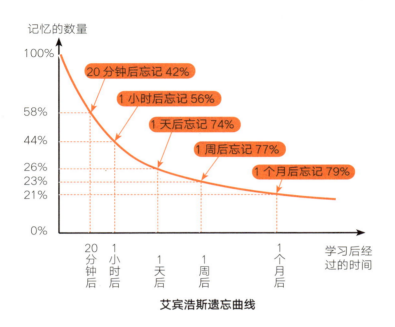

艾宾浩斯遗忘曲线

多轮复习计划

当你记忆某个知识点时，可以在当天、第二天、第三天，一周之后、两周之后以及一个月之后重复记忆。在备考的时候，大家根据剩余的时间，可以做一个多轮复习计划。

1. 周期记忆

我在备考后期，一般是以一到两周为一个周期，把所有知识点过一遍。我会大概计划好每个周期内的每一天需要复习哪些内容。每一遍复习的时候，我会记录下自己记得不牢固的知识点。我的记录方式也很简单，只记下关键词和所在的页数即可。之后，在下一遍过知识点的时候，我会把这些点作为重点来记忆。对于绝大多数理科的知识点来说，都是可以理解着记忆的。比如虽然需要你死记硬背，记住人体有 23 对染色体，但是当你理解了细胞分裂的过程，各种减数分裂后的染色体数量就可以轻而易举地记住了。

2. 牢记细节

在学习过程中，我会尽量保证不会因为没有记住知识点而丢分。在我看来，语文古诗词默写这种题纯粹就是送分题，只要记住了就有分。在此也要提醒大家，记忆知识点的时候，要保证细节记忆得准确，比如古诗词里每个字到底怎么写。

3. 碎片式记忆

对于零散的知识记忆，尤其是像英语单词、语文成语这种，除了在像早读这种专门的记忆时间段进行集中记忆外，还可以利用零散的时间时不时瞥上一两眼。就像我们在日常生活中听多了广告词，没有刻意去背诵广告词却依旧烂熟于心一样。利用碎片化时间，反复地加固这些单词在大脑中的印象，也能帮助我们自然而然记住这些单词。

如何克服考试焦虑

很多人平时考得还不错，但一遇到大考就"掉链子"，这是因为他们对考试的心态失衡了。

考试焦虑怎么办？考试期间有哪些注意事项？我想跟大家聊一聊临近考试，以及考试期间需要注意些什么。

有积极向上的学习心态固然是件好事，但同时，切忌把积极催化成了焦急。积极的心态并不是让你操之过急，也不是让你在短时间之内一股脑地向上跃升一大截。在学习和备考的过程当中，我们无须过度焦虑。你要知道，对于每个人来说，距离考试或者申请所剩下的时间都是一样的。你只需要做到充分利用剩下的每一天，实现自我超越，做到多年以后回首的时候无怨无悔就好了。

不管你现在是一名小学生、中学生，还是大学生，乃至是已经踏入职场的打工人，对考试感到紧张是十分正常的。但是，有些同学在考试之前或者考试期间会感到极度焦虑，压力太大，导致影响自己的临场发挥，甚至给自己的身心健康带来负面的影响。如果你就是这种情况的话，不必担心，我们完全可以通过适当的准备和调整来改善自己的焦虑症状。

考试焦虑最为重要的原因，是自己对考试本身没有足够的自信。而这种自信的缺乏，往往是因为对考试的准备不够充分所导致的。所以，对于考试焦虑，我给大家的第一条建议就是尽可能充分地准备考试，并同时在心理上暗示自己，尽可能自信地参加考试。对于充分备考而言，扎实地掌握知识点是非常重要的。与此同时，我们也要尽可能多地了解考试的形式，熟悉考试的模式。

如何应对考前焦虑

相信很多即将奔赴考场的同学，都会多多少少感到紧张或者焦虑。有些同学即使已经备考得相当充分，也难以控制自己的情绪。可能会出现在晚上失眠、考试时手掌发汗、心怦怦直跳等问题。甚至也可能难以回忆起相关的知识点，无法进行清晰思考。如果你的考试焦虑已经到了会影响你的考试表现的程度，那么接下来的内容就是为你量身定做的！

考试焦虑是什么呢？考试焦虑是一种心理状况，在这种状况下，考生在面对考试时，或考试之前、或考试之中、或考试之后，会感到极度痛苦、焦躁，或者担忧。这种压力往往会使得考生难以发挥出应有的学业水平，甚至会让一些同学在考场上大脑发蒙，完完全全忘记了所学到的一切。考试焦虑对于任何层次的考生都会发生，哪怕是平时学习最好的同学也会面临这样的问题，从而导致在考场上出现滑铁卢。

在应对考试焦虑之前，你需要分析一下自己焦虑的原因。

一类是客观的原因，比如说，自己的确没有充分准备好考试。在这种情况下，你就要告诉自己，焦虑并不能解决问题。你需要的是，做好考试之前最后的时间管理，更有效地在备考期间进行学习。

另一类焦虑，是自己主观上给自己施加的压力。比如，不想辜负亲人朋友的期望；或者自己准备得不错，但是在考试之前产生了自我怀疑。对于这一类主观的情绪焦虑，所有考生都会存在的。你要做的是增强自己的信心，发挥出自己正常的水平。如果你现在距离正式的考试还有相当长的时间，就利用好这段时间当中的模拟考试，来帮助自己熟悉考试，训练自己减轻考试焦虑。如果所在的学校有心理老师，可以寻求他们的建议和帮助，向他们倾诉你对考试的困惑，让他们了解你具体的焦虑情况，从而获得一些专业的指导性的建议。

考试之前，要做好所有细致的准备。要在心理上提醒自己，这场考试的确非常重要，但是未来的人生道路并不完全取决于这一场考试。同时不必为轻度的焦虑而感到困惑。适度的紧张感其实会有助于自己更好地发挥。

在进行准备时，注意以下事项：

* 在考试的前几天，要把自己调整到跟高考同样的作息，保证足够的睡眠，尽量避免含咖啡因的食物和饮料。

* 在考试的前一天，确认自己考场和座位的位置，列出需要带去考场的证件和工具，比如身份证、准考证、眼镜、湿巾，等等。

* 在考试当天出门之前，确认列表上的东西都带全了。

考试当天如何缓解焦虑

对于考试期间的学习，最好在考试前一天晚上完成考试复习，考试当天最多稍微翻一翻书本笔记，没有必要在考试当天的非考试时间里给自己过多的复习任务。在考试期间，尽量将注意力集中在控制焦虑上，可以通过各种方式放松自己的精神，比如和亲朋好友闲聊、一起畅想美好未来，或者听些舒缓的歌曲，进行一些简单的运动。

在考试当天，一定要像日常一样摄入合理的早餐，一顿好的早餐能够给你的一天带来活力。如果不是日常就有喝咖啡和茶的习惯，就不要在考试当天为了避免困倦而开始摄入咖啡因，否则很可能会带来身体和肠胃上的不适。

即将考试前的一两个小时内就没有必要再学习了，因为对大多数同学来说，这样做可能会增加焦虑感。在考试期间，大家可以稍微早一点到达考场。但要避免在考试前与其他同学交谈跟考试相关的内容，也要避免与拥有负面情绪的同学接触。因为他们的焦虑情绪可能会增加你的焦虑。大家可以找一个相对安静的地方，比如树荫下，缓慢地散步和深呼吸，来帮助自己控制情绪。如果有必要的话，可以在考场外戴上耳机，听一些镇静或者鼓舞人心的音乐，翻一翻课外书。

步入考场之后，在分配的座位上，可以适应一下自己的座位，稍微调整一下桌椅的距离和高度，达到自己最舒适的程度。

一些解题技巧也可以帮助你缓解焦虑。

考试开始时，可以先浏览一遍试卷的结构，确保自己的个人信息填写得准确无遗漏，并仔细阅读一下试卷第一页的说明。如果害怕因为紧张而突然想不起来一些知识点，可以先在草稿纸上或者试卷的空白处列出这些重要的公式，以供一会儿解题的时候参考。就具体的题型而言，对于选择题，可以先阅读所有选项，然后排除最明显的选项，从而推理出正确答案。对于语文和英语的作文题，可以先为自己列一个简短的提纲和摘要，再在此基础之上构建全文。

对于解题顺序而言，我个人的建议是，按照试卷本身的试题顺序来进行解答。因为试卷本身就是从易到难的试题结构，让我们能够从简单的、自己有掌握的题目做起，帮助我们建立起信心。

在考场上，大家要提醒自己，没有人会百分之百地知道试卷上的所有知识点。你不会的题目，别人也可能不会。你只需要尽最大努力，利用自己掌握的知识，去争取一些步骤上的分数。哪怕是遇到完全不会的题目，也不要生气或者失去耐心，可以根据自己的判断，猜测一下答案。可以尝试在困难的问题中圈出关键词，这会帮助我们梳理出题目的考点。

有时候，默读题目也会帮助我们更加清晰地理解出题人的意思。对于这些"卡壳"的难题，也可以标记一下问题，之后再回过头来解决。

在此也要提醒大家一点，在打草稿的时候，按照做题顺序，给自己的草稿标号。这样当你需要回过头"搜索"草稿时，就可以轻而易举地找到目标了。

在时间允许的情况下，不要在答题卡上留下任何的空题。有时候你不会的题目，你也大概知道会涉及哪几个公式和定理，尝试用这些公式定理推导几步，就有可能获得一定的步骤分数。对于完完全全不会的题目，尽量减少耗在上面的时间，直接猜一个答案，然后放过这道题。在没有具体理由的情况下，不要更改，坚持第一个答案。这也能减少面对自己不会的题目时的焦虑感。

考试时极度紧张怎么办

如果在考试期间，感觉极度紧张，可以尝试闭上自己的眼睛，深呼吸几次或者伸展一下身体，给自己一个积极的暗示。在考试开始的时候，告诉自己考试只是一个展示自己所掌握知识的舞台，而不是揭露自己短板的秀场。如果在解题过程中发现自己变得焦虑不安，无法清晰思考，可以先放下手中的笔，休息一下，帮助自己恢复清晰的思维。这样你就会明显感觉到身体开始放松。

在考场上也不要因为别人的行为而影响自己。比如说，有些同学看到别的同学开始翻页做第二页，而自己第一页还没做完，就会十分心急。要记住，考场上比拼的是整体的解题质量，而不是翻页的速度。将注意力集中在自己身上，不要因为别人而扰乱心绪。此外，如果有需要的话，果断跟监考老师说要去洗手间，不要憋着自己。

在考试当中，要避免自己的固有思维。当年我在做高考数学的概率统计题时，在求完期望和方差之后，多了一个小问，问"你该买几枝花"。而我因为固有思维，觉得像平常做过的概率题一样，都是求完期望和方差就结束了。所以我就在潜意识上直接忽略了这一问，漏做了这一小题。这成为我整个高考当中最大的遗憾。每年的高考题目，都不可避免地出现这种在题型上有些新意的内容。大家一定不要因为自己的固有思维，丢掉不该丢的分数。

在考试的这两天之内，每考完一科，就要完全忘掉这科。不论你认为考得怎么样，都可以告诉自己，每完成一场考试就是一个成就，就像游戏里又打败了一个怪兽，距离通关又近了一步。千万不要在高考没有完全结束之前就去对答案，也不要跟其他同学讨论考试题，因为这只会增加我们的焦虑感。不管自己是对了还是错了，对答案都会影响自己之后考试的状态。

此外，一场考试结束后，没有必要马上复习下一场考试的科目，一刻不停地临时抱佛脚。花些时间放松一下身心，积蓄一下能量才更加重要。

最后想告诉大家的是，无论是中考还是高考，并不是"一考定终生"。它只不过是你人生当中若干个机遇和考验当中的一个，只要勇敢和坦然地去面对，做到自己无怨无悔就好了。

考前最后几十天里的注意事项

在最后的 50 天里面，一定要保持自己良好的考试状态。

当年在我们高中，一直到 5 月底都会保持每个周末进行模拟考试的习惯，这样的模式有助于持续保持良好的状态。哪怕是到了高考前的最后一两周，我们学校完全变成了全天的自习，我也会依然给自己进行模拟考试的训练。

直到高考前的最后几天，在放假回家的情况下，也不要过度放松，依旧要保持良好的备考状态，直到高考结束。

另外，我的作息时间一直延续到了高考那两天，这样我就不会有高考的时候需要临时调整作息的问题。如果有些同学打算高考的时候比平时睡得更早，那就一定要记得至少提前一两周调整好作息，以免高考的时候难以入睡。

还有一点想提醒大家的是，不管你距离考试还有多长时间，都请为自己真正努力一回。相信很多同学身边都有这样的人，总是抱怨，为什么自己每天非常努力，成绩却还是上不去？对于这样的同学，面对这样的问题时，请扪心自问，自己是不是真正在努力？

相信大家身边一定有这样的同学，每天凌晨一两点才睡，五六点就起。每个科目买了几十本习题册和试卷，本子上的笔记一字一句记录得工工整整，但是每次考试过后，发现不会的题还是不会，成绩毫无长进。这样的人，其实是想用表面的忙碌，掩饰自己真正的懒惰。你需要的不是每天起早贪黑，而是充分利用醒着的每分每秒，每天吸收足够的知识点。你需要的也不是几十本习题册和试卷，而是对每一道做过的题都有深刻的理解。你需要的更不是一字一句地把知识点抄进你的笔记本里，而是把它们塞进你的脑子里。

你不是没能力，只是没有真正努力。因此，如果这段话说的就是你，请在考前尽可能早地为自己真正努力一回。

13

把握做题速度，掌握考试节奏

作者：胡曦阳

清华大学　建筑学本科
杜克大学　统计学硕士
卡内基梅隆大学　信息系统与机器学习博士

为什么我们觉得考试很难？因为它不仅仅要求我们把题目做对，还需要我们在最短的时间内把题目做到又好又快。

其实哪怕是大学毕业之后踏入职场，我们也会面临类似的问题——如何把工作任务完成得又好又快。因此，我觉得把握做题速度这个能力十分重要，它是一个贯穿每个人学生时代和打工人时代的不可或缺的技能点。在此，我想跟大家聊一下我在高中时期训练自己提高做题速度的一些个人经验。

如何在考试当中把题目做"好"

做对题目这件事情，本质上就是把知识点弄会，把考点弄懂，并用准确无误的解题过程输出自己对知识点和考点的理解和掌握。因此，我们一定要首先保证知识点记忆的准确性，要彻彻底底弄清基本的知识概念，避免出现似懂非懂的模糊记忆。试想，如果你连圆锥曲线的基本性质都要想上半天，在考场上怎么可能取得耀眼的成绩？只有在基础知识掌握熟练的情况下，才有机会通过考试技巧提升自己的应试表现。

在保证基础知识的熟练度之外，要通过足够的练习，让自己熟悉相关的典型例题。考试当中绝大多数题目都是平日里做过题目的变体。通过对典型例题的理解和剖析，达到对这一类题目举一反三的突破，能保证你在应对中、低档题目时得心应手。

以高考为例，在高三这一年，我们可以拿出考试大纲，一条一条地浏览考试要点。同时在相应学科的课本里找到这些要点的位置，标记出来，并不断记忆这些知识点。每隔一段时间，再拿出考试大纲，一个不落地回忆每个考试要点的具体内容。如果回忆得非常顺畅、记忆非常清晰，那就可以接着回忆下一个要点。否则，标注出自己记忆得不够熟练的知识点，并安排时间重点记忆这些内容。这样反复加深记忆并查缺补漏，能够帮你系统性地掌握高考的考查内容。

在高三的下学期，我个人的习惯是逐渐加快全部知识点复习的频率，从最开始的每一个月过一遍所有学科的知识点，到最后每一周过一遍所有的知识考点。类似的方法也可以用在回顾错题上面，对于自己不擅长的题目反复练习，掌握解题思路，从而弥补自己的考试弱项。

对于语文和英语这两门学科，作文都会占据考试当中相当重要的比例。为了能够在考场上行云流水，我们也必须注重日常学习过程中的积累。一方面是卷面工整上的积累。语文和英语这种主观题目，卷面一定要整洁，整洁的卷面可以保证你比别人多拿几分印象分。另一方面是素材的积累。尤其是英语写作，只要平日里多积累一些经典的万能句型和写作套路，考试的时候写起来就会非常顺手。再加上干净整洁的卷面，能够保证你的高考英语作文最多扣两三分。

如何在考试当中把题目做"快"

利用解题技巧提高考试速度

为了提高自己在考场上的解题速度，我们必须先彻底熟悉考试模式本身。这一点对于绝大多数同学来说都不需要自己操心。学校不断反复举行的模拟考试，会帮助你把考试模式和考试流程摸得一清二楚。所以大家也要利用好学校每次组织的模拟考试，以正式考试的心态去完整地经历每一场模拟考试。除了在考场上解题之外，也要让自己熟悉考试中的评分方案和结构。这些训练会使得我们在正式考场上游刃有余，更加轻松地过关斩将，并节省下大量宝贵的时间。

在考试当中，面对每一道问题，在阅读题目的时候，大家可以尝试用笔尖来引导自己阅读题目，这样可以保证阅读题目的速度，防止自己走神，或者漏读掉题目当中的关键信息。同时，在读题的过程当中，可以圈画出题目当中的重点，这样在解题的时候，可以飞快找到需要使用的重要条件或者数值。

考试中对于知识点的考查，都是建基在具体的题型之上的。对于不同的题型，都会有相应的技巧来提高解题速度。对于选择题而言，最常使用的就是特殊值法，通过对题目当中提到的变量或者情况取特殊值，就可以通过对这一特殊情况的计算来得出正确的选项。通过这样的技巧，我们可以在选择题当中节省下大量的时间，把更多的时间花在填空题和解答题上。这样的技巧，在很多情况下也能使用在填空题这种题型上。但一定要记住，在追求速度的同时，也要杜绝马虎和粗心所带来的不必要的丢分。

对于英语而言，占据卷面最多部分的是阅读题。快速解决阅读题的要点在于，快速定位到文章中与题目相关的句子。我做英语阅读题的方法是，首先阅读题目，然后再阅读文章本身。这样一来，我在阅读文章的时候，是带着目的去阅读的。我知道我具体需要去寻找哪些信息，注意哪些细节。同时，我会带着出题人的视角去思考整篇文章，在读完题目但还没阅读文章之前，就会大概猜测到出题人所设置的考点。

在训练中提高考试速度

在掌握了前文当中的这些技巧之后，如何进行平日里的速度训练呢？

1. 反复刷试卷法

我自己当年也存在解题慢的问题，根本原因还是在于熟练度不够。我利用了一招——"反复刷试卷法"，显著地提高了解题的速度。

比方说一张数学试卷，高考的时间是 2 个小时。第一遍我会要求自己在 2 个小时内完成，然后自己订正并掌握错题。隔一两周之后我会把这张试卷再拿出来，完完整整地再做一遍。这一遍的时候，我会要求自己在 1 个半小时完成，同时保证 100% 的正确率。就是通过这样的练习，我最终在高考的时候就不存在考试时间不够用的问题了。

2. 限时模拟考试法

可以通过给自己限时模拟考试来训练解题速度。除了最近几年的高考真题试卷之外，我主要使用的是一些知名高中的模拟考试试卷。一般来说，这些知名高中的模考试卷的题目结构和难度梯度都会比较贴近真实的高考，所以很适合用来训练自己。

在训练的初期，我会按照高考的时长来要求自己，认认真真地以对待高考的态度来做完整张试卷。在做试卷的时候，我会准备好一个答题本和一个草稿本，尽量不在试卷上留下痕迹。在每完成一张试卷之后，我会自己订正整张试卷，思考试卷当中自己所犯的错误，掌握参考答案当中的解题思路。然后，在几天之后，或者一两天之后，我会再拿出这张试卷，完完整整地从头到尾再做一遍。做这一遍的时候，我会要求自己比上一次少用半个小时的解题时间，同时保证拿到满分。这样的训练既能复习巩固做过的题目，也能帮助自己提高速度和准确率。

对于一些比较经典，或者自己掌握得不好的试卷，我甚至还会拿出来做上第三遍、第四遍，以帮助自己加强对薄弱项题目的把握程度。当然，随着做题次数的增加，我也会进一步缩减整张试卷的考试时间。通过这样的反复训练，在后期的时候，我基本上能够做到，在面对一张新试卷时，也能提前半个小时写完整张试卷。

有些同学可能会困惑，高三的时间大部分都被学校安排了，怎么给自己安排这种每次需要耗时两个小时甚至两个小时以上的训练呢？我的方案是，如果周末或者夜晚有这种长达两三个小时的空闲时间，那就把这种速度训练安排在这些时候。否则的话，可以利用好零碎的时间，间断地完成一张试卷。但也要控制好所有零碎时间加起来，不超过自己设定的考试时间。

这种训练方法对于数学和理综类的科目尤其有效。但要记住，这种训练依然是建立在你对知识点本身已经有了比较好的掌握之上的。

以上就是我想跟大家聊的如何在考试当中做到又好又快地解题。这个训练过程会比较辛苦，但收获也非常明显。

14

高考数学，如何轻松拿高分

作者：胡曦阳

清华大学　建筑学本科
杜克大学　统计学硕士
卡内基梅隆大学　信息系统与机器学习博士

相信很多同学都会觉得数学很难。数学这门学科，相对来说，是所有科目当中，技巧性最强的一门，它不仅要求你对知识的记忆与掌握，还要考查你的思维灵活程度，对你的综合能力有较高的要求。

但是，高考数学并不像你想象中那么难，因为作为一门选拔类的科目，它会有明确的难度梯度。一般来说，除了选择题的最后一题，填空题的最后一题，以及解析几何大题和导数大题，对于其他题目，只要适当地运用知识点，进行合理的数学推理和思考，都是可以攻克的。我们通过日常扎实的学习和足够的习题训练，再加上前文我提到的一些考试技巧，可以保证基本上不会丢分。

如何应对试卷中的那四道难题呢？对于选择和填空的压轴题，我们往往无法通过笨拙的方法或者大量的计算得出结果，所以一定不要在这两道题上浪费太多的时间。尽量通过一些巧妙的方法，尝试快速分析出答案，比如特殊值法、作图法，等等。即使你没有完全分析出正确的答案，你也有可能推理出哪些是绝对不可能的答案，然后猜测出大概率可能正确的答案。

对于最后两道压轴题，一般是解析几何和导数大题，虽然这种题目的难度系数很高，但它们往往会有部分推导步骤是基础计算，大多数同学都有能力做出来。我自己的解题习惯是，先把自己能够推导出的步骤写出来，再尝试攻克难点。如果难点是中间的某个步骤，但我能够猜测出这个步骤的结果，那我就会先跳过这个步骤的具体推导，用猜到的这个结果继续推导剩下的部分。这样的话，即使没有完全正确地解决这道题，也能够拿到一部分的分数。至于是否能够成功攻克这些压轴题，就只能看日常难题技巧的积累，以及考试的临场发挥了，不需要强求。因为这些题的解题思路的确会比较独特，想不出来也是很正常的事情。

按照以上的技巧应对高考数学，拿到 130 分以上的分数，并不是什么太难的事情。

数学的日常精进

当然，我们也不能只依赖考试技巧，日常的积累才是数学拿高分的必要条件。

1. 要打牢基础，重视基本概念、定理、公式等

数学这门学科，最大的优势在于它需要记忆的内容相对于其他科目来说要少很多。大家如果跟我一样，作为一名全国一卷的考生，就会明显感觉到整张试卷整体上非常平稳，注重考生对基础知识的掌握。

为了打牢基础，在学习高中数学的过程中，大家要做好课前预习、课堂上的听讲，以及课后的复习和练习。可能有的同学没有花足够的时间去做预习。我个人的习惯是，课前预习的时候，只在整体上过一遍，理解一遍重要的概念、定理和公式，等等。这个时候，我一般不会花时间去把例题推导一遍，而是只对重点内容有初步的理解，并留意一下哪些是自己存在疑惑的点。之后在正式学习的时候，再进一步去解决问题。

在上课的时候，我会跟着老师把这些内容的细节和例题学习一遍。同时会特别关注自己预习的时候没有完全理解的知识点。这样下来，我会对基本概念有一个比较扎实的掌握。因为所有的解题技巧和方法都是建立在最基本的概念、定理之上的。如果你对这些内容没有完全理解的话，很有可能在最简单的题目上都会出现问题。

在学习了基础知识之后，为了掌握怎么去运用这些知识，一定要进行足够的练习。即使是简单题和中档题，一定也要保证达到足够熟练。这样的话，在高考的时候，你才会有时间去攻克难题，才有机会达到 135 分，甚至 140 分以上。

2. 学会高效刷题

在充分做题之外，大家一定要注重典型的例题。高中数学的理论内容其

实非常有限，大部分题目都是按照套路出题。只要掌握了典型的例题，大多数的考题都是可以触类旁通的。所以对于典型的题目来讲，大家一定要保证不仅做对这道题，还有深刻理解这道题目背后的知识点和考点，以及这道题目的变种。

如何选择刷题的试卷呢？

在习题的选择上，首选的是高考真题，其次是各大知名高中的考试题。我在高三的时候有反复刷试卷的习惯，通过这样充分的练习和对题目的深刻理解，最后的效果就是我在看到一个题目的时候，就像条件反射一样，立刻知道解题思路。

在做题之外，大家一定要重视错题的收集和积累。保证对于做错的题，之后再遇到类似的题目不会再错。在订正错题答案的时候，你不仅需要把每一步的解题步骤看懂并且掌握，还要知道这道题的关键思路是什么，自己思维上的盲区在哪里，以及有没有什么之前没有见过的巧妙的解题技巧，比如怎么进行变换、缩放、代换，或者计算上的一些操作。然后在每个月或者每次大考之前，把自己的错题本拿出来再过一遍。对于自己已经掌握得滚瓜烂熟的题目，在下一次复习错题的时候，就可以跳过，通过这样的方式，达到把自己的错题本越做越薄的效果。

对于马上就要高考的同学，如果还没有错题本的话，就不建议现在再花时间去从头搞错题本了。可以直接在自己做过的资料和试卷上面，圈出需要之后再复习的题目。然后每一两周拿出来，复习一遍错题。

马上要高考了，数学不好怎么办？

如果你目前的数学基础比较差，但是马上要高考了，怎么办呢？

高考前最后的这段时间，你需要做的就是尽可能地把基础知识记忆牢固，相应的基础题目也要理解和掌握。如果你目前的数学是中等水平，那就要保证基础题和中档题不能丢分。对于难题而言，可以果断舍弃。但是如果有时间的话，大题的压轴题，还是可以写上你觉得会用到的公式或者定理。这样可能会有机会得到几分。

以上就是高考数学的一些个人经验，这些经验完全可以触类旁通地用于物理、化学、生物等学科。由于篇幅有限，在此不能对每门学科都详细给出具体的学习方法。希望以数学这门学科为例的分享，对大家的备考有所帮助。

15

找到内部动力，规划自己的未来

作者：胡曦阳

清华大学　建筑学本科
杜克大学　统计学硕士
卡内基梅隆大学　信息系统与机器学习博士

缺乏学习动力怎么办？

我们聊了很多方法和计划类的内容，但所有的这些技巧，归根结底都需要你自身有动力去实践，从而实现自我提升。如果你正在阅读本书，已经有了明确的目标和充足的动力去实现自己的学业理想，那你就可以跳过这一节。如果你正困惑于学习的意义，对于学习这件事缺乏足够的主观能动性，那在这一节当中，我会给你几个建议，帮助你找到自己的内部驱动力，从而激发起自我学习和提升的渴望。

第一，用未来的愿景激励自己

从最朴素的角度来讲，知识是改变命运的一种方式。如果你现在缺乏学习的动力，不妨试想一下，你之后想要什么样的生活？可能在学校学习这件事情本身的确非常无聊，你也有可能觉得现在学习的科学文化知识不重要。这个时候，请想一想，如果不去学习和提升自己，你是否还能过上自己想要的生活？这种朴素和功利的想法，完全可以是你学习动力的源泉。

我们不妨拿一张纸，列出自己以后生活当中想做的各种事情，可以是影响社会、环游世界，也可以是住豪宅开豪车，还可以是能够自由去参加"爱豆"的演唱会，更可以是通过某种方式回馈自己的家庭和父母。

为了给自己更实质的激励，不妨在假期当中花上几天时间，去自己喜爱的大学和城市参观和游玩。这种实体的旅游，能让你亲身体验和畅想你未来所想要生活的城市和校园。你甚至还可以坐在自己喜爱的大学的教室里，蹭上一两节课，一睹大学教授的学术魅力。在心理上提醒自己，努力学习是会有所收获的，高中毕业后你能够正式踏入这所大学。你还可以收藏一些理想学校的纪念品，比如书签、文具等。这样你每天学习的时候，看到这些纪念品，都会时时刻刻激励自己。

对于有些同学来讲，可能已经想好了未来想从事什么样的职业。那么，你可以想一想自己所梦寐以求的职业所需要的技能有哪些。为了获得这些技能，你会发现，你需要完成相应的学习和训练来习得这些技能。如果你目前还不太清楚自己的职业倾向，不妨拿一张纸写下一些未来有可能从事的职业岗位，并在各个岗位的旁边，列出做好这项工作所需的技能。对于每项工作的每个技能，将它与学校的学习科目关联起来，这样你就会清清楚楚地知道，努力学习这些课程会帮助你实现你的职业梦想。告诉自己，如果要在这个领域当中做到出类拔萃，就需要在学校的这些课上加倍努力。

第二，组建学习小组，相互督促

情绪是会相互传染的。正面积极的学习情绪也能够相互激励周边的同学。因此，我们可以和周边的几个同学或朋友一起组成一个学习小组。在学习的道路上，遇到困难时相互答疑解惑，会让你的学习之路更加轻松和从容，而且小组成员之间的相互督促也可以达到互相提高学习效率的效果。但是，一定要确保这个小组的主要任务是学习和工作，而非一起谈天说地、吃喝玩乐。

这种学习小组的规模不宜过大，一般也就三到四个人，这样整个小组更容易组织起学习活动，也更容易团结起来凝聚起学习的动力。如果时间允许的话，要保证学习小组每周至少有一次一起学习的时间，而且可以定期安排简短的茶话会，相互分析一下自己最近的学习情况，总结一下最近学习上的问题，探讨一下如何解决这些问题。同时，大家还可以相互分享一下自己的理想和对未来的期许，将对未来的积极乐观的情绪共享。更具体地来讲，在学习小组之内，可以设置一名组长，负责协调大家，确定每次一起学习时具体的学习内容，以确保大家可以针对这一内容相互扶持和帮助。在学习之外，也要记得时不时组织一些简短的休闲活动，帮助小组成员适当休息，以放松身心并恢复精神。

第三，提起对学习科目的兴趣

有一个常见的缺乏学习动力的原因，就是缺乏对学习科目的兴趣。不可否认的是，中小学阶段学校的课程设置整体上十分单调。但我们仍然可以尝试从中找到一些有趣的细节和知识点，来帮助我们提起学习的兴趣。比如说，在学习历史的时候，你可以尝试去了解一下自己的家乡发生过哪些重要的历史事件，从而提升自己对历史的兴趣。同样地，比如在学习化学的时候，可以把一些知识点跟自己的生活结合起来，比如洗碗的时候做到水既不聚集成滴，也不成股流而下。这样你就会觉得化学知识和我们的日常生活息息相关。

其实对于每门学科，都可以通过这样类似的方式，找到其中相对有趣和有用的知识点，激发自己的学习热情。从这些知识点出发，扩展到整个学科的知识体系，帮助自己建立起对学习的兴趣和动力。

第四，和别人分享你的目标和现在的困惑

你可以跟你的朋友、父母、老师分享你的目标，可以是具体的某所目标院校，或者是职业目标，也或者是这学期的期末考试要达到多少分数。在很多情况下，当我们感到不知所措时，朋友和家人是可以帮助我们走出困境的。

花时间向朋友、家人和老师介绍你现在的学习情况和遇到的问题，寻求他们的支持。通过分享自己的目标，一方面你可以从别人那儿收获一些激励和建议；另一方面，你也会为了避免未能实现这些目标的尴尬，而更加努力地去实现自己定下的目标。但是如果你在尽力而为之后，仍然没能实现这些目标，请不要气馁。分析自己的问题所在，有针对性地加倍努力，通过不断的努力和时间的积累，你会一直向着目标更加靠近。

思考专业选择，早日规划自己的未来

首先，选专业并不仅仅是你一个人的事情，而是你整个家庭的事情。如果你的家庭在某些专业或者行业领域当中有一些背景和资源，那么你就可以选择相应的专业或者行业，这样的话，你在踏入职场时会比其他人具备一定的优势。比如说，你的父亲或者母亲是当地三甲医院的科室主任，那么如果你选择从事医护行业，你就会比其他人在职业发展上顺利很多。又比如说，你的七大姑八大姨是某某国企设计院的一名高工，那么你选择相应的工程行业，对于你以后进入设计院发展也很有帮助。

其次，如果你的家庭是位于非一线的小城市，那么很有可能，你的家长和长辈给你的选专业的意见都是过时的。这个时候如果你有一些哥哥姐姐在一、二线的大城市发展，那么很可能他们的意见更能跟上这个时代发展的潮流。因为小城市的信息环境相对闭塞和滞后，你所接触到的信息很有可能跟不上这个时代的发展趋势。这个时候，你周边的亲朋好友所给你的建议，很有可能不是当下最优的建议，这些建议往往更适合放在多年以前的社会经济环境下，或者局限于小城市的经济产业局势。所以，如果你有兄弟姐妹在一、二线城市，或者你认识一些一、二线城市的朋友资源，那么你可以听听他们的建议。同时，大家也可以充分利用一些网络资源，比如知乎、B站等，这些网络平台提供了一些比较开放的讨论和交流空间，各行各业的学长学姐都会给出他们亲身的经验和建议。

如何选择更适合自己的专业

整体上，如果你不是特别确定之后一定会从事某个特定的行业，那你就先不要选择就业路径比较单一的专业。比如说，如果你没有百分之百确定自己想当医生，那你就不要选择临床医学专业，更不要选择八年制"一条路走到黑"的医学博士。因为进去之后，如果你发现自己读了两三年之后就后悔了，那你就很有可能还要逼自己再读上五六年，熬到毕业之后才能转行。

类似的专业还有艺术系、建筑系等，这些专业的就业路径都比较单一，学科知识跟其他理工科或者文商科的差异也比较大，就会导致你转行非常困难。

整体来说，文科的思维跟理科的思维方式，在高中的阶段大家都已经有所体会。至于理科和工科的差异，在我看来，理科类专业是在教你怎么去发现和解释自然界已有的各种物质和现象，而工科类专业更多的是教你怎么发明相应的工具来帮助人类的生产生活。

在选择专业的时候，可以分析自己的性格特点、兴趣爱好、对专业的期望，以及能力上的优缺点。你可以问一问自己，是喜欢和数字打交道，还是更喜欢和人打交道，或是更喜欢和机器打交道？比如说，你小时候可能比较擅长也特别喜欢拼一些机械玩具，那么很有可能，工科类专业会比较适合你。而另外，如果你本身的逻辑思维能力比较强，同时喜欢各种高科技的前沿产品，那么计算机类的高新技术专业，在这个时代也是一个非常好的选择。

你还可以问问自己，是否准备读研甚至读博？是否能接受职业前期较低的收入？是否能忍受朝九晚五之外的工作时间？如果不是的话，那可能你并不适合去从事医学行业。

当下整体产业的发展趋势，是向智能化转型的。如果你的确对计算机或者人工智能比较感兴趣，数理逻辑能力比较强，愿意去学习编程，并享受编程的过程，那么计算机类的行业的确是一个在长远看来都会有所发展的行业。但也必须提醒大家的是，现在的计算机行业已经不像 10 年前或者 20 年前那样，处于一个上升期的蓝海阶段。现在的这个行业，正在逐步地步入一个平稳的成熟期。这个时候，行业门槛相较之前会有显著提高，需要从业者对自身的技能有比较扎实的掌握，同时需要大家在以后的从业过程当中，不断去学习新的知识，赶上计算机发展的趋势。

选择专业时，如何"避坑"

跟大家聊一聊，如何避开专业选择上的"坑"。

现在有一些所谓的"劝退专业"，比如说"生化环材"，这些专业在社会上的需求量的确会比较少，所以如果大家不是非常确定自己一定要读其中的某个专业的话，建议大家尽量避开这一类专业。再就是一些纯理科的专业，比如数学和物理学，对于这些专业来说，如果大家对自己的学术能力不是特别自信，也要谨慎选择。你可以选择相对应用型的专业，比如说应用数学或者统计学，等等。这些专业相对来说都会更偏向实际应用，学习难度相较偏理论的专业方向也要低。而且应用数学或者统计学这类专业跟现在社会上对大数据人才的需求也有所衔接，更偏重实践而非理论。

很多同学进入大学之后，才知道自己所选的专业跟想象中完全不一样，但此时后悔已经来不及了。因此想提醒大家，在填报志愿之前要去研究一下你想要选择的专业到底是干什么的。比如说制药工程，你在填报志愿之前，要搞清楚它到底是在制作什么药，是医药还是火药。

另外，不要完全根据自己高中的情况来选专业。比如说，你高中数学很好，但这并不意味着你可以很自如地去应对高等数学；又比如说你高中生物成绩很好，这也并不意味着你就是会喜欢生物实验当中的瓶瓶罐罐和蝇蝇鼠鼠。所以大家一定要跳出高中所涉及的学科类目的局限性，多去听一些不同的建议，多去了解一下大学上百个专业的具体学习内容和它们具体是干什么的，以及它们在实际工作当中的场景。

当前整个学科发展的大趋势是学科交叉，尤其是相近专业领域之间的交叉，以及跟计算机之间的交叉。所以大家在学习本专业的同时，也要留意一下整个学科发展的趋势，把握住时代的脉搏，才能帮助你在这一领域和行业当中取得一定的成就和地位。

选择了不喜欢的专业怎么办

最后想告诉大家的是，高考选专业并不是一锤子买卖。

首先，在进入大学之后，你有转专业的机会，尤其是在第一年和第二年。如果在这个时候，你发现了更适合自己的专业，那就果断转专业，已经花费了的那一两年时间只是你人生当中可以忽略的一小段时光，这个时候要果断放弃沉没成本，选择未来自己更想要的一种生活方式或者职业路径。

即使你转专业失败了也不要气馁，而是继续去尝试有没有其他方法转换到你更喜欢的专业领域中去。比如说你想成为一名程序员，那你就可以自学计算机方面的专业知识，而且计算机相关的课程和学习资源在网络上都非常丰富。另外，在报考研究生的时候，你可以转专业报考研究生。但这也需要你至少在毕业之前的一两年就开始提前着手准备。还有一些高校提供修读双学位的机会，比如说你本科是某个专业的，你想转专业到另一个院系却没有转成功，但恰好学校有开设这个专业的双学位项目，这个时候你就可以报名双学位，去修读这个专业的相关课程。

其次，大家也可以留意一下其他学校是否有对外招生的相关项目。比如说，对于在北京的同学，如果你想从事经济金融或者管理类的工作，北京大学就有一个对校外学生招生的本科双学位项目。现在出于一些政策变动的原因，变成了经济学复合型人才培养项目，但在课程设置和师资水平上，和之前保持了一模一样的高质量。在北京的同学，如果有兴趣，就可以好好利用这样一个资源。

如果你在上海呢？上海对于在当地高校就读的同学有所谓的"二次高考"。上海前几名的高校，每年会有少量的名额用来从已经在上海高校就读的大一学生当中进行二次招生。这个时候如果你把握住了机会，就能够跳去一所更好的学校，弥补自己高考发挥得不够好的遗憾。

除了专业知识以外，读大学的一大重要目的是训练自己掌握适用于几乎任何行业或领域的各种"软技能"，比如领导力、发现和解决问题的能力、沟通和交流能力、团队协作技巧、时间管理能力，等等。所以在学习专业知识的同时，也要注重提升自己的"软技能"。固然，选专业是人生当中很重要的一步，但即使你在日后发现自己的专业并不是自己所心仪的，你也会有一些机会去调整自己的职业路径，去选择自己更理想的一种职业和生活方式。

除了专业选择之外，挑选大学主要考虑它的学术水平、地理位置，以及各种职业资源。

学术水平这一点相信大家都有所共识，无须多说。地理位置会在很大程度上影响你大学生活的丰富程度，以及求职过程当中的便利程度，而且很有可能大部分同学最终会定居在自己大学所在的城市。对于职业资源这一点，我国有很多在某个特定领域独领风骚的学校，这一类学校往往就是以特定的学科领域闻名，而且在这个行业的从业者当中，从这个学校毕业的人往往占据了半壁江山。这就意味着，如果就读这一类学校，未来在职场当中会有相当强大的校友资源。比如说，在金融领域中，遍布着我国前几名的财经院校毕业的人才；在北京的 IT 领域中，北京邮电大学的毕业生占据了半壁江山。

最后，祝大家都能被理想的大学和专业录取。

16

高效学习，不打无准备之仗

作者：张君剑

悉尼大学　土木工程本科
剑桥大学　可持续发展工程学硕士

我本科就读于悉尼大学土木工程专业，硕士阶段在英国剑桥大学学习。我曾在本科毕业后以第一作者的身份发表SSCI论文，在印度实习期间为贫民窟的人工作，并在肯尼亚参与过"一带一路"建设项目。

在接下来的三章中，我将分享提高学习效率的秘诀，包括如何快速进入学习状态、如何分解学习任务等，以及如何通过学习提升我们的核心竞争力。

"凡事豫则立，不豫则废"，没有事先的计划和准备，就不能获得战争的胜利。

——毛泽东《论持久战》

"凡事豫则立，不豫则废"出自《礼记·中庸》，用白话文翻译过来就是做任何事情，事前有计划就可以成功，没有计划就会失败。伟大的毛主席用这句话领导了革命战争的胜利。对我们而言，学习又何尝不是一场战斗呢？所以这样的策略也同样适用于此。

你有没有过这样的感受？一天里好像什么也没做。刚起床，也不太记得从早到晚都做了些什么，一眨眼就度过了一天，不一会儿就又到了睡觉时间。尤其是在假期里，这样的生活日复一日，一下子整个假期就过完了。又或者在上学期间，一周的课被排得满满当当，连吃个饭、上个厕所都要争分夺秒。为了尽可能完成学业任务，只能在缝隙里挤时间。仿佛一天过出了30个小时的样子。一学期下来，感觉学了很多东西，做了很多事情，比在假期里充实很多。

从学生时代走来，或正经历着学生时代的你，或多或少都会有这样的共鸣。但你有没有想过，究竟是什么原因导致了这两种天差地别的感受呢？是因为在学校有老师的监督吗？可老师大多数时候也管不过来每个人。是因为在家有电子设备的干扰吗？可现在学校里也会用到各种电子设备帮助我们提高学习效率。

对于上述的现象，我的答案是：计划。

在学校，学生们的生活被精确到小时，几点起床、几点早读、几点上课、几点晚自习，就连吃饭洗澡的时间，也被规定得很细致。再不自律的人，也得遵照计划完成每一项任务。而到了家里，人总是有惰性的，少了计划的约束，通常情况下是彻底地放飞自我：一觉睡到自然醒，吃完午餐再来个午休，学习前刷手机放松一下，学了一个小时又有理由犒劳自己了，晚上突然罪恶感袭来，开始赶作业，于是熬夜到凌晨也不睡觉，恶性循环。在学校我们失去了支配时间的自由，强制获得了规律；而在家中我们获得了自由，却失去了规律。这一切的本质是因为我们缺少一个计划。

小时候，你是否也曾幻想过人生的各种可能性？不管是想成为科学家、医生、宇航员，还是想学会多种语言、各种舞蹈，这些都不是一朝一夕可以达成的目标。即使在有了一个远大的目标之后，你是否每天都会反省自己有没有做什么事情，为梦想添砖加瓦？"不积跬步，无以至千里；不积小流，无以成江海。"那些表面上看起来的毫不费力，实则源于背后的万分努力。

在悉尼开始我的本科之前，我就曾暗暗下定决心，一定不能荒废这四年时间，因为我不想辜负这四年昂贵的学费和家人的期盼。在本科毕业时，我凭借四年优异的成绩，获得了母校颁发的一等荣誉学位。这让我觉得在图书馆花的每一个通宵都值得，在悉尼花的每一分钱都没有浪费。我觉得，这小小的成功，和我四年里坚持不懈地做计划，并且坚定不移地执行有很大关系。

如果复盘一下曾经在悉尼的四年，我总结出了促使我成功的以下两点关键因素。

1. 制定目标，明确努力的方向

首先，我在上大学的第一天就有了一个以年计算的长期大目标，我把这个目标具体到一项学术成就———一等荣誉学位。在英联邦国家的教学体制上，这个殊荣对学生的成绩有着极其严格的要求。每年只有排名最靠前的一些毕业生才可以被授予此等学位。

为了达到学术要求，每个学期我都会对自己的绩点设一个最低目标。相应地，根据每门课的难易程度，我又会对每学期的课程设定一个切实可以取得的成绩。众所周知，国外除了期末考试，还有各种随堂小测、展示、小组作业、实验报告、课程论文等五花八门的测试，并且每一个测试都会和期末考试一起，计入最终成绩中去。

为了达到每个科目的预期成绩，我又给各类测试设置了相应的小目标。每个目标都切实可行，比如说有些科目的随堂小测一般比较简单，我会要求自己尽量在这方面一分不失；期末考试难度较大的科目，我会把预期分数设置得低一些，再想办法从其他测试中得更高的分数来弥补。

2. 用详细的计划保证目标实现

当大目标变成了一个个小目标，那么接下来就可以制定短期计划了。一般而言，我会在每周日的入睡前，把下一周的几个目标罗列出来，此时的目标并没有写得很细，只是一个期望达到的结果。

除此之外，在工作日，我会根据周日晚上的清单，每晚睡觉前把第二天该做的事情记录一下，一般都会精确到小时。下图展示了我在某一考试周的学习计划，由于考试周都是在紧张地复习，所以除了学习，没有安排其他任何事情（图中的数字代表了每门课的课程编号）。

	08:00	09:00	10:00	11:00	13:00	14:00	15:00	16:00	17:00	18:00	20:00	21:00	22:00
04 June (Sat)	2810	2810	2810	2810	2810	2810	2810	2810	2810	2810	EXC	EXC	EXC
05 June (Sun)	2110	2110	2110	2110	2110	2110	2110	2110	2110	2110	1001	1001	1001
06 June (Mon)	1001	1001	1001	1001	1001	1001	1001	1001	1001	1001	1001	1001	1001
07 June (Tue)	2110	2110	2110	2110	2110	2110	2110	2110	2110	2110	1001	1001	1001
08 June (Wed)	2810	2810	2810	2810	2810	2810	2810	2810	2810	2810	1001	1001	1001
09 June (Thu)	1001	1001	1001	1001	1001	1001	1001	1001	1001	1001	2110	2110	2110
10 June (Fri)	2110	2110	2110	2110	2110	2110	2110	2110	2110	2110	1001	1001	1001
11 June (Sat)	2810	2810	2810	2810	2810	2810	2810	2810	2810	2810	2110	2110	2110
12 June (Sun)	2810	2810	2810	2810	2810	2810	2810	2810	2810	2810	1001	1001	1001
13 June (Mon)	1001	1001	1001	1001	1001	1001	1001	1001	1001	1001	1001	1001	1001
14 June (Tue)	1001	1001	1001	1001	PHYS 1001	PHYS 1001	PHYS 1001	PHYS 1001	2810	2810	2810	2810	2810
15 June (Wed)	2110	2110	2110	2110	2110	2110	2110	2110	2110	2110	2110	2110	2110
16 June (Thu)	2110	2110	2110	2110	CIVL 2110	CIVL 2110	CIVL 2110	CIVL 2110	2810	2810	2810	2810	2810
17 June (Fri)	2810	2810	2810	2810	2810	2810	2810	2810	2810	2810	2810	2810	2810

我本科期间一个考试周中的学习计划

　　我的计划没有做得很细致，大家也不一定看得懂。但是这样做计划，规定了我每天起床和睡觉的时间，上午、下午、晚上每一个大块的时间我都会好好利用。我不觉得做计划是一种累赘，也不认为它是一种浪费时间的形式主义。制订计划后我也会督促自己严格执行，所以这个计划表有效地发挥了作用。

　　每个人的生物钟都不一样，所以习惯的作息也因人而异。有些人在晚上才能专注，白天毫无效率；有的人喜欢早起工作，晚上早早地睡觉。无论你选择哪种方式，适合自己的就是最好的。不用一味强求自己去适应班上那个"好学生"的做法，找到最舒适的、适合自己的，才能把计划长久地执行。我认为长时间地坚持一件小事，比短时间内的一时兴起更可贵。

SMART 原则："聪明"地计划

关于如何更科学地做计划，我也有两个小技巧和大家分享，第一个是 SMART 原则。

众所周知，"smart"在英文里是聪明的意思。我们做任务计划的时候，也要"聪明"一点。SMART 是由五个英文单词的首字母组成的：Specific（具体的）、Measurable（可衡量的）、Attainable（切实可行的）、Relevant（相关的）、Time-bound（有截止期限的）。在制订学习计划时，以上五个原则缺一不可。

首先，我们的计划要是明确且具体的。很多小伙伴在写作文的时候，喜欢说一些假大空的话，在没有阅历、缺少人生感悟的年代，这一点是可以理解的。可是制订学习计划和写作文不一样，作文是给别人看，注重"好看"；计划是给自己看，我们需要"实用"。

比如说，很多小伙伴在给自己制定长期目标的时候都会说上一句"提高学习成绩"。这个愿景固然美好，但目标如果这样写几乎就等于一句"废话"。因为提高学习成绩有很多种方法，这样的目标就很不明确。我们不妨这样说：减少使用电子设备的时间，花更多时间在图书馆学习，在期末考试中取得更优异的成绩。

其次，我们所制定的目标，需要是可衡量和可达成的。很多大而空的长期目标，其实是可以用数字来衡量的。量化后的目标，可以让我们衡量怎样算是提高学习成绩。还是上面的例子，我们可以这样说：减少 50% 的电子设备使用时间，每周至少花 20 个小时在图书馆学习，本学期绩点达到 90 分。用具体的数字让目标变得更容易衡量与掌控。

同时，这些任务或者目标，对我们来说也要是可以达到的。比如说，你是个重度手机使用者，每天的屏幕使用时间超过 10 个小时，那么如果你设的目标要求自己在短期内把手机使用时间减少到一个小时，这是不切实际的，不可持续；同样，如果你上一个学期的平均分是 60，而你突然制定一个 90

分的计划，这也是很难达到的。所以，我们在设定目标的时候要一步一个脚印，不要求快，而是慢慢地稳中求进，这样的计划才能持久可行。

相关性也是小伙伴们制订计划时容易忽略的因素，什么意思呢？举个例子来说，很多人都是完美主义者，做事要求尽善尽美，以至于在做计划的时候也写得很细致，甚至把很多无关紧要的任务放了进去，例如：减少 50% 的电子设备使用时间，每天少喝一杯奶茶，每周至少花 20 个小时在图书馆学习，本学期绩点达到 90 分。在这里"每天少喝一杯奶茶"和"提高学习成绩"这一目标并没有直接的关联，"少喝奶茶"这个小任务更适合出现在你个人身材管理的大目标下面。

最后，至关重要的是记得给所有的目标加上一个时间限制。如果说你的目标是提高学习成绩，那么就一定要给这个目标加上一个期限。人的一生很长，在每个阶段都有不同的任务需要完成。如果不给自己的目标设定一个期限，那么我们很可能总是被迫奔波于目前最紧要的任务，而忽略了那些有助于个人长期发展的事情。

SMART 原则可以帮助我们科学地制订计划，但如果你的目标太过宏大或者计划持续的时间太长，那么再科学的方法也会显得苍白无力。这个时候我们就要使用另一个方法帮我们把任务切割。

WBS方法：分解任务，让学习更轻松

对于学生而言，学习是我们目前人生阶段最大的"项目"，因此我们也可以借鉴项目管理的概念来完成。

工作分解结构（Work Breakdown Structure，简称 WBS）是项目管理学中一个常用的方法。按照定义，该方法是把一个庞大的项目根据一定规律分解成一个个小的任务或者里程碑，然后把这些分解后的任务再次细分成一项项日常工作，直至分解不了为止。

通常来讲，该方法以结果为导向，对项目的各项要素进行分组，因此随着工作范围的降级，执行者的日常工作会变得越来越具体。正如俗话所说，"一口吃不成个胖子"，但这个方法可以帮助我们"一口一口吃成一个胖子"。

下面我就来具体讲一讲怎么用 WBS 方法来帮我们分解任务。

第一步：明确目标，不做多余的事

在具体分解项目任务前，我们必须明确我们的目标。根据前面谈到的 SMART 原则，假设此时的我们已经有了一个长期的宏大目标。值得注意的是，一旦确定了目标，我们就知道了我们该做什么，而一切不能帮我们实现该目标的任务，就是我们不该做的事情。估计很多小伙伴都像我一样，是个完美主义者，或者通俗地讲就是强迫症，做任何事情力求完美。可是在达成目标的路途上，这种凡事都想"锦上添花"的想法或许是不利于我们达成目标的。

在项目管理中，有个术语叫"镀金"，指的是做那些工作范围以外的事情。这些事情无法帮助我们达成目标，反而增加了工作量。以学习英语为例，如果说我们今天的任务是完成 30 页的英文阅读，有些小伙伴喜欢在规定的时间内，先花半个小时给书本精心包个书皮。虽然这个从侧面反映出乐观积极的学习态度和爱护书本的良好习惯，但是这半个小时占用了我们的学习时间，而且会产生连带效应，影响当天其他的学习计划。

除此之外，包书皮的时候，我们可能会不小心因美工刀割伤自己的手指，如果因此而受伤，恐怕接下来一周的学习计划都会受影响。这个例子或许过分夸大了"镀金"给我们带来的额外风险，但这些因素都是我们不可忽视的。因此，在达成目标的路上，该做什么和不该做什么，我们需要在一开始就非常明确。

第二步：根据目标拆分任务，稳步前进

在大目标确定完毕后，接下来我们就要开始拆分了。通常来讲，一个长期的目标可以通过完成几个里程碑来实现。这些里程碑可以是一个重要的时间节点，也可以是一个中短期的成果。同样地，一个里程碑可以被细分为一个个具体的日常任务来达成。

在上一节中，我们给本学期制定了一个大目标：减少 50% 的电子设备使用时间，每周至少花 20 个小时在图书馆学习，本学期绩点达到 90 分。那么怎么拆分这个目标呢？我们可以把"减少电子设备使用"这一项按照时间节点来细分：首先我们可以规定自己在第一个月，先减少 10% 的电子设备使用时间，比如说从每天 2 个小时，到每天 1 个小时 50 分钟。然后在第二个月，我们可以设一个减少 20% 的目标，在上一个里程碑的基础上逐渐递增。

像这样循序渐进地设置目标，在执行初期并不会让我们感受到生活的巨大改变，因此我们可以在潜移默化中慢慢适应。有些时候，如果你把任务在一开始就计划得很繁重，那么很可能在后期执行的时候会失去动力，导致目标无疾而终。

17

磨刀不误砍柴工，
掌握学习的节奏

作者：张君剑

悉尼大学　土木工程本科
剑桥大学　可持续发展工程学硕士

大多数时候，学生们太在乎学习这件事了，以至于觉得做任何学习以外的事情都是在浪费时间。比如，网上流传的衡水中学学生的日常作息表，虽然没有考证其真实性，但不能否认的确存在着这么一群"极端分子"，把时间规划到了极致。

　　他们的作息基本上简化了一切与学习无关的事情，就连吃饭和睡觉也被尽可能缩短到了极限，学习时间更是精确到了分钟。学生天没亮就要起床，在我们听完闹钟后拖拉睁眼的半个小时里，他们就完成了穿衣、洗漱、整理和跑操。接着就是接踵而至的晨读和早餐。当很多人的闹钟刚刚响的时候，他们在7点45分就开始了第一节课，学校还细心地设置了提前两分钟的预备。

　　上完一上午四个多小时的课，学生终于迎来了二十分钟的午饭时间。在接下来一个小时的午休后，学生们继续高强度地进行四个小时的上课学习。在短暂的晚饭后，接着又是三个多小时的晚自习。如果没有极端的自律或者外力介入（比如说在学校或者军营这样封闭的环境中）的情况下，我相信很难有人能够长期坚持执行此类作息表的。但是，退一步讲，想一想这样的计划我们真的有必要吗？

　　这样的作息表貌似把时间在"量"上最大可能地分配给了学习，但是在"质"上又有多少保证呢？这样"预支"学生的自由、专注力，那么在没有这样的时间表约束后，学生是否会报复性地去休息、娱乐呢？在我看来，这样紧凑的学习计划对绝大多数人来说，是不合适的，甚至会物极必反，造成不可估量的精神伤害。拿我的亲身经验来说，花点时间适当地"停顿"，能够提高学习效率，使学习成为一个更持久的状态。

学习前的停顿——打造仪式感

在开始正式的学习前，可以花点时间准备一下，营造学习的仪式感。

我有这样一个发现，学习的时候，当桌面整齐干净、井井有条时，我的学习效率会非常高；反之，如果桌面堆满杂物，我的心情也会随之莫名烦躁，以致影响自己的学习效率。于是，开启每一天的学习之前，我都会预先收拾一下桌面，这个小小的动作，给我一种正向的心理暗示：混乱的桌子可以轻易地被收拾齐整，烦琐的学习任务同样可以得到有序的安排。

一张整齐干净的桌子换一份愉悦的心情，这种良好的开始，是成功的一半。所以每当我把桌子，甚至房间收拾得整整齐齐，就会产生一种坐下来看会儿书的欲望。这样的习惯，让我在自己的房间里顺其自然地学习，而不是让学习成为一件"强人所难"的任务。

除此之外，这样的仪式感还可以拓展到学习的方方面面。比如说，在上课或者考试之前，准备好各类的文具用品，削尖的铅笔，各色的荧光笔，各种计量仪器、计算器、笔记本，等等。无论是在听课还是考试，我们都必须保持神经的高度紧张。一旦学习用品缺失，我们便会丢失"来之不易"的注意力，有时甚至产生焦虑感。一瞬间的焦虑也可能引起蝴蝶效应，从而导致一整节课或者是一整场考试的不顺利。所以，在课余时间充足之际，我们完全可以花一分钟来做足这些仪式感。

同时，确保自己处于舒适的温度，以及合理范围内的温饱也是很重要的。汗流浃背和发抖的生理状态，会对学习效率大打折扣。另外，准备一块巧克力、一瓶矿泉水，确保在学习途中不会被肚子的"咕咕叫"而打扰。这些准备工作都很细小，我们很容易做到，但正是因为"微不足道"，很多时候都被我们忽略。如果我们把这些放在心上，这一个个小技巧，能够帮助我们大大减少外界的干扰，提高学习效率。

仪式感不仅仅体现在周围的物质环境，更能通过心理建设，打造精神上的仪式感。设想一下以下两个场景：当你上午去看牙医，第一个医生对你说，下午就要拔四颗智齿，中午好好吃一顿吧。第二个医生对你说，给你预约了两天后的拔牙。

我相信大多数小伙伴应该更倾向于第二个医生的方案，因为他给了我们更多时间做准备，而这里的准备指的就是心理建设。对大多数人而言，拔牙是件恐怖的事情，但当我们有了足够的时间在认知上接纳拔牙这件事，在情感上给自己鼓足了勇气，并最终肯定拔牙对自己身体的益处，那么恐惧会减少很多。

对于学习而言，也是同理的。如果我们对下一阶段的学习有了足够的准备，不管是高中到大学阶段的转变，还是说初二第一次开始学习化学的准备，抑或是明天对新的一篇课文的学习准备，有足够的心理建设才不至于让我们猝不及防。于我而言，"提前预习"是最好的心理准备方法。每次预习我都带着一个目的，那就是找到自己的问题。这个问题可以是关于新内容的任何问题，只有带着问题去学习，才能发挥预习的最大作用。

学习中的停顿——冥想提高学习效率

学习中的停顿，有助于我们刷新思绪。

人专注做一件事的精力总是有限的，大多数人可以专注一两个小时，在那之后学习效率便开始骤降。如果我们把一天的学习计划，细分成一个个小模块，在小模块之间穿插一些"娱乐活动"，比如说去咖啡店买一杯咖啡，和朋友打通电话，去洗个澡，甚至只是下楼走一圈，这些都有助于你"换换脑子"。

这些短暂的停顿，能帮助我们高速运转的大脑适当地放缓节奏，以便下一次的蓄势待发。除此之外，在两个学习模块之间，安插巨大反差的学习内容，也有助于更好地记忆。比如，先做一个小时数学，在短暂的休息之后，再开始一个小时的英语背诵。这种反差会给大脑带来更强大的刺激，进而提高学习效率。

除了以上的小技巧，正确的冥想能在学习的间隙让大脑得到充分的休息。没错，就是乔布斯从少年时代开始坚持了一生的那个习惯，也被他奉为人生成功的秘诀。

冥想也是我们通常所说的打坐或者禅修。在学习冥想之前，我曾错误地认为冥想就是闭着眼睛，盘着腿坐着，然后脑子放空，什么都不去想。然而在真正系统地学习了冥想后，我才认识到这是一门博大精深的学问。就像太极一样，想要熟练掌握冥想是需要日积月累练习的。

经常冥想能给我们带来很多益处，它能够帮助修行者提高注意力，大大提高学习效率；它能够平复心灵，告别强烈的情绪波动。一个成功的冥想者，可以通过长期冥想来提高身体和心理健康，掌控自己的生活。但是对于我们学生而言，如果仅仅是为了提高专注力，那么花几个小时学习一下冥想的入门即可。

就像江湖上的各门各派传授五花八门的武功一样，冥想也有自己的"派别"。两年前，我在印度修行，跟随葛印卡大师的门徒学习了内观冥想（Vipassana Meditation）。在印度斋普尔山上待的十天里，我切实体会到了与世隔绝。修行期间，我们被禁止讲话，禁止使用一切电子设备，禁止读书写字，禁止吃荤，每天早上4点就要起床洗漱，然后就是一天几乎15个小时的冥想修行，直到晚上9点半才能就寝。

这样的生活持续了整整10天，经过了这次的脱胎换骨，当我再一次使用手机之时，我的眼睛被屏幕上的光刺得睁不开眼。久违的电子设备竟让我一时无法适应。这次的修行，无论对我的身体还是心灵，都是一次巨大的启发。

不同的冥想术注重的点也不同，即使学习的是同一个"派别"，不同的学者也会有自己独特的见解。因此，我以下介绍的心得如果和你所了解过的冥想不同，也不用太过意外。在我看来，内观冥想是一项感官认知训练。平常生活里的太多事情因为我们的习以为常而被忽略了。例如，呼吸的感觉、食物的味道、好天气带来的喜悦、抑或者家人给的帮助，等等。内观冥想锻炼了修行者感知当下的能力。

在开始冥想前，我们先要找到一个合适的场所，避免外界的干扰。最好能在一个安静、温度适宜、没有噪声的地方，把一切会干扰自己的电子设备调成静音并且放得远远的。然后再找个硬度合适的蒲团，盘腿坐在上面，闭上双眼，冥想便可开始了。此外，冥想时的坐姿是非常重要的，手臂自然向下垂直，双手反向搭在膝盖上，胸背挺直，让自己处于一个最舒适的状态。一个好的坐姿会让修行者精神百倍，不至于出现昏昏欲睡的状况。

在确定好了一个合适的坐姿后，我们便可开始冥想。内观冥想要求我们对当下有足够的感知，所以我们需要从最简单的感知呼吸开始。感知气流从鼻孔顺着鼻腔来到喉管，最后到肺部。接着从肺部原路返回呼出去。不断地感知一呼一吸能使我们大脑保持高度的灵敏。科学研究表明，冥想时我们的大脑是在做曲臂运动的。

冥想一段时间后，我们的注意力可能会涣散。每当我们发现思绪飘向其他地方的时候，我们需要及时拉回来。在反复的收回注意力的过程中，我们很可能会积累立刻结束冥想的冲动。这也是最关键的时刻，冥想能否成功，就看修行者是否可以坐得住了。因此我建议，初学者可以把冥想的时间从短到长进行增加。第一次可以只进行 5 分钟的训练。慢慢地，次数多了，就把时间增加上去。

一般来讲，在学习间隙穿插 20 分钟的专注冥想能给我们的大脑带来充足的休息。当然，我在此介绍的只是冥想里最基础的练习，更高阶的内容需要读者花更多时间去学习钻研。但是，对于学习中的精神恢复，能做到这些也就够了。

18

摆正心态，终身学习

作者：张君剑

悉尼大学　土木工程本科
剑桥大学　可持续发展工程学硕士

前面讲的学习技巧固然重要，但是如果我们对学习这件事没有一个正确的认知，那么再好的学习方法也只是昙花一现。只有在思维上拥抱学习，再配以好的学习方法，才会事半功倍。

其实，很少人生来就会学习，只不过这个探索的过程长短不一而已。那些善于总结、归纳、拥有高执行力的孩子，相对其他人，掌握学习技巧会更快一些。然而，即使找到了适合自己的学习方法，也不意味着一劳永逸。俗话说，"书山有路勤为径，学海无涯苦作舟"。道理每个人都懂，但在执行力上总是差那么点。在我看来，任何学习方法，只要是适合你的，就是最好的。但是成功的秘诀在于，你需要把这个适合你的学习方法一以贯之地执行下去。

把学习从一项任务变成一种能力

小时候觉得学习是一项任务，长大后才慢慢发现学习是一种能力。从高中到大学，对于学生而言，最大的区别可能就是从被动学习转变为主动学习的过程。

在高中的时候，老师们常常说熬过高考，到大学里就轻松了。这样说的确也没错，因为在大学里没人给你设定目标、限定完成时间，学习变成了一件自己的事。有些人"身体力行"地过着高中老师所描绘的轻松生活：4年里安逸地享受着青春，谈了几场恋爱，熬了几个通宵，时间也悄悄流逝。而这份轻松的代价，可能是你浪费了一个培养自己学习能力的机会。预支快乐是个人选择，但我也想提供另一个可能，就是先给自己的后半生配上一个可以带你披荆斩棘的装备——"会学习"这项能力。

高考的本质，是尽可能以最公平的方式，在人口庞大的国度，分配稀有的高等教育资源。那稀缺的资源是什么？就是优质的师资配置、充足的学习资料、良好的学术氛围以及积极的学习环境。当然，每个人选择的专业不同，学习的内容也大相径庭，扪心自问，5 年、10 年后，我们曾学过的高等数学、哲学思想，在未来的工作中，能真正用到的有多少？我们还记得的有多少？时间是一个很好的过滤器，它会为我们筛选出记忆中最重要的部分。

那淡忘了许多"知识点"后，大学这个大课堂，还为我们留下了什么？我认为大学教会我们的，更多的是自主学习的能力、思考问题的角度、看待世界的方式，而并非完全是专业本身。学到的知识如果长期不用，或多或少总会忘却，但这个能力、这套模式已牢牢长在你的身上，它会在未来不断优化——因为你会依然保持着不断学习的习惯，将会伴随你走过之后的路。

让学习成为你的核心竞争力

人的核心竞争力，究其本质，就是学习的能力。

虽然很多公司会根据学历来录取人才，但他们也清楚地了解一个人在学校学到的技能是有限的，不管是清华、北大的，还是名不见经传的学校出来的学生，来了公司所有的东西都要重新学一遍。可就算如此，为什么各大公司还是愿意花大价钱来雇用名校生呢？答案是因为毕业院校在一定程度上反映了一个人的学习能力。有能力考进名校的，必然有很强的学习能力。自然地，进入公司的成长也会比普通人快。

你可曾想过，我们为什么要上大学呢？是为了拿到一张文凭？为了考到一个专业证书？为了考过英语四六级？其实，这些都是附带的东西，就像商场里买东西送的附赠品。而大学所给我们提供的真正价值，源于它培养了我们的学习能力。不管我们学习什么专业，看似我们在学的是某一领域的专业知识，其实我们只是在不同的修炼场里面，探索学习的方法，并最终掌握学习的能力。

无论是我们写的论文、小组作业，抑或是一场演讲、一场考试，每一次都锻炼着我们为测验所做的学习。在不断的测验中，我们探索着适合自己的学习方法。然而大学和社会毕竟是不一样的，应试的能力不一定对付得了工作。所以，适应新环境，拥有不断学习的能力，坚持不懈的学习精神，是我们在大学四年里最应该锻炼出来的能力。

活到老，学到老

　　人的知识就好比一个圆圈，圆圈里面是已知的，圆圈外面是未知的。随着我们知道得越多，我们才知道自己不知道的更多。

——芝诺

　　不知道你是否也曾有过这样的经历，在百科搜索某个词条，会发现这个词条下的陌生术语，链接了更多的词条，而当你再一层层点击探索这些未知的时候，你就是在不断拓展你的"知识圈"。每当你想要快速学会某个领域的新概念，你一时间可能会被这席卷而来的陌生感吓到，但因为你的好奇，这种探索的兴奋又会引领你去窥探另一个不一样的世界。这份好奇大概就是人们说的"学无止境"吧。

　　在我看来，学习的时间不应该局限于学生时代，学习的地点也不能限制于课堂之上。曾经很多前辈就告诉过我，大学里学的知识，现实工作中能用到一半就已经很不错了，因为理论和实践毕竟是不同的。基于学科知识，在工作中我们需要不断精进自己，完善整个知识框架。因此，在工作中，你会更深刻地体会到，只会学书本知识的人并不完全是会学习的人。

　　即便在学校里是全优学生，如果不能适应新的环境、快速学习新的技术知识，很快就会被社会所抛弃的。因此，拉长学习在时间和空间上的维度，不被现实的枯燥乏味磨灭自己天然的那份好奇，相信你的生活会依然有趣，在人生的这条赛道上，你也会走得更远。

　　在澳大利亚留学的时候，我认识了一位已是古稀之年的教授。虽然他过着独居的生活，可是他的屋子里从来不缺少访客。他会做各式菜肴，从中餐、泰餐到印度餐。得知客人来自哪里，他就会贴心地为那位客人准备他家乡的菜肴。此外，他还会通过互联网同年轻人聊天，从时事新闻到网络热点，从脸书、推特到微信、QQ。这位70岁的"老男孩"，依然如此"时髦"，那么热爱生活。

　　随着跟他的接触，我发现他是个极其愿意学习的人。他拥抱科技，学习厨艺，与年轻人做朋友。他不吝与我们分享他的人生感悟，也乐于向我们讨教世界的新花样。我想，坚持学习，应该就是他永葆童心、充盈生活的秘诀了吧。

19

科学刷题法：如何正确运用"题海战术"

作者：缪滨旭

加州大学伯克利分校　计算机科学本科

我曾获得2014年欧几里得数学竞赛前1%的好成绩，江苏卫视《最强大脑》节目的百强选手，曾成功开发了千万用户的全美前二在线教育平台，目前为微软软件工程师（西雅图总部）。

在接下来的三章中，我将带你跳出"题海战术"的误区，找到学习的内部动力与热情，并通过世界著名的费曼学习法提高学习效率。

如果你百度一下"题海战术"，会发现它好像就是一个贬义词，从狭义上它的定义是为达成某一任务，大量地、不受时间和地点限制地做相关习题。在广义上，这个词也引申为依靠数量取得胜利，而非质量。但我一直认为，如果把刷题上升到一种战术层次，只要我们运用得当，必定旗开得胜，其中最关键的是时间、地点、人物和方法的问题。

我对"题海战术"的理解可具体到每一个字。题：什么样的题目？也就是题目的选择。海：海有多深？也就是题目的数量和种类。战术：就是具体做题的方法了，也就是如何运用。

我认为，在我们不同的学习阶段，在适当的时间，有目的、有计划、有指导、有反思地进行大量练习，通过对知识点和题目类型的不断冲刷，是可以帮助我们巩固知识点、提高做题速度和准确率的。回想一下，我们从小升初开始刷题，到中考、高考、考研，各种英语、金融、法律标准化考试，再到公务员考试、求职技术面试，从小到大我们需要经历各种大大小小的考试，而题海战术无疑是非常有效的手段之一。

另外，刷题也并不是"中国特色"的学习方法。我到了加州伯克利读书后发现，对于数学、物理、计算机这些理科考试，那些最终取得好成绩的美国同学也同样在考试前孜孜不倦地刷题。而顶尖的美国私立高中也是通过大量的 AP 试题、SAT 试题来备考的。

今天我想结合自己亲身经历的三个刷题过程——学生时期的考试、托福 SAT 的英语标准化考试、软件工程师职位的技术测试，来提炼科学、高效刷题的秘诀，让你真正会刷题、爱上刷题，并让刷题成为你终身受益的技能。我认为使用题海战术有四个关键词：时机的把握、试题的选择、作战的状态，以及善于总结思考。只有将这些有效地结合在一起，才能成为真正的刷题高手。

秘诀一：打好基础再刷题

首先是时机的把握，这是使用题海战术的前提条件。在开始刷题之前，请务必先夯实基础，确保自己已经基本掌握了所有知识点。

如果你还是一种"这是啥，完全看不懂"的状况，那你刷再多的题，效率还是会非常低的。所以如果你刚刚接触一个新知识不久，我并不建议你直接上手刷题，因为错得多会打击你的信心，还会浪费宝贵的时间和试题。

另外在刷题之前还要多看课本、笔记和作业，尽早熟悉知识点，然后预留充足的时间来进行题海战术，通过刷题，再查漏补缺，加深印象，完善知识结构。

我认为在校园学习中，除了语文知识要依靠长期的积累，别的科目都可以通过刷题来提高成绩，理科的效果尤为明显。在托福、SAT 的备考中，大家在开始刷题前一般都会上培训课，或者网上找免费的课程，了解每一种题型和基本的注意事项。备考英语相关的考试，必须先积累足够的词汇量，因为词汇量是英语标准化考试的重中之重，不论是听、说、读、写，单词是一切的基础。在背单词的过程中，坚持和重复是非常重要的，你也可以采用一些联想记忆法、归纳总结法等，但我个人认为背单词没有捷径，就是需要不断地重复来加强记忆。

而对于软件工程师的技术测试，大部分都会选择 LeetCode 网站。很多人

（包括我自己）反映，一开始刷题时非常痛苦，做一道不会一道，只能去看答案，这样刷题效果很差，所以还是需要先花一段时间来巩固基础知识。先确保你了解每个常考的考点，比如各种数据结构，BFS、DFS、动态规划这些常用算法，然后每个考点配上两三道例题，例题不要多，但确保自己吃透，想一想这类题型有什么特点？为什么这道题必须用到这个数据结构/算法？再从简单的题目开始刷，循序渐进，步入正轨。

总之，当你觉得知识点已基本掌握，想要通过做题获得更全面的练习，就到了使用题海战术的时机了。通过做大量题目来覆盖你之前学习过的所有知识点，以及每一个知识点所对应的考查方式。通过这些题目是否能正确解答，你可以有一个非常直观的检测：发现哪一些基础知识是自己遗漏的，还有哪一些知识点的考查方式没掌握，以及在这个知识框架中自己的缺陷，然后有针对性地把这些问题都一一解决。

秘诀二：选对你要刷的题，事半功倍

对于准备考试来说，其中最重要的就是往届考试的真题了。如中考、高考的历届考题；托福、SAT考试的历届真题。这些试题是最接近考试、最能评估当前水平的，所以在考试前练得越多越好。

也有小伙伴会问，我期中、期末考试该怎样选择刷题的练习册啊？总不能高一就把高三的高考题拿过来做吧？我认为练习册的选择也是非常讲究的，应该在精不在多：每个科目选择一到两本课外练习册就够了，练习册的难度要稍高于正式考试的难度。如果一本练习册全是简单的送分题，其实没有太大意义，有一些同类型的题目就只是换了个数字，这样的题反复做来做去，也是毫无意义的。

另外就题目的难易程度上，我认为应当选择较多的中等难度题和难题，再搭配小部分简单的题目来强化基础知识，还可以选择一些有挑战性的新题目开拓思维，加深对知识点的理解。对于托福和SAT考试也不建议去买杂七杂八别人写的练习题，就利用公开的历届真题就足够多了，试题在精不在多。

准备软件工程师的算法题也一样，LeetCode 现在也有一千多道题目，没必要再去别的网站上找题目做了，专注在一个平台也有助于后面的错题分析和归纳总结。

秘诀三：认真刷题，提高质量

刷题第三个关键词是"作战"的状态。每一道题都需要用考试一样的认真程度去对待，绝对不能做一题就玩玩手机或者不会做了就直接翻答案。在做题时要让自己的大脑有一种兴奋感，这样思维会更加活跃，刷题更有效果，解题也会更加顺畅。

刷题时进入状态还可以大幅降低粗心错误的概率，将之后的关注点放在那些没有真正掌握的错题上。此外还可以提高熟练度，在一些 SAT 或者别的科目的考试中，时间是非常紧张的，通过刷题来提高熟练度，加快计算速度和思维速度，能给你争取更多的检查时间。

我的建议是在前期刷题时，对做题时间不要太严苛，主要还是以做对、攻克难题为主。特别是对于第一次遇到的难题来说，一道题消耗几个小时都是很正常的事。而如果你能凭借自己的能力攻克难题，然后再对比答案，这道题将会深深刻在你的脑海里，成为你真正掌握的知识。遇到难题，不要只想个十来分钟就去看答案，看到答案之后拍案叫绝，好像茅塞顿开，但下次再遇到的时候依旧不会，并没有真正融会贯通。

当我们觉得刷的题目已足够多了，就可以开始模拟考试了。这时候就要求完全按照考试的强度，时间也要和正式考试一样有限制。模考的题目肯定要选择没有做过的真题，这样才能较为准确地反映现有水平。每一套真题都是非常宝贵的，一部分可以用于提高练习，还要预留一部分作为考前模考。另外注意既然是模考，就一定要给自己预留充足的时间，其间不要被任何事物打扰，绝对不能分心，如果一边吃东西一边做题，或者做到一半就玩手机去了，这样肯定是没效果的。

但考试时真实的紧迫感，平时训练是无法体会到的。有时候在轻松时你会有一些突发奇想的解题灵感，但是在巨大压力的环境下，很难有灵机一动的时刻。这时候你所能凭借的，只能是你最熟悉的解题思路、解题方法和解题习惯。你所能想到的，只能是那些你平常掌握的最扎实的知识。那这些思路、技巧、知识和角度，从哪里来呢？并不是靠天赋或智商，而是"唯手熟尔"，也就是只有在大量的重复训练下才能训练出的熟练度和瞬时反应能力，这才是我们在考试中真正能用来得分的东西，也是题海战术的真正意义。

秘诀四：善于总结，温故而知新

错题总结应该是刷题过程中最重要的环节了。不管你刷了一套题、十套题或者百套题，如果你不系统性地回顾和总结错题，那刷再多的题都是白搭。

首先使用错题本时我并不建议直接抄写的方式，因为刷题就是要做大量的题目，如果每一道错题你都要抄题目并且写在本子上，太浪费时间。但是做题时的错题和难题肯定是重点，我会直接用红笔和蓝笔在练习册或者试卷上把这些题目标出来，然后写一些批注和注意点，考试之前就把有问题的卷子和练习册很快过一遍，到有标注的地方特别关注，回想之前为什么做错了，是粗心、知识点不够扎实，还是某个技巧没有掌握，提醒自己在正式的考试中不要犯同样的错误。

其次是在刷题过程中要学会分类归纳。在刷题前你就需要对所有考点、知识点做一个大致的梳理和归纳，而在刷题过程中你也需要不断地完善之前的归类总结。不管是托福、SAT 考试，还是算法题，都会很明确地分为不同的题型，不同的题型有自己最合适的解法和技巧。所以在刷题过程中可以多多留意，能不能发现很多题目之间的共通点，总结出属于你自己的技巧。

下面以准备托福阅读考试来举例，分享一下我自己是如何做题型分类以及对于不同的题型是如何进行技巧训练的。第一种是单词题，这种题在一次考试中有时会出现 3—4 道，这是属于基础的拿分题，最好快速做完，为后面比较难的题目节省时间。其实托福的单词题算是比较简单的，就是找同义词，单词记住了很快就能做出来。

第二种是阅读题，有时候你觉得文章读懂了，就想当然地选了个答案，结果很容易出错。我后来发现托福阅读不要求你过多地推测、揣摩作者意图什么的，你只要在文中找到证据，正确答案往往就是文中关键句的释义（paraphrase），就是换一种说法。如果你找到关键句拿去和正确答案对比，往往能找到一些词语上的对应。找证据和找关键句也是有讲究的，基本上就从前一句和后一句找，如果没有，再往远一些找，但一般就在这个段落中。

　　第三种就是插入题——把一句话插入在段落中合适的位置，也是别的考试中常见的结合上下文的推理题。这类题目最重要的是严谨，需要花时间仔细分析比对每个选项，然后选择最优的那个。在日常刷题时我发现我需要多花时间才能保证这类题的正确率，所以每次考试遇到插入题我都会加倍专心。首先要理解插入的句子在这个段落中扮演了怎样的角色，是论据还是论点，然后一一带入，看这个句子和上下文衔接是否顺畅，逻辑上是否合理，有没有指代不清的情况。

　　最后一类就是主旨题——6选3，算是托福阅读中难度最大的。这里要注意主旨题中的正确选项一般是文章的一个或者两个段落的内容概括，至少也要有大半个段落在阐述这个选项，所以这个时候以段落为单位的阅读习惯就起到作用了。这类题最好用排除法：找到错误选项错在哪儿了进行排除，最后剩下的就是正确选项。做主旨题有一个典型的错误就是"只看细节"，比如许多人选错，就是他们认为这个选项所有细节都对，就选了，但实际这个选项只是概括了文章的一两句话，不够全面，或者体现不了主旨，那就不能选这个。做主旨题一定要注意从整体上把握，同时正确选项的细节也一定要符合原文，这就只能仔细再仔细，记不清楚的地方可以再回原文去看，这类题只能多花点时间来保证正确率。

　　以上都是我以往在使用题海战术过程中的所思所想所得，"学海无涯苦作舟"，"题海战术"四个字中蕴含着的苦，不言而喻！但如果使用得当，必会从量变到质变，苦尽甘来，助你成功。

20

费曼学习法，高效率的秘诀

作者：缪滨旭

加州大学伯克利分校　计算机科学本科

高效的学习方法有很多种，比如费曼学习法、思维导图学习法、西蒙学习法、SQ3R 阅读法等，其实我们在学习工作中，都不同程度地采用过这些方法，只是没有善于总结和不断强化利用，甚至用而未知。今天我想和大家聊聊费曼学习法，不少人称之为"快速学习法"，甚至"终极学习法"，下面我们就一起揭开费曼学习法的神秘面纱，大家会发现它并不是什么点石成金的神术，并发现其实我们以前许多引以为傲的方法，已经无意识地运用了费曼学习法，甚至这种学习法存在于我们生活中的许多职业和人生的不同阶段。

　　首先让我们来了解费曼其人。理查德·费曼是一名伟大的物理学家，1965 年，他因量子电动力学获得诺贝尔物理学奖，被认为是继爱因斯坦之后最睿智的理论物理学家，也是第一位提出纳米概念的人。而他除了是一名伟大的科学家之外，还是位非常伟大的教师，因为他可以提炼非常复杂的理论，并用普通人能听懂的简洁语言表达出来。

　　在他自己的领域，他的研究方法也是出了名的。费曼会不知疲倦地推敲公式，直到把原本觉得纠结的概念变得很容易理解。他发明了费曼图，用非常形象化的方法处理量子场论问题，描述粒子之间的相互作用、粒子散射、反应和转化等过程，大大方便了计算。费曼还参与了美国"挑战者号"航天飞机坠毁的调查。他最先意识到低温对 O 形圈的弹性会造成毁灭性的破坏，于是他在调查委员会成员和记者面前，将 O 形圈浸入一杯冰水，就是这一个小小的动作，一个小小的实验，让所有人瞬间了解了"挑战者号"航天飞机失事的原因。费曼的一生都是在用这样的方式，用让最普通的民众都可以懂的语言，向世界传授科学。

　　费曼学习法究竟是什么，简而言之就是"以教促学"。通过向别人清楚地讲解一个概念、一个问题、一件事，来确认自己真的弄懂了这件事，并通过对比、提炼、再学习，寻找更好的语言和方式，再讲解，如此循环往复，让自己不断进步，见下图。

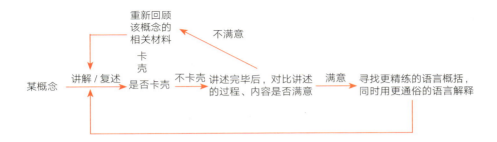

如图所示，费曼学习法主要分为四个步骤，但后面的步骤其实是循环的：不满意—纠错反馈；满意—尝试运用更简单精练的语言概括。接下来我将结合我们的学习工作一一阐述。

输入＋输出：构建自己的知识体系

第一步选择一个你想要理解的概念。概念可以是一个公式、一个定义、一个问题，甚至于一句话，看起来很简单，但关键是你要学懂、弄通，搞透到能讲解给别人听。在上学期间这个概念通常是难倒我们的五花八门的试题。

第二步是向别人讲解这个概念，并且是用你自己的语言，简单易懂地讲出来，看看中间是否卡壳，过程和内容是否满意，对方是否明白。我认为讲解和复述这一步是费曼学习法的精髓所在。比如，在上学期间班上总会有那么几位"学霸"，大家在学习上有什么问题都会问他们，而那些慷慨大方的"学霸"总能越学越好。这实际上是一个正向反馈的过程，因为当你在给别人讲知识点、讲题的时候，对你自己来说也是一个极为高效的迅速理解、归纳总结、查漏补缺的方式。

接下来第三步，如果你在解释的过程中卡壳了，怎么办？或者有些地方你理解得还不透彻，给你的解释带来了障碍，别灰心，这是很正常的现象。

我们在学习一个新知识时，经常感觉自己已经看懂了，但是在去使用、去说，或去写出来的时候却发现完全没有思路，甚至进入了死胡同。这时就需要我们有针对性地回到原材料或者去查阅更多的资料，直到非常顺畅地理解这部分知识。

最后就是第四步，哪怕自己的复述没卡壳，也要回顾自己的解释，通过反复的对比、思考和提炼，试着找出其中的问题和可以进步的地方，比如抛弃难懂的技术语言和改变固有的表达方式。你可以先把知识点拆分开来，再转化为简单的、容易理解的点。最终的目的，是用我们自己的语言、自己的方式，而不是学习资料中的图表和枯燥的文字来掌握知识，让自己真正做到融会贯通。本质上，费曼学习法其实是将传统意义上的"输入式"学习方法变成了"输入 + 输出"的形式。

注：美国国家训练实验室研究证实，不同的学习方式，学习者平均效率是完全不同的，这就是著名的"学习金字塔"

听讲 —— 5% 被动学习
阅读 —— 10%
听与看 —— 20%
示范 / 展示 —— 30%
小组讨论 —— 50% 主动学习
实际演练 —— 70%
转教别人 / 立即应用 90%

学习吸收率金字塔

我们可以一起来看看上面这个学习金字塔。不同的学习方式，内容在我们大脑中的留存率是完全不一样的。从听讲到现场示范，这一部分被称为被动学习；而从讨论到教别人，这一部分被称为主动学习。

我们大多数时候都是在被动学习，比如听老师讲课、听别人输出观点、阅读书籍、看视频等都是自己的输入。到了现场示范，就有了输入和输出，但带来的效果有限。可如果我们用费曼学习法，被动学习就会变为主动学习。你会在输入之后与别人去讨论、去实践，去努力教会别人，这样自己所学到的内容和效果就达到了90%，甚至90%以上。这就是费曼学习法的神奇之处。

而输出看似简单，其实有很多的学问。首先输出之前必须有知识整理的过程，明确输出的目标：目标是谁、特性是什么，对你的服务对象做到知己知彼，方可百战不殆。之后还要有针对性的准备，保证你输出的内容是和对象匹配的。接下来就是知识的转化过程，也就是我们把学习、收集到的信息，通过个人经验的聚集、提炼、拆分、组合之后，用自己的语言和文字表达的内容。接下来还要看我们输出的水平，如果你能把不管多复杂的知识，都能教懂一个10岁的小孩子，那你就成功了。

回想一下，学生时代我好像也"被迫"采用过费曼学习法。上小学时，我的同桌就总是喜欢问我问题，这让我发现教会别人比自己搞懂更有挑战性。因为在你讲解后，同桌可能还是不理解，就会继续提出新的问题，甚至是你从来没有思考过的角度，这将挑战你掌握知识的全面性、熟练度。在我回答不了的时候，我会去翻书，或者一起去问老师，这就给了我更多的动力来思考问题，甚至进行额外的学习。所以每当别人问我问题时，我都非常乐意解答，即使手头正在做自己的试题，我都会暂时放下。因为这样做除了能分享知识，帮助他人，同时可以在同学中建立一个良好的口碑。

我也会主动地去寻找固定的"学习伙伴"。我们一起学习，一起讨论，对于比较难理解的知识点，不会做的难题，我们都会讨论。我们经常耐心地听对方对知识点的阐述和理解，然后对比自己的理解，加以补充，其实这又是一个巩固学习和加强记忆的好方法。

记得很久以前看过的一则新闻，一位没什么文化的农民父亲，他的子女却是一个考上清华，另一个考上北大。后来有人采访他有什么教育绝招，他说："我这人没什么文化，其实也没啥绝招——我只不过是让孩子教我罢了！"孩子每天放学后，他就会让孩子把老师讲的内容再给他讲一遍；孩子做作业的时候，他也会读孩子的课本，弄不懂的地方，就去问孩子，如果孩子答不上来，明天就会去学校问老师。这其实就是费曼学习法，把输入给自己的知识，通过输出的形式教别人，从而使自己也得到进步。

其实这个学习方法并不是说你一定要找个人去教，我们自己也可以当自己的学生，用默念的方式将这个概念用自己的语言，一字一句地复述出来。当你这样做的时候，你会更清楚地意识到关于这个概念自己理解了多少，以及是否还存在理解不清的地方。费曼学习法有利于理解知识点，构建起自己完整的知识体系。

费曼学习法如何让工作更有效率

我们身边有些职业也是典型的费曼学习法样板，比如说老师。我们在听老师授课这样"输入式"学习中，学习效果很大程度取决于老师的水平：有的老师上课照本宣科，让人完全听不进去；有的老师认为英语语法知识点，大家多背一些就会用了；有的老师则让学生重复不断地刷题；等等。但真正好的老师，应该是在自己不断学习的基础上，把自身的知识融会贯通后，再充分结合学生的特点，不断尝试用最引人入胜、通俗易懂的语言教会学生，并激发起学生的学习热情和自主学习的能力。同时这也是个共同学习、共同进步的过程。

还比如说导演，导演是一部影视作品的组织者和领导者，是通过演员来表达自己思想的人。导演作为影视创作中各个艺术元素的综合者，他要组织和团结剧组内所有的创作人员、技术人员和演出人员，让他们发挥自己的才能，然后把所有人的创造性劳动融为一体。

导演要在自己充分了解作品的基础上，还要帮助演员们和剧组，通过不断沟通、交流，甚至实践，反复推敲，最后把自己满意的作品带给大家。想要得到观众的认可，也不是容易的事。这又是一个运用费曼学习法的过程，既要把自己掌握的所有信息和本领，通过个人经验的积累，聚集、提炼、拆分、组合成好的作品，还要充分了解观众的需求，甚至经历几次失败才能成功！

其实我们的一生，也是一个反复采用费曼学习法的过程。

小时候大多数是被动输入，不断地学习和积累后，我们掌握了主动学习的方法，有了更多的知识和能力。工作后，我们也是把在学校学到的知识，不断和实际工作相结合，通过实践，越做越好，越来越熟练，并总结出自己的工作方式和方法。这时候，我们从学徒，变成了师傅；从普通员工，变成了领导。我们又用费曼学习法，去教我们的徒弟，去领导我们的团队。

其实个人知识、经验，甚至财富的积累，都不是真正的成功。只有在成就自己的同时，懂得付出，懂得分享，也尽力帮助他人实现梦想，才可以算得上是真正的成功。在费曼学习法里输出是为了更好地输入，而不断地输出又更利于输入的效果，这才是费曼学习法被称为"终极学习法"的神奇所在吧。

写到这里，这一章应该结束了！我突然意识到，其实写这个题目也是一个费曼学习法的过程。这也是我为什么愿意和大家分享，愿意拍个视频、写写文章、开个讲座之类。不是我水平有多高，有多大公无私，而是在做完这些之后，受益最大的是我啊！我在确定题目，反复查阅资料，反复思考，用自己的语言和文字写出来并不断修改的过程中，才是真的把费曼学习法烂熟于心了。

21

找到内部动力，让你对目标更有热情

作者：缪滨旭

加州大学伯克利分校　计算机科学本科

你是不是曾经在新年伊始立下过雄心壮志，口号喊得特别大，到年底却被"啪啪打脸"？你是不是每次放暑假前，都觉得自己能练出马甲线或八块腹肌，可是暑假一晃结束了，只能拍拍自己的肚子看着不变的赘肉？有一个明确的目标能给人无穷的力量，但更重要的是我们应该如何设置目标，才能让我们更愿意为之努力，更有动力去完成，让目标不变成一个空洞的幻想。我想结合我的亲身经历，一起来探讨这个问题。

我认为所有事情可以分为三类。第一类是你有内部动力的事情，也就是你喜欢的事情。第二类是有外部动力的事情，也就是大家都说好或有益的事情。第三类是你没有动力、认为无趣的事情。比如有人喜欢篮球，喜欢看NBA，觉得篮球很有趣而去打篮球，就是内部动力使然。有人打篮球是为了应付体育课，日常锻炼，保持身材，这是外部动力。动力是我们追求某个具体目标的需求，代表了你究竟有多么渴望某件事物。而相比于外部动力，内部动力更能让你干劲十足，让你在潜意识中变得更加强大，带来的行动力更能持续。

其实，内部动力这个问题，首先是源于认知，知道自己喜欢做什么事情、适合做什么事情，才更有可能去做。另外也源于极度的渴望，我们为了达成长期的、终极的或者阶段性的目标，渴望到愿意付出时间和努力，甚至为了达到目标愿意放弃短期的快乐。如果你对一件东西或一个目标明白且强烈渴望得到，再加上强大的意志力，坚持用正确的方式，不断地学习和积累，那成功也就指日可待了。

然而，对于有些重要的事情，要有非常喜欢并主动完成的内部动力其实非常难。比如学习，我们在学生时代经常感到疲惫、没有动力，通常是强迫自己在学习。毕竟学习的过程有时就是去完成一个个难题和挑战，肯定不会那么轻松惬意。我们学习的动力也大多以外部动力为主：可能是取得好成绩之后来自父母、老师的夸奖，可能是给同学讲解难题后同学的赞许，等等。这也是为什么班上的第一、第二名往往能一直保持优异的成绩，充满了学习的动力，因为他们能够获得大量的外部激励，形成良性循环。而普通学生能够获得的外部动力不足，就可能时常感觉枯燥无聊，不容易坚持。这时候，寻找学习的内部动力就显得尤为重要。下面我就来分享一下我是如何在学习和工作中找到内部动力的。

我这样考入加州伯克利

第一步：培养好奇心

我认为学习本质上是一个获取新知识的过程，而好奇心是强大的内部动力。好奇心促使婴儿探索房间的每个角落，激励科学家和冒险家不断探索。作为学生，我们需要对学习的内容产生好奇心，产生兴趣。

我们肯定不能仅仅为了应付考试直接去看枯燥的知识点，你得先去了解这个知识点有趣的部分，这样才能给你继续深入研究的动力。比如学习编程，你不可能买一本《C语言从入门到精通》回家天天对着书学，这样能坚持下来的寥寥无几，你得自己动手做出一个个好玩的小项目小程序，才会有继续啃完整本书的动力。

这就是为什么有的老师讲课能引人入胜，有的却让人昏昏欲睡，因为好的老师明白在讲一个知识点时应该先激发学生的兴趣，再由浅入深。我们也可以靠自己来做这件事，可以在网上搜一下知识点的关键词，看看这个知识点延伸的文章和视频，说不定就会有进一步的了解，找到一直被我们忽略掉的学习的乐趣。

比如我高中时期一直想学习美国历史，参加了AP、SAT2考试，也报了学校美国历史的选修课，却一直没能坚持下来。当我真正来到美国读书，去了很多美国的城市，才更激起了我读美国历史的兴趣。于是我就自己看完了很多很厚的关于美国历史的书籍和看似枯燥的纪录片，因为很多内容都和我真实去过的地方有趣地结合起来了。

第二步：从"心"出发，确定目标

你得去思考一下自己想要成为什么样的人，未来想在哪座城市、哪所梦想中的学校学习生活。这个目标可以随着你的成长随时调整，但必须从你内心出发，不是父母或是任何人可以替你做的决定，否则这就不是你的内部动力。

如果你现在比较迷茫，可以给自己一段空白的时期去思考，主动地去发现自己的内部动力，选择自己最喜欢、最擅长的事情，以及渴望达到的目标，然后你就有了愿意为之奋斗的勇气，并接受实现过程中的辛苦与无趣。

这里我想分享我自己学生时代的经历，来讲讲我是如何在学生时代为自己设立具有内部动力的目标的。我就读初中时是在一所重点初中，成绩也一直不错。但是到了真正要做决定去哪所高中、决定自己未来方向的时候，摆在我面前的是两条截然不同的路：一是去宁波镇海中学，经历三年高强度的学习备考，然后参加高考；二是选择在大学时出国留学。

尽管初一、初二的时候父母就有一些让我出国的想法，但是到了初三真正要做决定去哪所高中的时候，终归还是要你自己做选择的：你必须清楚了解自己喜欢什么、喜欢过什么样的生活，才能源源不断地获得内部催生出来的力量去完成目标。从小到大，哈佛、耶鲁、斯坦福、MIT 这些海外名校的名字就如同有天然的吸引力，让我非常渴望去看一看外面的世界，不光是旅游，而是能学习、生活一段时间，并且想试试自己在国外的教育体系下是否还能做得很好。

留学海外的生活可能不像准备高考那样紧张，但是我也必须认真对待每一场考试，因为都会记录在成绩单上并寄给美国的招生官；我还必须从各个维度来提升自己，不仅仅是考试成绩，还要有思想、特长、经历等，都要在申请的文章里展现出来。

第三步：强化目标，提高你对它的渴望

高二的暑假，我去了布朗大学的夏季学校课程。夏季学校课程结束之后

我去了波士顿、纽约和加州。18岁的我第一次踏上加州这片向往已久的土地，加州的天气真的像传说中的那么好：蓝天、白云、明亮的太阳。相比于8月湿热的江南，湾区的8月温度不高，偶尔吹来的风还有一些凉爽。

这是我第一次自己规划线路，自己买机票，自己游览。我逛了斯坦福、伯克利，身为一名理科生，这两所学校纯粹与浓厚的学术氛围深深吸引着我，又拥有邻近硅谷这得天独厚的条件，我在硅谷参观了世界级的科技公司。在旧金山，当以前照片里巍峨的金门大桥真实地出现在我眼前时，在金色的夕阳下，看着美丽的旧金山湾，我再一次告诉自己：我一定要来这里读书。

第四步：分解目标，采取行动

另外就是目标的分解。我回到学校后，便开始了最后一年的申请季：了解学校、写文书、准备SAT，还要最后考一次托福，一大堆的事情需要处理，有时也会缺乏动力，陷入焦虑。这时候我们需要将大目标分解成阶段性的小目标，细化到每天的任务，再一步一步向前迈进。

我自己常用的时间管理方法是Timeboxing，也是埃隆·马斯克在采访中提到过的一种时间管理方法。他会把一天分成一系列的5分钟来使用，为每个事务设置固定的完成时间。我一般会在睡前在纸上或者APP上记下第二天要做的任务，并注明任务时间。

我个人比较常用的就是手机自带的日历，你也可以用纸质的日历，把每天要上的课、要做的事情先放在日历中，然后你就能清楚地看到有哪些空白的时间，就可以去填满它。像课间10分钟，我也会好好利用，背背单词什么的，毕竟也是两个5分钟的时间呢！

一个关键点是，不要给任务分配太过充裕的时间，这会让人放慢节奏，效率低下。一开始时间预估可能不太准确，一天下来有那么一两个任务没有完成，但不要因此而陷入自责，应该回想一下自己的学习是被什么打断了？还是给某个任务的时间太少了？然后可以经过不断实践和调整来改善，从而提高时间管理能力。

第五步：给自己适当的奖励

适当的奖励可以增加你对目标的兴趣。每当完成一个小目标，可以适当地用自己非常喜欢的方式来奖励。当你习惯于把学习和具有内部动力的事情联系在一起，反反复复地这样做，那么学习本身就会变得越来越有趣。比如，我喜欢球鞋，我每完成一个学习目标就奖励自己一个礼品。这个奖励必须是你足够喜欢、足够有乐趣的，可以是一杯奶茶、一部电影、一顿大餐，甚至是一场自己喜欢的游戏。但你必须提前计划好奖励，并确保在完成目标之后才能享受奖励，这样你会更有动力，长此以往还会帮你建立一种内在的奖励机制。

我还清晰地记得伯克利出结果的那天下午，我打开电脑看到伯克利的邮件，顿时心跳达到200，忐忑地进入网站，看到第一句话：Congratulations! I am delighted to offer you admission to the University of California, Berkeley for fall 2015！我顿时跳了起来，这就是一种实现自己目标发自内心的喜悦和满足感，现在我终于可以去梦想中的伯克利校园了！

如何找到你真正喜欢的工作

除了学习，另外一件重要的事情就是找到自己具有内部动力的职业了。

在伯克利的生活是令人愉快的，也令人倍感压力，因为伯克利的学生都很聪明，留学生活充满了挑战性。其实我来到伯克利之前并没有完全决定好要读计算机专业。高中时期我只是凭着兴趣非常粗浅地学习过编程，并没有很正式、系统性地学习计算机知识，对这个行业了解也不多，这给我一开始在伯克利的学习带来了一些困难。

我们小时候几乎都会被问到一个问题：你长大后想做什么？我们的回答

也大多是一些特定的职业，比如工程师、警察、CEO、科学家等，也可能想去一些著名的公司工作，像微软、亚马逊、华为、国家电网……而当我们越长越大，我们却越难回答这个问题。有的人在十几岁就找到了答案，而有的人一辈子都没有找到。

但进入大学时我们必须选择一个专业，并为自己未来的职业做准备。如果你能找到一件你长期具有内部动力的事情，并把它作为职业，为自己的兴趣而工作，这可能是世界上最幸福的事情。

常听有的人说，只要钱到位，别说是996了，什么工作我都能干。可事实是，金钱也只能算是外部动力，我不否认如果钱足够多你会一直做这个工作，但这个过程想必并不会是愉悦的。真正伟大的人，绝不会是金钱的奴隶。我的偶像埃隆·马斯克就具有强大的内部动力，他梦想探索火星，想用太阳能满足地球能源需求，所以他创立了SpaceX、特斯拉、SolarCity以及其他很多小公司，为了自己的理想，他愿意每周工作长达120小时。另外，如果你读读乔布斯、比尔·盖茨等人的传记，他们也都是在10多岁的时候，就开始对他们未来做的事情着迷的。

我觉得美国大学非常好的一点是允许学生随意地更换专业：你在大一甚至大二的阶段可以随意选择各个专业的课程。我见过太多国内的大学生高中就是学习、复习、准备考试，结果高考一结束，要选专业了，这么多专业眼花缭乱，无法做出选择。更由于从小除了书本知识，很少接触外面的世界，去各行各业做志愿者或者实践的机会很少，哪怕爸妈把各自的朋友都找来和你聊天，七嘴八舌，有的说这个专业好，有的说这个行业发展快，这么短的时间内你完全想不清楚自己真的喜欢什么。

我们可能完全不知道商业课到底讲什么，什么是机械工程、土木工程、生物工程、化学工程，这些专业的区别都是什么。比如，有的同学数理化比较好，也不想读太理论的东西，就先定下来学工程，又因为数理化三科里面化学最好，就选了化学工程的专业，结果上学后发现，化学工程和化学关系其实不是很大。所以如果你没有真的上过这个专业的课，并不真正了解这个行业，这样做决定是很草率的。

而在国内一旦入学选定了专业，要再换专业的手续非常复杂，结果许多人进了大学才发现自己不喜欢这个专业，浑浑噩噩地过了四年，毕业之后也不知道自己的兴趣在哪里，随便找个工作，甚至完全不能学以致用，白白浪费了时间。所以我们最好从小就多阅读，多了解身边的世界，尝试培养多种兴趣和爱好，可以利用假期做志愿者和各种实践活动。你越早知道自己的兴趣爱好，找到自己最擅长的、最具内在驱动力的事情，就能越早获得快乐和成功。

伯克利对计算机课程的精心安排就让我更加充满兴趣。还记得我在伯克利的第一节计算机课是著名的CS61A，不得不说，作为美国计算机四大强校之一的伯克利（另外三所是卡内基梅隆大学、麻省理工学院和斯坦福大学），在课程的设计上是如此细致入微。作为入门课程充分照顾了不同程度的学生，从浅入深，同时充满了挑战性。

据说伯克利计算机系的教授在每个学期开学前都会一起开个会，逐一讨论每门课的大纲。由于计算机领域发展很快，如果发现有过时的内容就毫不留情地删除，有被广泛应用的新理论就会加进来，保证每节课的设置都做到学有所用、与时俱进。我就是从学习这门课程开始与计算机、编程结下了不解之缘。我意识到我愿意为了开发一个功能、调试bug而安安静静地坐在座位上几个小时，直到屏幕显示正确的输出结果。那一种油然而生的自豪感与喜悦感让我兴奋不已，我从编程中找到了学习的乐趣，做事情时特别专注。

在伯克利学习计算机还有另外一个很大的优势——邻近硅谷，这就意味着你可以近距离地接触到许多著名的科技公司。我清楚地记得，每一次校园招聘，只要你听说过的，不管是成熟的大企业，还是势头正盛的独角兽，只要你叫得出名字的公司，都会出现在校招的名单上。我参加了很多次校园招聘会和宣讲会，深深地被硅谷科技公司的企业文化所震撼，尤其是几家顶尖的科技巨头，它们拥有工程师驱动的文化，给予员工较大的自由和自主权，工作时间累了可以休息、玩游戏，饿了可以去吃免费餐。身处如此享乐的办公环境，员工并不会失去进取心，你会和一群极度聪明的大脑共事，劳逸结合反而会更激发他们的工作效率和创造力，很多杰出的产品都是员工在休闲时间萌发的灵感。

有了明确的内部动力和目标，我就有了要更早、更深地了解这个行业的渴望，接着我给自己制定了每一步切合实际的小目标。于是在大二刚开始我便积极参加各种校招找实习，那个时候尽管没有太多的经验，只知道在校招前几天就把每个感兴趣的公司做好调研，准备好问题、话题，但在校招现场，哪怕是面对周围大三、大四的学长学姐，甚至研究生的同学，我也尽自己最大的努力和招聘官攀谈，递上简历。

尽管大多数公司都是来招全职的岗位，就算有极少的实习岗位也都比较倾向于大三在读学生，看到简历是大二的就直接不考虑了。但是，依然有几家公司，尤其是有一些大公司给了我机会，并在校招结束后的几天发给了我面试的邀请。有些事情就是这样，哪怕希望渺茫，你自己也觉得"不行"或者"困难重重"，然而事实上，当你真正踏出第一步之后，为了自己的目标和渴望，你所谓的恐惧都会渐渐消散。所以勇敢一点，走出自己的舒适圈吧！

当我想要和学长学姐竞争实习名额时，势必要付出更多的努力来提升技术实力，做好更加充分的准备。于是我反复模拟练习，并配合科学的刷题。只有做好充分的准备，才能和面试官自信地交流，表现出一种气场，让面试官跟随你的思路，有所共鸣。

还记得有一次去了亚马逊的校园面试，校招地点是在学校的 Career Center 大楼。我在现场看到很多学长学姐，平时课上的他们个个胸有成竹的样子。面试的过程是先问问做过什么项目，对公司有什么了解，然后就给你出编码（coding）的题目，在白板上写程序。我还记得那天整个面试过程非常顺利，我好像一直都处于亢奋状态，持续好几个小时，感觉就是一晃而过。但是当全部面试结束，我从学校的 Career Center 走出来的时候，才觉得挺累的。

一周之后我成功拿到了亚马逊的实习邀请，在大二的暑假就能进入最好的公司，云计算领域最好的产品 AWS 实习，让我非常开心。这段实习经历的确让我收获颇多，因为能和一些业界大牛一起工作，了解他们的知识构成和观察他们的工作方式，这让我能在未来更有针对性地提升自己。

在亚马逊的实习经历让我更加笃定和渴望在互联网公司工作，于是我又有了争取提前一年毕业的小目标。我个人觉得，即使在伯克利这样的计算机牛校，学校里的计算机课程和真实职场中的情况还是有一些脱轨的：学校里的课程内容会比较理论化，但工作中会更要求你动手去解决一个个实际问题，还有一些所使用的业界流行的技术，在书本中也很难学到。所以在实习之后我为自己安排了非常忙碌的大三，马不停蹄地上完伯克利所有我感兴趣的、认为的核心的课程之后，我顺利毕业了。

毕业之后，我在努力工作的同时，也拥有了更多的时间去探索其他具有内部动力的新事物。我开始做自媒体，学会了拍摄、调灯光、剪视频，并分享一些关于中美文化、留学生活、科技方面的视频。我开始研究股票，对量化交易非常感兴趣，研究各种金融会计知识，结合我计算机编程能力创造各种策略模型。我还参加了国内《最强大脑》和《一站到底》这种竞技类节目，也做一些讲座、分享会等，这些对于我来说都是非常有意义的尝试和经历。

分享于我而言是一件能从内心感到快乐的事情，所以我毕业之后就开始做自媒体，发一些视频，虽然刚开始也没有什么人看，但我依然根据自己的兴趣，不断地用工作以外的时间制作视频，慢慢也有越来越多的人看到我的视频，当看到有人留言说，我马上要来美国留学了，这个视频非常有帮助，或者说看了我的求职视频，对他们求职面试的过程起到了一定的帮助等，这个时候我都觉得我非常开心。做自己喜欢做的事情，所有的这些事情都是那么让人兴奋，那么与众不同。

我有时会想，如果现在的我遇到 18 岁的我，我该如何给他关于未来的建议呢？我会对 18 岁的我说："去努力寻找自己，去做你当下最感兴趣的事情吧。"因为你做这件事情的内部动力，不是来自父母，不是某个看上去体面的工作，也不是某个很多人梦寐以求的公司，而来自你对这件事的兴趣和喜爱！

祝愿我们大家都可以找到属于自己的勇气，找到属于自己的目标。

22

挑战不可能：看到人生
不一样的风景

作者：冯陈俊一

美国西北大学　经济学、传媒学双专业本科

我现在是美国西北大学大二的一名经济系和广电传媒的双专业留学生，今年是我在美国留学的第六年。很荣幸在这本书里给大家分享一些个人的经历和关于学习的感悟。

我将分享我从美国TOP30名校一路逆袭至美国TOP10名校的经历，分享我在小语种学习过程中的收获，以及参加辩论赛给我带来的一些启发。希望我的经历可以鼓舞所有在生活中受到打击或者踌躇不前的同学。

我从一个比较自卑的男孩，逐渐变得不畏惧陌生人，并且参加了多次辩论赛，通过努力面试以及线下测试，成为《最强大脑》第八季的一员。在初中、高中阶段，我的成绩不算拔尖，但是居然在美国高考ACT考了离满分只差一分的好成绩——我曾经从未奢望过进入美国前十的大学，但我做到了。

我觉得通往成功的方法有很多种，并且我也很荣幸自己身边围绕着许多成功人士，他们优秀的习惯和经历潜移默化地影响着我。我把自己当作一个小小的"过来人"，将我收获到的经验分享给你，希望给你带来启发。

我是一个乐观的人，所以我想要邀请你愉悦地走进我的故事，也诚挚地希望我的故事能够对你的未来生活有一定积极的影响。

给自己创造机会，勇敢迈出第一步

我永远记得小学时候那个畏畏缩缩的自己。

如果班级里用体重来进行排名，那我必然是稳稳的第一名。在朋友们游戏时，我只能远远地站在班级的角落，用自己一条缝的眼睛注视着他们。我很羡慕，但也带着深深的自卑。我甚至不敢在大家面前跑步，直到得知体育中考的必修项目是跑步时，才鼓起勇气在大家面前奔跑起来。

影响我性格最深的一件事情，就是小学时候的一次竞选演讲。老师告诉我们，班级表现最好的几个人才能代表学校（当时我们年级就一个班）去市里进行演讲。我是个内心世界极为丰富的人，所以从小学开始就有着旺盛的表达欲，但也经常只是对着自己一个人演讲。我对着镜子跟自己聊天文地理，在洗澡时谈古今中外，坐在椅子上出神地幻想着电视剧的结尾，最后把自己当作某部电影的男主角，然后改变了整个故事情节，拯救了世界。

小学的我天真地认为，只要成绩优秀，我就能获得一切的资源。我想要努力获得高分，这好像成为我人生的唯一目标，我甚至觉得父母亲过新年的笑脸和平常对我的优待都来自我的成绩。而我也理所应当地觉得在学校里我不需要社交，只需要把握好我的成绩。我从来不会去竞选班里的任何职位，我甚至觉得我只要成为班级里安静的一员就可以了。

可是这次，我特别想去竞选。我总觉得我在这样的环境里蛰伏了太久，内心油然而生一种渴望舞台的感觉，但我却不敢说。

"周四的时候我们会进行竞选，请所有同学做好准备。"

我早就准备好了，并且我开始反复地练习我的稿子，甚至觉得为了这篇稿子我能够跳舞、能够喜笑颜开、能立马哭出来，就像一个敬业的演员一样。我拍了拍我的同桌，对他眨眨眼，好像在说"我能行"。

星期四到了，我早早地到了学校，甚至帮值日生扫了半个小时的地。老师也如约而至，可今天没有竞选。她在课前点了6个同学的名字，说这就是我校最终派出的名单。我的耳边响起了雷鸣般的掌声，而这掌声也很耳熟，是以往老师念成绩排名时，我时常获得的"荣誉时刻"。我想站起来问问老师，那个凭空消失的选拔流程在哪里，但我最终还是选择了沉默。那一刻，我心里一直有个很小的声音在不停地怂恿着我：

"你为什么不站起来问问老师呢？"

我不敢，我不行，我不够自信。如今的我，虽然已经在高中做过数次演讲，甚至几年前代表美国高中的国际部，到市政府淡定从容地进行演讲，但是每次想起小学时那次隐隐的放弃，都有一丝后悔。我多么想推自己一把，把自己从课桌推上讲台，把我对着自己反复排练的稿子都说出来，而这一切最后都化成了遗憾。

虽然我没有如愿参加演讲，但那一次的经历改变了我，让我的心态有了极大的变化。进入大学后，在一次社会心理学课上，老师说："人不同于其他生物的很多特点之一，就是我们会做很多未来的预想。"而我总是想象着当时如果我勇敢地举起手，勇敢地表现自己，那会是怎样的一个结局。

而现在已经过去十多年了，我会开始鼓励身边人抓住机会，并且不要轻言放弃。我们身边有太多人在默默努力，但是都会因为一个微小时刻的懈怠或者突然自卑而让自己做的很多事情前功尽弃。我告诉自己，未来的每一天都要紧紧抓住机会，如果有书读，那我要加倍努力；如果有演讲，我就要反复尝试。

相信大家都听说过"机会是给有准备的人的"。但是我们容易忽略的一点是，也不是所有有准备的人都一定会获得他们梦寐以求的机会，而我们想要的机会，不仅仅需要准备，也需要自己积极地进行创造。

与人沟通就是一个能够为自己创造机会的良好途径。

我很擅长承认自己的缺点并且面对自己的缺点。所以，当别人攻击我的外貌缺陷的时候，我会比较坦然地接受这一点，别人对我反而会友好很多。同样，当别人在批评你的时候，也许确实需要反省一下自己，并且做出及时调整，而你虚心接受的这一态度，会拉近你和许多人的距离。

我曾经有一段时间就像一只刺猬，对于很多人的评价我都无法接受，我会很野性粗鲁地进行反击，这让我的一些朋友开始疏远我，父母也开始对我的表现感到失望。回忆起曾经那段时间的经历，我把这一切归咎于自己的不成熟和所谓的自尊心。我发现，我太喜欢给自己一个很高的标准，很高的心态，但是我的能力和我的态度并不匹配，从而导致我的一系列不太正常的操作。

当人变得更加坦然、更加宽容，你所传递的能量别人是看得见的。所以在那一刻我开始改变自己，让自己微笑得更多，让自己传递给身边的人更多积极的力量和态度。

我学会了倾听，在好友或者陌生人阐述自己观点的时候，我会等他们说完之后再给出自己的一些观点和回应，我发现生活中说话的艺术不该是我曾想象的随时随地犹如辩论场上的唇枪舌剑，而是学会更加用心地倾听和学习身边的人身上的优点。

你可能渐渐觉得我说得无聊且废话连篇，但是请试想一下，你会愿意和一个经常表达"你这个观点一点都不对""我并不认为是这样""你错了"，每句话都要反驳你的"杠精"做朋友，还是和一个愿意耐心听你说完，然后说"挺好的，但是我觉得有个地方我们可以小小地讨论一下"的朋友相处呢？

我们创造机会的先决条件，是从自身的态度进行修正，然后，你会突然发现很多机会都在不知不觉中向你走来。

虚心问问总没有错

高一下学期，我匆忙选择留学，即将到一座基本没有中国人的城市——堪萨斯城。这座城市在美国甚至都不怎么闻名的中部州密苏里州。

在留学前，我一直都是英语课代表。而我一开始成为英语课代表只是因为我们英语课需要自己录音，把英语录进磁带里，老师需要一个比较壮的男孩帮着全班同学收磁带，所以阴错阳差地选择了我。高中的时候，我在一次英语比赛中拿了全市一等奖，所以对自己的英文能力还是有一点点自信的。

但是刚下飞机时我就蒙了。

飞往堪萨斯城的飞机需要在美国得克萨斯州的达拉斯机场转机。13小时飞机行程刚结束，我又饿又困，如今又要面对在机场中转一段可能出现的状况，我真的非常紧张且焦虑。

初中和高中学习的英语更多的像是哑巴英语，一下子把自己沉浸在全英文的环境里，我突然有点手足无措，拿出我的手机一个单词一个单词地查询。

我看到POPEYES（美国一家出名的炸鸡店），当时我完全不知道这个牌子，但是通过炸鸡的徽标才勉强认出来。当时还觉得身边每个美国人都很吓人，但我还是鼓起勇气对着点餐小哥颤颤巍巍地说了好多破碎的英语。

但是点餐小哥完全听不懂我在说什么，用手势让我在旁边站一会儿。

我着急地跺着脚，然后静下心来告诉自己："我需要去求助"。

我扫视了一圈，决定找不远处的另一个中国大叔求助。这位大叔出人意料地操着一口流利的英语帮我解围。那天我吃上了最香的炸鸡，因为在异国也感受到了温暖，同时我也告诉自己我要好好练习英语，以后也帮助其他需要帮助的人。

到达堪萨斯机场后，我美国的寄宿家庭来接我，他们叽里呱啦跟我说了一堆英语，我也尝试微笑着回复他们，但内心还是挺恐惧的。

我很难想象接下来要如何跟他们一起生活。我觉得我还是得打开自己的性格，变得诚实大方，如果我有遇到什么困难或者疑惑我就会及时反馈给他们。

而这一想法让我和他们的相处变得非常顺畅。

我看到好吃的薯片，马上就会问他们这是什么，他们会很热心地向我介绍家里琳琅满目的各种薯片；我的一些美国用语不地道，会很认真地问他们一些俚语，他们会很开心地介绍各种俚语在多种情境下的使用方式；对于文化差异，我会问他们一些历史背景下我们对对方所存在的刻板印象，他们会告诉我他们的感想，我们会共同交流感悟。

在美国高中的学习生活也是一样的。

当我听不太懂美国同学的英文时，我会很直接地让他们来解释我不太懂的单词或者知识点，而他们被我这种"打破砂锅问到底"的性格给折服了，都积极地回答了我的问题。

让我感触最深的可能就是和美国教授的对话了。

去年的时候，我就读的学校叫美国加州大学圣巴巴拉分校，是美国本科排名前30的一所学校。当时的我有幸上了一节宗教课大拿沃克教授的课。在美国的大学里，我们有个和教授直接对话的时间，叫"office hour"（办公时间）。这个时间一般是一周一次，一次两个小时左右，我们可以在这个时间范围内去教授的办公室和教授进行一对一的讨论。

当时上这节课的老师语速非常快，并且课上知识点很多。那段时间也是我大学第一年的第一学期，我课上不敢发言。所以我当时结合课前和课后的感受，整理了一大本笔记来到了和教授的一对一交谈时间。

尽管这门课有将近200个人上，但教授门前异常冷清，看来美国的学生并不像我们在国内高中时，一下课就一堆同学蜂拥而上去提问老师。当我带着一大本笔记本的问题走进教授办公室时，他叫我坐在他书桌对面的沙发上淡定地问问题。我真的照着我的题板，一下子问了十几个问题，不仅仅是关于课上对于宗教文化的探索，多宗教之间观念的异同，同时包括了如何申请博士生，如何有效地传递自己的思想给自己的学生，以及毕业论文怎么写之类与学术相关的问题。

我甚至还问及他教育的意义，博古通今的他深深地影响了我。而我问他："听了我一个多小时的问题不烦吗？"

他风趣地回答了一句："我不正在上班嘛。"

通过第一次和教授有趣的沟通，我发现我在这短短的一个小时内打开了自己学术兴趣的大门：我想要更踏实地学习，并且非常想要钻研好学术和成为一个像教授一样有影响力的人。

之后的每一次办公时间见到教授，都会成为一种我们之间的默契。我依旧带着我的小本本，他依旧继续打开他的话匣子。我不担心我的英文口音不地道，我敢说会描述，尽量把自己心里想表达的意思描述出来，不仅我的问题得到了解答，我的口语能力也提升了很多。

在大一时我决定转学，而美国的转学申请系统需要两位来自我当时所处大学的教授的推荐信，我的首要人选就是沃克教授。而通过他的积极帮助，我的转学也非常成功，我成功进入了美国本科前十的西北大学。

所以我鼓励你也多去问问身边的人，如果没有明白千万不要不懂装懂，只有让自己变得更加有学识，才不会轻易地被谣言所影响，做一个更加有原则、有能力做是非判断的人。

如何问，收获更多有效信息

人人都有一张嘴，有些人特别能说。有些人相反，不太敢说。

太多人纠结于问问题本身，怕问得太肤浅，别人会笑，抑或是问不到点子上，最后竹篮打水一场空，什么都没问到没学到。

对于问问题，我觉得大家可以汲取我上面问沃克教授的经验。

1. 用本子把问题记下来

在问教授或者同学前，或多或少把问题整理一下记下来。这比你不假思索一股脑地说出来很多问题更有效率。

你在整理问题的时候，会对自己整理的问题进行一定的逻辑排序，也会筛选出一些相对重复的例子。有时候你也会经历"其义自现"的过程，就是你灵光乍现，突然懂得问题的答案。

用本子记录方便直接做笔记。在问题的下方加上教授或者老师的回复，这样你只要留着本子就可以时不时地查阅当时的记录。再者就是"好记性不如烂笔头"，在你尝试书写回复时，你对老师回复的印象会更加深刻。

2. 有问题不要藏在心里

有些同学碍于面子，甚至觉得自己英语不好，不敢在外国教授面前问问题。我觉得这样的心态需要及时改正，因为无论在国内，还是国外，只要是学习，我都建议大家奉行"不懂就问"的这样一种心态。

一个问题如果问了没有理解，不妨再多问一次。因为如果你把你的疑惑和不解都留在心里，会非常消极地影响你的能力和心理状态。你不仅浪费了一次问你老师或者教授的时间，同时在考试时你也无法出色地回答出相应的问题，这不是一件挺不划算的事儿吗？

大一的时候我每周都会和哲学教授、宗教学教授、历史学教授、社会学教授、西班牙语教授、地理学教授聊天，跟他们聊天就是一个享受和自我提升的过程，你愿意聊什么他们就会跟你扯，当然你一开始的前面几次聊天可以问一些可能很幼稚的问题，比如我就直接问我的宗教学老师"你觉得你教的这些真的有意义吗""宗教到底是啥"之类的。他们都愿意跟我敞开心扉，同时你跟他们聊天的时候你的学术知识都会得到巩固。

3. 如果真的不敢踏出这一步，多听听总没错

有些时候一些大学课程非常火爆，教授的"办公时间"人非常多。之前的我一般都是不耐烦地刷刷手机，觉得别人的问题绝对不如我那么深刻，再者就是别人的问题都是我理解的，没必要浪费时间听他们的。

但是我发现，毕竟都在同一所学校，大家的水平确实没有很大的落差。当我真的用心听我同学问的一些问题，发现他们有时候问的问题跟我想问的并没有什么异同，有些问题甚至是我之前从未想过的但是又很重要的知识点。这种方式事半功倍。

有些同学不敢踏出自己的舒适圈，一直不敢问老师问题，那我觉得你需要去做的第一步就是去听一听同学们在问什么，潜移默化间，你对这门课的理解也会不断加深。

4. 巧妙解除和老师之间的尴尬

有些人觉得和老师或者教授聊天就是尴尬地聊天，也不知道除了问与学科相关的问题之外还能问其他什么问题。

这时候有个好方法，并且我屡试不爽的绝招就是和教授聊他们的著作或者学术成就。

在"办公时间"前可以上网搜索一下你的教授的一些著作，以及整个学科部门的学术成就。每个教授的生活都很精彩，如果要成为一个成功的沟通者，请把你的教授的一些经历了解清楚，比如我就会和我的社会学教授聊她关于"历史上的折磨"的著作（"折磨"是社会学研究的一大领域），跟地理老师聊她做的 3D 地球模型啥的，如果懒得看他们的著作，那就随便问问他们的书名和研究，问问为什么他们这么写就好了。

而这套方法也可以合理运用在我们的生活之中，在我们和朋友聊天时，我们不能搪塞太多和他们的对话。换言之，就是用心倾听他们的生活，并且做出机智的反馈。

比如，我们在和朋友交流时，我们可以互相打趣延续之前聊过的话题，比如"欸，你上次去的演唱会感觉如何？""昨天朋友圈看你考过了教师资格证，恭喜啊！""最近看你刚谈了个恋爱，老幸福啦！"之类的，能够拉近你和朋友的距离，并且让朋友知道你也在关心他或者她的生活。

关于问问题，没有什么羞不羞耻的，只有敢和不敢的区别。我们算一笔账吧，如果你和教授问问题的这一个小时让你受益匪浅，抵过了你三到五个小时的复习效率，那我们何乐而不为呢！

23

"语言天才"是如何养成的

作者：冯陈俊一

美国西北大学 经济学、传媒学双专业本科

我不是"天才"

天才都是非常罕见的，之所以你看到身边人的优秀，是因为他们大部分人都比较努力。

我参加过《最强大脑》第八季。还记得在开场时刻，可谓"神仙打架"。当时我们是由导演点名出场的，有些选手来自高智商俱乐部，有些选手是高考状元，有些选手是各类竞赛金牌获得者。

在我的眼中，他们也是遥不可及的天才，正好节目需要一些对照组，所以我成功地入围了。但是我在和他们的交流过程中，发现他们不是那种毫不接地气的人。他们会耐心地听我问问题，耐心地解答我对于"天才"方面的疑问，分享如何掌握学习方法。

除了大家可能都觉得智商上的差异外，更多人凭借的是努力。

有一个朋友告诉我，他的学习方法是举一反三法。

相信大家对这个方法已经耳熟能详了，甚至很多人觉得这个方法已经听烦了，也许曾经试用了，也没有什么成效。但是我想告诉真正想要钻研这一方法的各位，"举一反三"的重点，是如何思考自己能够"反"出的三个点。

举个例子，我特别喜欢阅读，并且喜欢摘抄。曾经的我喜欢花大量的时间摘抄各式各样的好词好句，觉得自己能够背下来用在作文里。但是每次当我决定引经据典的时候，我会发现我的逻辑和背诵的内容是错误的。我的脑子太小了，没有办法把我看到的全部详尽地背诵下来，自然无法做到"下笔如有神"。

在阅读完大量的范文后，我总结出了以下三类方法来帮助想要提升写作能力的朋友们：

举一反三（1）：归类

在读一个句子时，需要情感代入来理解句子的意思。比如，"我很好"这三个简单的字，从字面上来看，很多人保证觉得作者的心态是很好的，或者极为积极的。

那如果我们把背景一起结合起来，可能会发现作者是在面临一系列悲剧后，对着自己打气说"我很好"。这个时候，这三个字就很好地浓缩了作者的情感，以及作者经历悲痛事件后的一种坚强和乐观。

我们就可以稍微把这三个字的情景记录在摘抄本上，未来如果我们要描写我们自身经历，或者朋友经历万般困难后的一种乐观心态，我们也可以引用一下作者的这一方法。比如，在经历重重学术压力后，我面对着眼前仍然浩如烟海的任务，我想起了×××（作者的名字）在经历一系列挑战之后仍然对自己鼓起信心说的那句"我很好"。

对于其他类型的内容，我们可以适当把句子分类成知识类、性格转变类、积极阳光类等各种我们自身可以理解的类别，这样我们可以在需要的时候，很好地引用这些句子了。

举一反三（2）：反得有效率

在举一反三里，我们要如何反馈得有效呢？我的建议是多练习和给专业人士反馈。

在反思和反馈之前，需要进行练习。如果是写作，需要的练习就是思考这个句子可以变相出现在很多情景里。而关于理科方面的学习，我有位学霸朋友的建议是时刻谨记这个公式，记得非常牢靠，形成条件反射般的记忆，在题目出现的时候，能够马上回想出来需要使用这方面的知识。

什么叫找专业人士反馈呢？

关于作文和文科方面的疑惑，更多的就是去咨询老师以及权威人士。

比如，引用一个故事、一句名言后，问问老师，让老师从专业的角度来看是否用在了对的地方。因为我们在写文章的时候是非常主观的，容易忽略了一些旁观者独特的视角。而当老师指出错误时，我们可以很高效率地及时解决问题，并且找到正确的方向，这样我们的努力都会有回报。

在问理科问题的时候，也可以通过向老师咨询某些公式的考试套路，来获得一些有效的答题技巧。

四个方法学好英语

我的母语是中文，但我系统性地学习英语是在初中。高中时期，我才开始学习西班牙语，在大一的时候，已经完成了西班牙语课的四个 level（层次）的内容。进入大学，我们要求的是完成 6 个层次的西班牙语学习，我不仅顺利完成，还取得了 A 的好成绩。所以，对于语言学习方面，我有一些小小的感悟来与你分享。

还记得我上面提及的我在小学用英文磁带的事儿吗？当时成为英语课代表，完全就是因为身强力壮，而我每次的英语录音，都会被老师批判——我的口音土、发音不标准、内容表达总是不行。

我觉得"力不从心"是我那时最好的形容词了。因为我不知道这些单词啊，我从来没学过英语，没有课外知识，并且小时候的自己想要上进，但是见到这么多单词我仍然哑口无言不知从何下手。

后面开始上补习班后，我陆续记了一些单词，觉得逼自己一把后好像能力确实进步了很多。

第一次参加了英文演讲比赛，即兴抽到了题目——"请你介绍一个你去的地方"。

我想说的是我去过马来西亚一次，但是我不知道马来西亚用英文怎么说，所以我说"麻拉西亚"，说完后我自己都脸红了，台下的评委也在各种大笑。

每次回想那一刻，我总觉得如果我自己在比赛前尝试多准备几份稿子，或者提前练习了许多遍自己的英文内容，或多或少能够补救我在台上的尴尬情况。这样我觉得提前准备，意义非常之大。

"有备无患"这个成语不是没有道理的。

所以，在我意识到只有拥有实力，才能在舞台上绽放光彩时，我决定花额外的时间机械性地学习英语和练习口语。我对自己拥有十足的信心，而这份自信不是对我英文能力的百分之百的肯定，而是对我自己合理分配学习时间、翻烂的英文词典所应该有的态度。我对得起我的付出，所以我应该更加坦然地面对我接下来的选择。

很多人担心自己的英文不够好，不敢跟家人朋友开口，更别提外国人了。面对外教，大家一般都很慌张。我发现普遍的原因是大家觉得自己的口音可能会让自己感到尴尬，并且还觉得身边人可能会嘲笑他们口音不纯正。

事实上，英语也只是一门语言而已，就像普通话，我们有各个地方的方言，也不是所有人都会普通话，就算会普通话，有口音也是很正常的。如果你想要提升自己的英语能力，我有接下来几个小方法：

（1）录给自己听

把自己说的话录下来给自己听，这个是我一开始尝试并且强烈建议大家使用的好方法。

我们自己所听的声音和别人听到我们的声音是有一定差别的，就像我总会美化镜子里的自己一样。把你自己想要尝试说的一段话或者即兴练习的一段话录下来，你重新听自己声音的时候会有不一样的感悟的。

比如说，你自己感觉可能没有什么停顿，或者表达时极为流畅和准确。可是在你回放录音的时候，你的一些小纰漏就会越发明显，这样就会清楚直接地找到问题所在。

除此之外，自己听自己的录音极大地解决了因为自卑和害羞失去提升英文能力的问题。通过和自己对话，反复练习口语，你的进步将更为显著有效。

（2）多张口，勇敢去说

真的不需要太担心别人的嘲笑或者所谓的审判，因为你张口的那一瞬间，你已经很勇敢了。你需要坚信的是语言，是一个需要积累的过程，如果你不开口，如果你不经历一个初学者的瞬间，你是永远无法得到有效进步的。

我们的母语不是英语，我们也需要一个逐渐纠正自己并变得更好的过程。只有开口去说，将自己的毛病越来越多地暴露出来，我们才能及时改正。当然，多说便能够熟能生巧，得到能力的提升。

在说的时候要奔着我们是为了进步和向前的心态来说，这样心理负担会越来越小。

（3）把握机会

有一些大学课程、高中课程甚至小学课程都涵盖了外教课。

外教课就是一个很好的使用外部资源来提升自己能力的机会。现在一门一对一的外教课多贵啊，在一个班级里，保证还是有挺多学生不愿意开口说的。而这时候的你，可以好好把握这宝贵的一节课时间，多举手发言，多听多问，你便会受益匪浅。

外教的一个特点就是他们很有耐心，他们愿意为你解释很多问题，比如我初中时听外教说 Christmas（圣诞节），我完全不知道这是什么词。但是我还是厚着脸皮请求外教解释一下，出乎意料的是，那个美国外教竟然一个字母一个字母地拼出来解释这是什么。对于我来说，这节课就像是我省下了600 甚至 800 元一个小时的英语口语课，我学会了很多。

（4）如何跟着美剧、英剧学英语？

很多人都会说看美剧、英剧对学英语有用，但也不知道看什么。

我有两个非常小的建议。

第一点，请选择感兴趣的美剧。

尽管《生活大爆炸》是一部很经典的美剧，很多人都对此有很高的赞誉，但不是每个人都适合看的，因为这部剧有很多的生涩词汇和文化背景知识，如果词汇量比较薄弱，你需要花大量的时间去理解，严重影响了观感。如果喜欢轻松幽默的，可以去电视剧网站看看评分比较高的情景喜剧；如果喜欢惊险刺激的，可以去搜索一些评分较高的恐怖或者动作电影；如果想要多试试英文入门，可以去搜索一些卡通片，因为卡通片的形象比较容易理解。

第二点，更高层次地使用美剧来学习。

很早以前我有一位很敬重的英文老师，他同时是英语字幕组的成员。他告诉我，看感兴趣的美剧或者英剧很关键，但是合理地运用这些剧作来提升自己的能力也是一门好学问。他说，一般这些英语剧可以看三遍。

第一遍，可以看看字幕，把生僻词、好用的用法记下来，并且大概理解整篇故事或者电视剧的意思。因为直接不看字幕的话，有时候会有点云里雾里的，如果故事都搞不懂，自己对于整部剧的兴趣会直线下降。

第二遍，可以将一张纸折起来挡住字幕。你可以用你的耳朵仔细地听，用眼睛看画面。毕竟我们已经有了第一遍的理解了，在我们看第二遍时，会相对容易很多。这个时候，我们需要找到的是我们仍然觉得陌生的单词（可能因为第一遍的时候没有记牢），然后再次巩固一下。

第三遍的时候我们可以照样用纸遮住，但这一遍我们可以尝试复述。听一句话我们可以尝试复述一句话，看完一段话我们可以尝试总结一段话，看完一整部剧我们可以尝试用英文把一些比较精彩的点分享给我们的好友。

美式辩论赛的收获

我一直对中文辩论颇有兴趣，一度我也对说服别人更有兴趣。

我享受辩论的感觉，所以在来到美国高中后，我就选择了加入学校的辩论队。通过选拔后，成为美国高中代表队的一个成员。当时辩论的类型叫作"林肯道格拉斯"辩论。

这种辩论类型是一对一的竞技类型的辩论，也是一种很经典的价值辩论方式，其辩论重点是逻辑、道德观和哲学。我是条热爱个人竞技的独狼，在我刚接触美式辩论的时候，老师就发给了我们几百页的材料让我们自己准备。

举个例子，我当时面对的第一道辩论题目是"美国的公立学院和大学不应该限制任何受宪法保护的言论"，我花了好几天和同学、老师一起解构题目，花了三天查阅各种资料，从各种词典里找定义，再到后来赛前的多场模拟辩论。

通过美式辩论赛，我的阅读能力提升了，因为我们需要在短期内浏览大量的历史资料。写作能力也逐渐提高，因为我们在一对一辩论比赛中，需要即兴地演讲好几分钟的稿子，而这些稿子都需要我现场根据对手的表现和回应来整理完成。

如果在国内，我们怎么进行"美式辩论"呢？其实这样的方式和方法也可以同样应用在不同的场景中。

（1）找个兴趣相投的好朋友

你可以找现实生活中一起学习英语的小伙伴，或者英语课上你认识的同学。因为你们互相之间学习的内容和进程都相似，对于课程内容的掌握你们会有事半功倍的成效。

我还记得初中的时候记单词对我来说特别困难，但是我总是能在身边找到一群同样想要好好记下单词的人，我们每天都会凑在一起互相考查对方单词本里的内容。久而久之，背单词、抽查单词和整理单词成为我们的一种习惯。当学习成为一种自然的兴趣爱好，你会发现一瞬间根本不累了！

（2）翻译辩论题目

如果你无法获取美式辩论的题目，那有一种更为简单的办法：翻译中文辩论的题目。其实美式辩论的很多题目要么就是在道德上作判断，要么就在政策上作判断，但是在国内的《奇葩说》《国际大专辩论赛》以及诸多其他辩论赛上有很多精彩至极的辩题，比如"温饱不是谈道德的必要条件"，或者

"在厕所隔间听到同事说我坏话，要 / 不要大方走出来"，这些辩题生动、有趣，也发人深思。把它们翻译出来可能也不太需要特别多的时间，但是你会在翻译的过程中逐渐掌握英语的语感，包括介词的搭配、生僻词的使用，等等。同时，在你整理有趣辩题的时候，你的思路也会逐渐被打开。比如，在看到"温饱"这两个字的时候，我不仅会尝试从文献中找出精准的翻译，同时会从多个角度来看看与"温饱"这两个字相随的政策和相关信息。

《奇葩说》的很多辩题都打开了我很大的思路。比如刚刚举例的"在厕所听到坏话"，还有什么"网恋遇到'照骗'"之类的生动有趣的辩题，这些是我们常规辩论里比较缺少的。通过翻译这些类型的题目，你也可以和自己的小伙伴进行挺多良性的互动，增加趣味性，让辩论不再无聊。

（3）列出辩论观点

现在是整理观点的时候了！

通过以上两个步骤，你不仅找到了队友，也选好了辩题，奠定了辩论的两大要素。接下来就是进行观点的总结。我一般会拿来一张纸，在纸的中间画一条竖线，在左半边和右半边分别写出自己的正、反方观点。

对于英文的初学者，可以通过几个关键词来罗列出自己的思想，比如"在厕所隔间听到同事说我坏话，要 / 不要大方走出来"这个辩题，如果我要写的是"要"，我想要表达的是"我听到了我会很生气"，我就会写一个"mad"（生气）作为我的关键词。如果我想要说的是"不要"，因为"我不可能上厕所上一半就出来，这样太不方便了"，我可能就会写一个"inconvenience"（不方便）来当作我的关键词。

可以通过关键词的方式来打开思路，因为你写下的就是最基础的词汇，也不需要去顾及语法。在你的不断练习中，你会逐渐写出完整的论据来支持你的观点，所以我建议你从一开始写关键词的时候在正、反双方都写出至少三个关键词。

如果你实在想不出来，我个人建议你可以从三个层面拓宽你的思路："个人""他人""社会"。

"个人"就是从你自己的角度来说，这个辩题对于你有什么切身的感受，你觉得影响大吗，你喜欢这个政策吗？

"他人"指的就是这个辩题对你身边的人而言有怎么样的影响。

"社会"指的是这个辩题如果拓宽到社会的广度会有多大的影响力。比如，这个政策会给社会带来价值吗？

其实当你拓展思路的时候，也是一种自己价值观形成的过程，同时你也会根据辩题查阅更多的资料来拓展自己的知识面。

（4）尝试说出来

你已经提炼出来了诸多观点甚至论据，这个时候你将对自己的总结能力做出小小的考验。尝试在3分钟之内把自己之前整理的内容说出来。

我们在练习英语的时候经常会有一种误区，就是总是脑子里想得很舒畅，但是说出来却总有些小问题。但是不用担心，通过反复的练习，我们一定有机会能够攻破这样的难关的。

这个时候，我会拉来第一个方法中我们要求找到的小伙伴，跟他（他们）一起来进行练习。大家一定都会面临英文卡壳的问题，但是当我们一同面对相似的辩题，当我们的观点进行碰撞，其趣味性会胜过辩题的困难，也会胜过口语表达的困难。

只要反复练习上面的四个步骤，你的英语能力总会突飞猛进。语言只需要反复练习和积累就能获得进步，你要相信你的努力一定能够让你达到想要的彼岸。

以上这个简单的辩论例子，对我的英文能力提升有很重大的帮助，相信你也会找到你感兴趣的一个领域，并且它对你的能力提升有显著影响！

用乐观的心态面对挑战

我觉得每个人的人生里将会面临不同的挑战。社会心理学课告诉我，我们经常为自己设定一个非常大的目标，比如当大老板，腰缠万贯；又如当大歌星，在大舞台上让很多人看到；或者拿到博士学位，然后用知识来改进技术的局限性。这些都是非常好的目标，但是如何让它们成为现实呢？我们需要把很多大事或大目标化成一个又一个可行的小目标。

比如，我们想要考上一所美国的顶尖名校，对于一个高一的新生，我的建议就是把高中的三年分成几个关键时段，每个时间段都有相应的重点。如高一的前半年专注于学术考试，托福、雅思等，同时又可以把准备托福、雅思的时间分散到具体的某几天学哪些内容。比如周一到周三背诵单词，周四到周末做听力、口语阅读、写作等相应的练习。当我们把任务大致规划出来，我们的效率就会相对提高，当你开始慢慢完成表格里的任务时，会有一种更强的幸福感和成就感。

当我们把生活中即将来临的一个个任务当作一次次挑战时，我们的斗志会愈加昂扬。当我们攻克完每一个小任务，就会增添一份信心。

疫情来临前，对于我来说最大的一个挑战就是决定要转学。我当时就读的学校是美国加州大学圣巴巴拉分校，是 US News 美国本科排名和纽约大学并列第 30 的学校。加州的阳光很耀眼，而我们学校拥有自己的一大片沙滩和海岸。每当学生累了，大家就骑着单车去学校的沙滩看看海，烦恼忧愁就消失了。但当时的我内心还是有一团火在烧，所以悄悄地开始准备转学。

美国本科的转学流程和大学申请无异，就是需要重新提交文书给不同的要申请的学校，各类成绩单、教授和领导推荐信、活动简介等资料。因为我全程都是自己操办，每个要申请的学校官网上的信息都已经如数家珍，甚至对许多申请项目烂熟于心。所以在我开始准备申请转学的时候，列了一个计划表，详细告诉了自己哪个阶段应该做哪些事情。所以在当时可能许多申请者都面临着准备匆忙的问题，我却有条不紊。并且在疫情来临前我已经找好教授帮我写好推荐信并发到我的目标申请学校了，我为自己的时间管理能力感到欣慰。

最终等待录取结果，我等待了三个月，就拿到了美国西北大学、杜克大学、范德堡大学、埃默里大学、密歇根安娜堡等大学的录取通知书。西北大学是我的梦校，是美国 US News 本科排名第 9 的大学，其本科留学生录取率低于 1%，而我却成功入校了，这跟我的努力和规划是分不开的。

以上是我真心地想要分享给各位的一些小拙见和小方法，希望你可以通过学习这些小技巧成为一个更加优秀的人！

24

高效的预习＋合适的方式＝
高效的学习

作者：麦家宇

斯坦福大学　管理科学与工程专业

我就读于斯坦福大学的管理科学与工程专业，与国内的"运筹学"专业比较接近，是一门应用数学学科，即利用统计学、数学模型和资料科学等方法，去寻找复杂问题中的最佳或近似最佳的解答。在接下来的三章中，我想分享我对学习的观念、方法、思路和心态，希望能够帮助你找寻到属于自己的解题思路——无论是在学习上，还是工作上。

首先，请允许我直白地说一句大实话：这个世界上绝大多数人不适合高等教育的学习，也不是所有人都需要高等教育。

我并不是说绝大多数人是"蠢蛋"，在智力上无法接受高等教育的学习。实际上，如果你能够学会使用一些 UI 一般、信息量爆满，但访问量却很高的网站（比如，学校的选课系统、新浪微博网页版、国家部门的官网等），或者你可以有效地辨别社交软件上的机器账号或者深度的钓鱼用户，那么恭喜你，你的学习能力已经是平均分之上，超越普罗大众了。

我这里所说的"不适合学习"，是指"在没有掌握直立行走和熟练使用四肢的前提下，去做跳高、跳远，甚至游泳、体操之类的复杂性运动"的不适合。

学习这一行为对于我们而言，其实和跑步有一定的相似。我们绝大多数人都读过书，也都会跑步，但越是往后读，学习的难度也就越大，而越要跑出名次，在"市—省—国"的选拔中脱颖而出，难度也越大。在这种阶段，越是要往上跑，一个奔跑者所需要的就不仅仅是知道怎么迈开双腿，还需要接受大量系统性的肌肉和呼吸训练，付出常人无法想象的努力，以及一些体育运动上的天赋。这些事情是绝大多数普通人所不具有的，所以我们才会觉得"不是所有人都能够去参加跑步比赛"。

同样的逻辑，不是所有人都适合高等教育，因为并不是所有人都掌握了正确学习的方法，接受过"正确的训练"，以及有适量的"天赋"。

如果刚刚这段话让你有点不舒服，那我很抱歉，但是恭喜你，又了解了一个真相——虽然它有点残酷。

不过，好在学习毕竟不是跑步，相比起来，学习的失败成本更低，而且你也一定不需要做到清华、北大第一名才算是成功（相比起来，运动员的世界更残酷，一将功成万骨枯）。在高等教育之外，在考试成绩之外，在追求学分之外，单纯的求知和日常对生活经验的吸收也是学习的一部分。无论在看这本书的你目前处在什么样的一个位置，抱着什么样的目的，我虽然不能担保我分享的经验能够解答你的所有问题，但我希望，我对学习的观点能够让你产生一定的共鸣，进而激发你自己的思考。

在一个理想的世界中，我认为教育模式的最优解在于让每一个学者都可以全身心地跟随自己的兴趣和求知欲，去自主探索，去阅读，去和老师、同学交流，分享自己的意见和理解，去努力地思考，去获取精神的食粮，哪怕最后并没有获得传统意义上的"好成绩"。不过，我们并不生活在这样的理想世界内，为了各种各样现实的问题，我们所有人中的绝大多数，无论在怎样的学校，都会有意识或无意识地去追随更好的成绩，因为这是可以被量化的少数标准之一。既然有这样的需求存在，我将在本书中和大家分享目前我所总结出来的三大成功要点：

1. 高效的预习＋合适的方法；
2. 与合适的人一起学习；
3. 提前规划。

无论有什么学习目的，我认为这三点都可以有效地帮助求知者攀登自己

"学习的山峰"。

当然，我并不认为这三个要点就是直达山顶的电梯，因为每个人的成长环境不同，接受教育的背景不同，这个世界上不存在一个通用的方法。真正可以导向成功的，是求知者在攀登山峰时所积累下的，且被系统化吸收了的经验，这个经验一定是差异化的。也是因为如此，我会在这一部分讲述我的背景，我所经历的挫折，以及我是怎么从中吸取失败的经验，构建起自己的方法论的经历。

希望我的方法和经验，可以成为你的参考案例，构建自己的"屠龙宝典"。

如何高效预习

上小学的时候，语文老师总是会在上每一节课之前让我们预习，阅读明天要讲的课文。那时的我，仗着自己比较聪明，总是会"翘掉"这种作业。反正老师从来不抽查，只要上课好好听，笔记好好做，一节课的时间足以把内容消化完。家里人问起来，我也是一句"读了呀，做完了"就糊弄过去了。

我所谓的"聪明"，其实只是基础教育接受得好，整体基础完善、扎实，所以吸收新鲜知识的速度快，但这并不能成为我拒绝预习的理由。

现在看来，我认为这是对自己毫不负责的行为。

上初中和高中时，我并没有考到市里最好的学校，但好在我就读中学老师的教学水平仍然十分高，无论文理科目，老师们总是能将知识以一种高度凝练却信息量丰富的方式传授给我，确保我在最短的时间内掌握最精华的那一部分，快速提高成绩。

这种方法对于提高分数来说算得上卓有成效。初一、初二时，全年级有600人左右，我的成绩在倒数100名以内。但初三之后，我有了一些危机感，通过努力，把成绩拉回了前50的水平。

从本质上来看，老师们的这种做法其实是帮助我跳过了"清理知识—厘清脉络—构建联系"这几块对知识"剥皮"的重要步骤，直接将晶莹的果肉送进了我嘴里。

从应试的角度来看，这种做法能够最快地帮助学生掌握知识，高效解题，赢得高分。实际上，市面上绝大多数的补习机构的运行逻辑，就在于补习者用金钱向补习机构换取整理好的知识脉络，换句话说，就是用金钱去买效率和时间。

用计算机的术语来说，补习机构其实是一个"黑盒"——消费者只需要将金钱投入这个盒子，盒子就会吐出来"整理好的知识"。至于这个盒子是怎么将知识整理好并且呈现给消费者的，消费者并不需要太过于关注。

在高考前的教育阶段，我认为合理利用补习机构，减少自己总结知识的时间成本，根据自身的需求（筑基、拔高、拔尖等）进行学习方法调整，是很高效的。但是，如果没有合适的培训班呢？

所以在接下来的部分，我想聊一聊我是怎么调整到"没有补习班"的学习模式，怎样构建自己的"黑盒"，搭建我自己的知识体系，以及在这一过程中，我对学习的意义、态度和方法的思考。

虽然在这一部分，我会主要围绕我的大学生活而展开，但我提到的一些概念和方法，同样适用于小学、初中、高中阶段的学习，甚至也可以用于自学。

2019 年 9 月，我踏入了斯坦福大学的校园，成为当年 2000 名本科学生中的一员。当时的我很激动，满脑子都是"第一学期要上什么课""要读什么专业""要不要学 CS（毕竟在硅谷旁边）"之类的云云。最后，我选择了"管理科学与工程"，一门应用数学的学科。

大一第一学期开始后，我选择了 4 门课：Japanlng 1、Math 51、CS106A以及一门宿舍的团建课。

Japanlng 1 就是"日语 1"；Math 51 是数学课，把多元微积分和基础线性代数结合在一起；CS106A 是斯坦福计算机系的招牌课，也是这个学校绝大多数人都上过的第一门代码课，大多数斯坦福的学生都对这节课表示了称赞，说是他们"开始学习计算机的启发性课程"。

满怀期待的我走进了课堂。在最开始的三个星期里，绝大多数的时间我都是和几个小伙伴一起有说有笑地写 pset、上课。但随着时间的推移，第一次期中考试到来时，我发现自己压力不断地变大，而且渐渐跟不上课程的节奏了。

冷静下来，经过反思，我意识到，在所有我正在上的课程中，我都没有很好地构筑一个知识体系，没有将每门课的知识点串联起来，厘清知识通路。为什么呢？因为在以往的学习中，我都是通过补习班的资料完成的，我根本不需要自己去梳理知识的脉络。所以，在更加需要自学能力的大学生涯中，我掉队了。

我虽然意识到了问题，但出于各种原因，我一开始并没有很好地找到解决问题的方法。所以，当时的成绩确实不太好。到我真正停下来进行复盘的时候，已经是大一学年结束的暑假了。

虽然大学第一年，我的成绩一般般，但我很感谢这一段经历，因为作为"失败"的一年，我认识到了自己的学习模式、学习习惯，以及认知误区在哪里。正是因为我认清了自己的这些问题，我后来才能够对症下药，改变不好的学习习惯，并以此为基点撬动了好成绩的到来——大二的我在更难的文、理和语言课上都拿了A+，GPA 也从 3.77 提升到了 3.93。

我是怎样改变学习模式，提高成绩的呢？

按照课程类型来拆解，大一第一学期我上了三种课：语言课、数学课、编程课，而其中，Math 51 这门数学课是让我最焦虑的一门课，所以我就以此作为案例吧。

在上大学之前，我虽然学过微积分，但并没有任何的线性代数基础。所以当我第一次接触向量和矩阵的时候，我并不是很能理解基于它们的一些数学表示和运算。这种感觉，可能就像是一个人第一次看见微积分符号时那样，太陌生了。尤其是，当你还需要在 1—2 天就扎实地吸收好这些陌生的知识，并运用到计算里，难度非常大。

在复盘时我发现，我关于 Math 51 的所有学习问题，都是因为这一基础没有打通透。所有学科的知识，都是一环扣一环的，当你对某个知识缺乏理解，这个"不懂的知识"就会慢慢滚雪球：最初是从无法快速理解"Ax=b"所表达的方程组；到后面无法理解"线性变换"的几何和代数意义；接下来，听不懂"谱定理"；最后，俨然进入了"我知道怎么算，但我不理解这东西，题目稍微扭个弯、变个形，我就不会做了"的窘境。

至于为什么会在数学课上进入这样的消极循环，我总结之后，发现自己陷入了两个误区：第一个误区是预习性作业没有认真做；第二个误区是我阅读教材的方法不对。

发现了问题所在，接下来，就各个击破。

重视预习性作业

首先，与初、高中时期的数学课不太一样，进入大学之后，数学课的作业出现了"阅读教科书第 ××× 页至第 ××× 页"这类要求。起初的我仍然保持着以前的学习习惯，觉得这类预习性质的作业是可以偷懒"翘掉"的，只要上课认真听、做笔记，我仍然可以很好地解决问题。

但事实告诉我，只通过上课认真听并且做笔记，一次性地学完一个知识点，是不现实的事情。大学的数学和初、高中不太一样的点在于，它出现了很多我没见过的符号和书写方式。这些没见过的东西，导致数学公式长成了我看不懂的样子，减少了第一次和它们相遇，就可以通透理解的可能性。

其次，正因为我看不懂这些符号所代表的意义，我就只能对公式死记硬背。

你可能会有疑问："不理解还不能套公式吗？"

不，并不能。至少这并不是长久的解决办法。也许在初、高中的内容还允许我利用记忆力去蒙混过关，但当数学开始严谨化、规范化、逻辑化、复杂化，死记硬背的这种笨办法就不再适用了。正是因为我没有在上课之前提前预习，在上课期间，老师讲解公式的推导过程时，我无法将注意力集中在理解这些精华的知识点上，我需要用大量的精力去理解老师随手写下的符号代表着什么意思。最后的结果显而易见，我的数学成绩并不理想。

怎么补救呢？

我趁着大一结束的暑假，重新把 Math 51 的教材读了一遍。这本教材是由我们学院的老师编写的，可以说十分优秀，将数学公式和概念讲解得透彻而严谨，在描述如何应用时，也懂得"说人话"，把冰冷的公式讲得活灵活现。以前我认为难以理解的内容，这本教材用几个简单的自然段，就描述得明明白白，非常容易理解。

在研究完教材后的当天，我便后悔自己彼时为什么不好好地做课前阅读，也理解到了，当一个人不断攀爬学习的阶梯时，越是到后期，课上认真听课便越无法完全替代课前阅读。此外，课前的预习并不是为了在上课前就了解、掌握知识点，而是为了在听课的途中再学一遍，强化对知识的印象，确认自己对知识是否正确理解了，并借机询问预习时不理解的内容。

当课程的难度越大，预习能够带来的好处就越大，我们也更应该重视。这个方法，对于所有阶段的学生都同样适用。

将"文科方法"介入"理科学习"

我从小热爱文科，喜欢阅读各类小说，对理科类书籍不是很感兴趣。但在这次重新阅读 Math 51 教科书时，我颠覆了以往对自己的认知——我发现自己其实很喜欢阅读理科类的书。

虽然理科类的书阅读难度更大，但它拥有逻辑链条完整、循序渐进的特点。我坐在图书馆里，一个下午复习完了以后，仅仅感到屁股和颈椎有些疲惫，大脑却仍然保持着充盈的状态。也是在那一个下午，我认知到了自己一路以来的小说阅读爱好其实为我理科的学习方法优化埋下了种子：与其让我直接去听课，从零开始理解一个知识点并做好笔记，不如让我自行阅读教材，产生理解后，和老师或同学"校对我的理解"。在深度理解的基础上，再去做题，就能达到熟练的程度。

这种将"文科方法"介入"理科学习"的手段，是我大二学术进步的重要原因。

在本书中的其他章节，你可能会读到一位就读于麻省理工的朋友所写关于"讨厌看书"和"看书无用"的论述。而我的观点是，你热爱阅读当然很好，但如果你从小就不喜欢看书，觉得阅读文字很累，而更喜欢以听音频、看视频或其他的信息汲取方式，那么请一定放大你这方面的优势，并应用在学习当中。

当然，还有很多别的原因导致了我在大一阶段进入了消极循环。比如，我每周至少花费 20 个小时在娱乐、交友、社团上，而我的很多课友都选择在图书馆里读书、学习、做题。并不是说大家不应该参与这些社团活动。相反，我在社团活动中的付出时间是很有价值的，我的很多个人成长中的重大事件都是在这每周 20 个小时以上的时间里面发生的，此处就不赘述了。

整理知识脉络，构建高效学习的"黑盒"

当我开始爱上预习，并且找到了适合自己的学习方式时，自然而然地，我会对学习的过程进行优化，构建我的"黑盒"——笔记整理与知识脉络构建。

优化的方法有很多。我选择的方法是：一个笔记本做课上的笔记，另一个笔记本记录整理后的知识脉络。

上课的时候，老师语速很快，我们往往并不能把所有的东西都写下来。所以，用一些自己习惯的缩写体系或关键词，快速地把重点记录下来，在课后整理到另一个笔记本上，于我而言是最高效和省时的方式。

同时，在整理笔记的时候，我会将预习时对知识的理解，上课时听来的知识，以及课后错题中总结下来的解题技巧，这三者同时整理在一起。这样，在期中和期末考试时，就可以更高效地复习和回顾知识点。当然，这些整理得再"好看"也没用，我还需要时不时地回来复习一下，让它们真正从"好看"变得"好用"起来。对我而言，我发现每隔 4 天复习一次，是很好的节奏。

后来我开始使用 iPad，无纸化进一步提高了整理和复习的效率。所以，在某个阶段，我也推荐各位读者，如果有这个经济能力的话，可以考虑电子化你的笔记本。

高效学习的"黑盒"的构建方式很简单：对知识进行有效吸收 + 高效整理。但实际上做起来，是需要每个求知者不断地审视自己，接受自己的错误，然后反馈到自己的模型里去。在这个过程中，我们也要切忌迈入"自我陶醉式学习"的圈套，例如为了把笔记做得好看，而花费过多的时间。

充满自信，不断反思，同时谨慎前行，相信你也可以构建出最适合自己的学习模式。

25

与合适的人一起学习

作者：麦家宇

斯坦福大学　管理科学与工程专业

千万不要自己一个人埋头学习，因为很多时候，学习真的很累，很无聊。

也许很多人喜欢跟你说一个人学习轻松。但我想告诉你，趁早把这种想法扼杀在摇篮里吧，除非你真的智力超群，或者是真的热爱学习。否则，他的观点并不适用你。

一个人学习的一大弊端是你很可能把错误的认知当成正确的法典记在了脑海中。无论是古文、英语语法、数学公式，还是其他的东西，在完成学习后，与他人进行知识的校对，是很有必要的。尤其是在对抽象的理科知识进行学习的时候，与他人同行，绝大多数的情况下会产生 1+1>2 的效果：一个人挠头半个小时的逻辑，很可能同伴 3 分钟就给你讲清楚了；当同伴向你请教他不懂的知识时，你在给他解释的同时，也在巩固你自己的知识点。

你要尽量选择合适的人学习。我一直相信，从小学到大学，与合适的同伴一起学习一定是能够带来更高的效率的。无论你现在在学习二元一次方程组，还是随机过程，或是实分析，找到合适的人一起上课和写作业，一定会带来更高的成绩且培养你们之间的友谊，何乐而不为呢？所以，在接下来的内容中，我想简单讲讲如何通过互帮互助，达到双方成绩的同时提升。

在大一的第二个学期，我上了一门名叫 MS&E 211X 的课。它是一门关于数学优化的课程，整门课围绕着 3 个大的算法模型来讲述怎么找寻最优解，以及它们的应用。这门课的学生基本都是大三或者研究生，且这门课老师的教学水平并不好：一般来说，在斯坦福校内评分网站 Carta 上的教学评分，5 分满分，高于 4.6 分就是很棒的课；4.0—4.6 分就是一般般，不上不下，但不会被骂；3.5—4.0 分，就是比较差的，很多学生会抱怨；而低于 3.5 分就是差得离谱了。

MS&E 211X 这门课的评分是 3.2。诸多学生留言表示，这门课教的内容很重要、很难，但教学质量真的不堪。

那么，在之前的一个学期，刚刚在 Math 51 拿了 B+ 的我是怎么上这门课的呢？

首先，我拉上了一个数学很好的同届同学和我一起上这门课。

刚刚好，我们除了这门课之外，还有另外一门计算机课是一起上的，这也就意味着我们有很多时间可以待在一起讨论、做题，回顾老师讲解的内容。当时，我们两个每天都是一起去吃午饭和晚饭，每周五最后一节课结束后会一起待在教学楼里写作业。

虽然那一个学期过得很艰难（因为选了很多难度很高的课，再加上学期后期新冠肺炎疫情暴发，不敢去课堂），但不得不说，和一个数学功底好的同学一起讨论问题是很高效的。这一门课使用了很多新颖的数学符号，导致公式变得更加复杂，老师所讲述的内容也在不断地变难。此时，一步一步地厘清每一个数字符号的含义，将它们串起来理解，就变得尤为重要。而在以往的学习中，每当我不理解某个符号，我可能会一下子就把它抛诸脑后了，这就相当于在我的学习中埋下了一个 bug。但和同学一起学习时，我会及时地向他提问，在第一时间得到完整的答案，完善我的知识脉络图。

其次，虽然我的同学数学功底较好，但彼时的他数学编程的能力并不如我，所以每当他不知道如何将模型转换成代码进行运算时，也会第一时间问我，我在为他讲解的同时，也相当于重新梳理了自己对模型组成的理解。我意识到，这样的互动可以对我已有的认知进行挑战，最后优化我的知识脉络。

虽然由于数学功底没有打牢，最后这门课我还是只拿了 B+，但回过头来看，通过这门课的学习，我掌握了远远高于 Math 51 的知识量。也是经过这门课的洗礼，我在大一暑假期间的复盘和自我补习才更加如鱼得水。也是这次一起学习的经历，我和这个美国数学竞赛（AMC）满分的同学的友谊变得更加深厚了。

回想大学之前，我对"学习的意义"的思考启蒙，其实也是来自初中的一段经历。那段与朋友一起学习与成长的时光，让我理解了"学习的意义"：我不再只是为了冰冷的分数而学习，而是希望在见证更强大的自己的同时，在与同学紧密联络的过程中，留下珍贵而美好的回忆。

初二期末考结束后，我的年级排名是 473，也就是倒数 100 名内。固然，初二的我在叛逆期，再加上当时我精力不太集中，导致我不能也不想专注在学习上。相比埋头题海，我更愿意逃避在游戏里，和同学组团"开黑"，享受击杀对手的快感。我喜欢键盘连滚，打出一套"连招"的悦耳声音，而非耳畔的聒噪。我喜欢人际交往，和朋友们聊一些现在看来很弱智，但对彼时的我们而言却很有趣的事情。爱笑的我和大家非常玩得来，唯独一点让我格格不入：他们永远占领着班级的前十，而我从进来开始便常居班级末尾。某种程度上，这唯一的格格不入，造就了我在朋友面前的自卑——毕竟我们仍是学生，我们在乎成绩。

不过，我也很幸运有一群很包容和促进成长的朋友。他们从来没有因为我成绩不好就在背后孤立我。相反，当我初二暑假期间，出现升学危机向他们透露出求救信号时，他们直接邀请我参加他们正在上的补习班，用热情刺激着我对生活和学习的热情。

那个暑假具体学了什么公式、背了什么古文、掌握了什么化学方程式，以及付出了多少努力，我现在已经记不清了。不过，每当现在的我瘫成"大"字躺在床上，在某个月光映射出窗帘流苏纹路的清冷夜晚，回味着过往的时光时，总是能想起当时我们一起吃的煲仔饭和罗汉斋肠，在每个下午第一节课开始前的《三国杀》战局，以及模拟考成绩出来时，看到我们的成绩霸占头部时的喜悦。虽然只是短短一年，我积累了远超初一、初二许多倍的珍贵回忆，以及一些直接影响未来我对学习的思考的洞见。这些貌似与学习无关的，却在"学习"这一背景下绽放的花朵，构成了我人生拼图的一部分，为灰白的记忆添上了绚丽的色彩。

如果将学习本身比喻成一次枯燥、乏味、冗杂、困难、孤独、寒冷、痛苦的单向星际旅行，那么每一个学者都是一艘巡航舰。在我看来，能够支持一艘舰船穿越诸多恐怖的小行星带飞得比别人都快的原因，一定不会是这段旅途终点的"名次"和"分数"。

也许有的舰长开着的船承载着自己母星每一个人的期望，他需要冲出母星世世代代无法离开的行星带，在更广阔的宇宙中寻找属于自己的道路，为自己，也为母星找到更好的生存环境。有的舰长出身低微，早年无法接受正统训练，只能在星系间流转，在各形各色的星港或空间站打下手，辛辛苦苦十余载搭建了自己的巡航舰，决心远航，只因相信着"向未知的星空驶去，旅途上会遇到更好的自己"。

　　而我这个舰长，则是在如同太空垃圾一般的多年漫无目的后，被邀请加入了一支远征星团，被旅途中结识的舰长、探寻的星系、战胜的风暴和创造的回忆所吸引，逐渐地找寻到了自己旅行的意义和动力，向着自己信仰的王道征途驶去。

　　在这个宇宙中，存在着各式各样的舰长。如果正在阅读这一段的你，也正思考着这一单向旅行于你的意义，那我请你更加用力地想，更加用力地去感受。停止将旅途的终点作为旅行的目的，多思考，多寻找，有什么东西是让你愿意坚持这一段百无聊赖的旅程并为之付出心血的？如果和其他舰长一并前行，并肩作战，是你所喜欢的方式，那么就这么走下去。珍惜你的同伴吧，他们真的可以帮助你战胜旅途中的困苦。

26

掌控你的学习：做好提前规划

作者：麦家宇

斯坦福大学　管理科学与工程专业

社会与学校很不同的一点就在于，与学校的"低错误成本"不同，社会运作模式是结果导向的，对于参与人"计划制订＋执行"有着极高的要求。

虽然前文我说过，希望大家不要只盯着最后考试的排名和分数而努力，要多珍惜学习过程中产生的回忆，但在当下的教育模式下，比如为了通过小升初考试、中考高考、研究生考试、留学语言测试等，我们确实是需要埋头苦干，考出超越众人的成绩的。为了得到这个结果，我们需要做好提前规划，确保这一未来得以实现。

至于怎么做这个规划，我先讲一下抽象方法：

第一步：从后往前推导任务的关键节点；

第二步：从前往后推理得出任务路径。

这一方法的本质，是将大的目标分解为几个更小的、更容易解决的枝干，进而帮助我们管理时间及提高速度。

我曾经将这一方法应用到了中考的备考上，而我的成绩从初二期末的年级倒数，变成"一模"考试的前150名，再到"二模"的前50名，最后我的语文、英语、政治三科都达到了年级第一。

先说第一步。

首先，我明确了我中考的目标是什么：考上我所在学校的高中部。为此，我查询了它往年的分数线。其次，我也查询了我们初中往年考上这所高中的人数，发现只要排位进入年级前40%，就可以稳定入学。所以，一开始的我将目标定在了"进入年级前40%"。

接着，我推算了年级前40%大致的分数线在哪儿，并以此作为标准，根据自己的实力，对各个科目的分数进行了分配，制定好了每一科需要奋斗的目标。至此，我从后往前推想任务节点的步骤就完成了。

再说第二步。

我开始思考，我如何从现在这个分数进步到目标分数：根据科目不同，我究竟是初阶、中等，还是压轴题做不好？从此出发，又反思解决这一困境的方法是什么。根据找出的问题，我制定了大致的学习方向和侧重点，并开始全身心地投入计划的执行中。

我自认为，课后的自习和周一至周五的在校学习，已经可以提供足够的信息供我吸收，所以再报补习班反而会降低效率。在课堂上高效地听取知识，课后做题，看错题，如此反复，同时暂停所有的如同时间黑洞般的娱乐项目（游戏、动漫、社交软件，云云），清空娱乐的时间表，全身心地投入知识的循环与吸收，便是我找到的最优解。

再加上我有幸有一些阅读的天赋，从小对小说阅读的兴趣打下了一定的文学基础，导致文科的压力其实很快就被消解了，允许我专注在更薄弱的数学上。此消彼长，埋头苦干，不知不觉就迎来了令我满意的成绩。

还记得，我们班在每次大考之后，都会表彰进步大的同学。"一模"结束后，我的名字自然而然地排在了每一个科目进步榜的第一名。尤其是物理，年级排名从 400 多名，变成了个位数，名次提升了 412 名。

我认为，所有的标准化考试都可以用这一"提前规划"的模式帮助考生制定合理的目标，并产出可执行的路径。合理利用这一方法，可以有效地提高应试的能力和成功率。当然，在制订计划的时候也有一些需要注意的地方。

最重要的是，注意计划的合理性。我们一定不可以将时间安排得水泄不通。

可能大家在各种地方看到过类似于"清华、北大学霸精确到分钟的学习计划表"的文章。清华、北大的学生到底是不是这样学习的，我不知道，但我可以和大家打包票，斯坦福没人这么学习，因为一旦将计划定死，就意味着失去了抗击不可预测事件的能力。

学习追求效率，效率需要能量，但我们是人类，没有办法确保每一天的能量等级都是最优状态。同时，随着学习的进步，我们需要不断地对计划做出修正，对时间分配进行再优化。这一切都需要一个较为松动、有自由空间的时间表才能实现。实际上，我从不觉得将时间表精确地写下来是特别有用的事情，与其有制作表格的时间，不如马上开始学习，在脑海中保留大致的时间结构，根据自己的进度和需求做动态调整。

当然，你也可以做更大的规划，将某个重要考试的规划打包，植入某个更大的宏伟目标里面去。

例如：进入麦肯锡做战略咨询→进入顶尖大学获得入场券→考好高考→考好中考。

不过，这么做到底是否正确，它的现实意义是什么，以及可行性有多高，我们也不必过多讨论，希望你可以在实践的过程中，加以体会。

想要成为学霸，努力和天赋都十分重要。但希望你也发现，提前规划，与人同行，找对学习方法，也是我们这些普通学生、普通人提高自己很重要的方式。多多计划，多多反思，不断地按照当下和未来的需求修改自己的计划，随时调整，再加上适当的努力，按照规划执行下去，那么我相信每个人都能够成为心目中优秀的自己。

不过，我一直都认为，优秀也有很多种。通过自己的付出、拼搏，获取心仪的大学的录取通知书，是优秀；和自己魂牵梦萦十余年的大学失之交臂，阴错阳差进入另一所大学，并能够接纳自己的失败，拥抱当下的所有，是优秀；追随自己学习的初衷，跟随着求知欲去探索，是优秀；挺过了一个难熬的学期，虽然拿了不理想的成绩，却坚定了自己学习某一个专业的信心，更加是优秀。

优秀有它世俗的定义：分数、财富、地位、名誉。但我希望从今往后的人们能够意识到那只是很多定义的一种。时间、空间和历史会对优秀做出更多元的定义，但我们作为生命的主人，也不一定要接受它。

毕竟，能够决定你是否优秀的人，不只是别人——你也是自己的裁判。

27

我眼中的数学学科与数学学习

作者：向耘

北京大学　信息与计算科学、汉语言文学双学位
哈佛大学　应用数学硕士
杜克大学　数学系博士。

我本科毕业于北京大学数学科学学院（中国语言文学系双学位），哈佛大学应用数学硕士，现为杜克大学数学系博士生。

数学是让不少同学挠头犯难的一科，但又是分值很大、很重要的一门主科，在本书最后两章中，我将带你探索数学学习的规律，并分享给你我在多年学习中总结的高效学习方法，希望每个同学都能有所收获！

我一直以为，学习和强身健体很相似：一方面，它们都需要先天天赋和后天努力；另一方面，在追求它们的过程中，我们总会或多或少地遇到一些困难，即学习"瓶颈"和伤病。如果遇到了伤痛或疾病，我想绝大多数人都会选择去向医生寻求帮助，希望医生能药到病除、妙手回春。类似地，如果学习、科研不顺，大概最合理的方法应该是去咨询"学习医生"，即老师和教授。

可能在大多数人眼中，我有一些学习上的小小的成就，可能勉强可以算作"学习健康者"，但我一直以为，身体健康之人和医生是两个截然不同的概念。所以，即便我在学习上还算"身体健康"，但可能还不能算是一个合格的"学习医生"，因而写本章的时候我也经过了非常仔细的思考，尽量把我的想法清晰地表达出来，生怕误人子弟。

从小学算起，我已经持续求学了将近二十载，学习上的波折也经历了不少，又辅导过一些师弟师妹，故有些想法可以分享。我将它们写于本章之中，希望能给你提供一些借鉴。

另一点我想写在本章最开始的是，正如同世上并无包治百病的灵丹妙药一般，我们也不可能奢求有一种学习方法能适用于所有的人。医生看病总要先做诊断，再根据症状对症下药，学习亦是如此。当有人向我问起抽象的学习提升方法时，我有时会非常为难，因为我完全不知道具体的症状，故无法对症下药。所以，我总是倾向于在了解了咨询者的具体情况之后，再来给出针对性的建议。

这就给本章的写作又带来了一个难点，因为我无法知道每一位读者的具体情况。我将尽我所能，将我求学路上的经验和感悟传递给你，但我也希望大家能根据自身的具体情况有选择地接收与采纳。没有一种学习方法是万能的，但对于每个人，总有一种学习方法是适合他的，希望本章的内容能帮助你找到适合自己的学习方法，这是我书写本章的初衷。

学习方法既是因人而异的，也是因领域和学科而异的，所以我们要根据各个领域的特点来设计相应的学习方法。因为我求学过程中绝大部分精力都花在了数学上，所以本章的内容将侧重于数学学科的学习，对于其他领域，我也不敢乱给建议误人子弟。不过，我认为这些偏重于数学学习的内容也能对你其他领域的学习有所启发和帮助。

当然，学习方法和学习捷径是截然不同的两个概念，我个人并不认为有学习捷径的存在，对于想在本章中寻找学习捷径的读者，我大可在此就给出一个明确的答案：本章的内容并不会涉及任何学习捷径。我在后文中所写的一些学习方法，实施起来也大概都是需要付出一定的时间和精力的，它们或许有用，但绝对谈不上是捷径。

我先对后面的内容稍作总领，在本章中，我会总结一些我对数学学科和数学学习方法的思考，内容侧重中学数学的学习。下一章会介绍一些更具普适性的学习感悟，内容也适用但并不限于数学学科。

或许很多人认为，数学就是一些公式与结论的组合，所以能将所学公式牢牢记住并熟练使用，就算是学好了数学。但在我看来，这只是在中学时代对我们的要求，如果你想将自己的数学素养提高到一个更高的水平，要做的肯定就不止这些。当然，如果你不以成为数学工作者为人生目标，或许不必追求这个"更高的水平"，但了解和使用一些对应的学习方法，对公式的记忆和使用也是会有帮助的。

数学是一门怎样的学科

数学是一门演绎型的学科，它是从公理出发，通过一步步严谨的推导，得到一连串美妙的定理与结论。如果将数学定理或结论看作一座大厦，那公理就是基石，推导和演绎就是我们从基石出发建起整个大厦的过程和方法。数学家乃至所有做数学的人，都是在建造各种各样的大厦。

我大概也可以算是一个数学工作者，我平时做数学，需要去建立一些定理，这包括两部分，一是定理的表述，二是定理的证明，所有数学工作者都是如此。

一般来说，定理的表述是包装好的，往往是短短一句话或几句话，它给读者展示了一个陈述、一个命题，而为了说明这个陈述的正确性，我们需要给出定理的证明。一个定理的证明可以是相当复杂的，当我们看到定理的表述的时候，我们看到的仅仅是冰山一角罢了，这座冰山在海平面之下的部分，可能会包含更多有趣的数学推导和结论。

我眼中的数学之美

或许在一些人眼中数学是无用而烦人的，但我并不赞同这样的看法，一门学科能长期存在，必然有着重要的意义与价值。在本小节中，我希望给大家展示一些我眼中的数学之美，如果这些内容能让更多的读者意识到数学很美、数学有用，我将非常欣慰。希望在更多人的眼中，数学不仅仅是升学的工具。

（1）小时候我对数学的认知

小时候，我认知中的数学大概就是一些数字游戏（24点、九宫格等）和速算方法，我喜欢有趣的数字组合与快速破解复杂计算的能力，这是数学在数字、速度方面的美，我想大多数读者都可以理解。

（2）中学时代我对数学的认知

中学时代，我认为数学美在两个方面：一是技巧性。二是巧合性。

先说技巧性，很多中学数学的题目运用一些技巧（一条巧妙的辅助线、一步巧妙的代数变形或一个巧妙的构造等）来化繁为简，清晰地揭示复杂的结构。这样的技巧有种"四两拨千斤"的感觉，让我非常喜爱。

拿到复杂的式子时，我并不喜欢直接全盘展开拼命计算，当然不可否认这也是一种很有用也很重要的技能，但我更爱做的一件事情是去凝视它，在大脑中将这条在一团迷雾中的道路看清楚，把握好何处有障碍、如何巧妙地借助一些工具去越过障碍物。我总是很痴迷于这样把玩数学技巧的过程，尤其是当我苦思冥想一整天突然灵光乍现时，我会格外高兴、格外有成就感。

再说巧合性，我总在想，数学是不是天上的能工巧匠精心打造出来的？它有很多极为美丽的巧合或偶然，也可能就是某个追求美的人刻意制造出来的。

比如说，我们在平面上随意画三条直线，那大概率它们是不会相交于同一点的，但巧合的是，如果我们从一个三角形出发，从每个顶点出发向对边做垂线，这样的三条直线，居然就相交于同一点了（这一点被称为三角形的垂心）；我们再连起每个顶点与对边的中点，这三条直线居然又相交于同一点了（这一点被称为三角形的重心）。

如果说这还不算足够巧，那我们再来看一个例子。我们在平面上点上三个点，只要这三个点不落在同一条直线上，就存在一个唯一的圆过这三个点，由于这个圆已经被这三个点唯一确定了，如果我们再随意地在平面上点上第四个点，那这个点大概率就不在这个圆上了。中学数学的平面几何中有许许多多的四点共圆的问题，讲的就是这种巧合性。

接着思考，既然点上的第四个点已经大概率不在圆上了，我们若是再要求这第四个点与第五个点、第六个点同时在圆上，这看起来就不可能了，但巧的是，有些情况下我们甚至可以有九点共圆的现象！我们从一个三角形出发，它的三条边的中点，垂心与三个顶点的连线的中点，以及三个顶点分别在其对边上的垂直投影（称之为垂足），这九点共圆，这就是著名的九点圆定理。至少在我眼中，它是一个非常美丽的巧合。

其实数学中像这样的巧合比比皆是，不仅限于平面几何这一领域，我先以平面几何为例，大概是因为它最直观。

我们再来看一个非平面几何的例子，即计算所有正整数的平方的倒数和，这是著名的巴塞尔问题。欧拉给出了一个答案：

$$1 + \frac{1}{2^2} + \frac{1}{3^2} + \frac{1}{4^2} + \cdots = \frac{\pi^2}{6}.$$

欧拉最初的证明是不严谨的，但是想法非常巧妙，上面这个式子后来也被严谨地证明了。我第一次看到上面这个式子的时候，非常震撼，因为正整数看起来与圆周率 π 并无关系，但是将它们平方的倒数求和，居然能得到一个含圆周率的表达式，如此巧合确实非常美。

（3）现在我对数学的认知

上大学之后，我接触到了相对更现代的数学，于是我看到了数学之美的另一个方面：数学的严谨、结构、抽象与格局。

我很欣赏数学家对严谨性的追求，从公理、假设等出发，去追求一步步严谨的、牢不可破的推导，这样得出的结构，是非常庄严而震撼的。比如说，需要用到的每一个东西，都先去思考一下它的存在性再加以使用，而存在性也是需要被严谨地证明或构造的，一些我们习以为常的概念，如果去深挖它为什么存在，也是大有一番风景，感兴趣的读者可以去阅读一下用戴德金分割定义实数域的相关材料。

另外，数学的抽象性也是极美的。数学家在做研究时，如果发现了一个系统 X 有某个性质 A，他们可能会去想，该系统的什么性质保证了性质 A 的成立，然后可能会找到一个性质 B，并且证明：对任意一个系统，只要性质 B 成立，性质 A 就一定成立，并不需要具体到系统 X。于是，一个抽象的定理就被建立起来了：对任意一个满足性质 B 的系统，性质 A 都成立。如果性质 B 是非常好验证的，而性质 A 又是大家非常关心的，那这条定理就会非常有用了，不仅仅适用于系统 X，也可以用到其他系统中。这样，一个方法、一个定理就可以解决一大片的问题，格局极大、极美。

当然，除了纯粹之美以外，数学大概还有一层实用之美。许多其他学科的发展都离不开数学。比如说，物理学中的许多方程，都需要用数学方法来求解，有时候无法求得解析解，我们需要用一些数值方法来给出方程的近似解，但是数值方法的设计与收敛性分析等，也是离不开数学的。事实上，有一些伟大的数学家同时是物理学家。

再如现在非常热门的机器学习，其诸多底层解释与算法分析设计也是离不开数学的。我必须得承认，现代数学中有许多尚未找到实际应用价值的内容，但不可否认的是，数学已经为许多学科提供了理论方法，奠定了理论基础，未来它还将继续为其他学科提供更多的方法和基础。总之，数学绝对不是无用的。

数学学习的建议1：用推导代替死记硬背

前面提到，一个数学结论就仿佛一座大厦，如果有一个人只看到了大厦建完后的样子而对建造过程全然无知，那我想单凭他的力量大概很难造出一座类似的大厦，当然，数学天才应该是有能力平地起高楼的。对普通人而言，研究数学是需要很多准备工作的，需要学习很多的演绎和推导，当我们了解了足够多的大厦建造方法后，我们将会有能力去应用它们建造类似的大厦，或者推广它们建造不一样的大厦。

这些建造方法和过程，我想大概也可以算是数学结论背后的架构与逻辑。如果你想研究数学，它们应该是要被学习、理解和掌握的。所以说，真正的数学学习，绝不是去死记硬背各种各样的结论，而是应该深入探寻结论背后的架构与逻辑。我以为，前者是同一维度上测度的扩张，量变而已，而后者更容易产生质变。

下面我将以中学数学中的韦达定理为例，说一说我是如何探寻结论背后的架构与逻辑的。

韦达定理：设 x_1 和 x_2 是一元二次方程 $ax^2+bx+c=0(a \neq 0)$ 的两个根，则有

$$\begin{cases} x_1+x_2=-b/a \\ x_1x_2=c/a \end{cases}$$

韦达定理揭示了方程的根与系数的关系，是一个初等数学中非常有用的结论，光是记住它的表述，就可以用来分析许许多多的问题。但是它的证明中，也有着不一样的风景。我们先来看一个直接的证明：

韦达定理的证明一：根据一元二次方程的求根公式，我们有

$$x_1 = \frac{-b + \sqrt{b^2 - 4ac}}{2a}, \qquad x_2 = \frac{-b - \sqrt{b^2 - 4ac}}{2a}.$$

直接计算可以得到：

$$x_1 + x_2 = \frac{-b + \sqrt{b^2 - 4ac}}{2a} + \frac{-b - \sqrt{b^2 - 4ac}}{2a} = \frac{-b}{a},$$

和

$$
\begin{aligned}
x_1 x_2 &= \frac{-b + \sqrt{b^2 - 4ac}}{2a} \cdot \frac{-b - \sqrt{b^2 - 4ac}}{2a} \\
&= \frac{(-b)^2 - \left(\sqrt{b^2 - 4ac}\right)^2}{4a^2} \\
&= \frac{4ac}{4a^2} = \frac{c}{a}.
\end{aligned}
$$

以上给出的证明一，就是在一座大厦（一元二次方程求根公式）的基础上搭建新的楼层得到另一座大厦（韦达定理）。该证明直截了当，在有了明确的求根公式之后不过就是单刀直入的计算罢了。所以，显式求根公式是这个证明的支柱所在，关于求根公式的理解，我们将在后文中再进行讨论。接下来，我们来展示韦达定理的另一个证明，它揭示了一种不一样的架构和逻辑。

韦达定理的证明二：由于 $a \neq 0$，原方程等价于

$$x^2 + \frac{b}{a} \cdot x + \frac{c}{a} = 0.$$

这是一个二次项系数为 1 的一元二次方程，它可以写成

$$\left(x - x_1\right)\left(x - x_2\right) = 0,$$

其中 x_1 和 x_2 是原方程的两个根。根据以上两个式子，我们可以得到

$$x^2 + \frac{b}{a} \cdot x + \frac{c}{a} = (x - x_1)(x - x_2) = x^2 - (x_1 + x_2) \cdot x + x_1 x_2.$$

再对比系数我们就立刻得到 $x_1 + x_2 = -b/a$ 和 $x_1 x_2 = c/a$。

上面的证明二也不难理解，但掌握了这个证明，大概好处是不会少的。

其一，方便我们正确记忆韦达定理，我想会有一些学生将 $x_1 + x_2 = -b/a$ 记错成 $x_1 + x_2 = b/a$，这一个小小的负号在背诵的时候确实容易漏掉，尤其是在不理解它为什么会出现时。但如果我们从证明二去理解，这个负号的出现就非

常自然了，它源于展开中的奇次项。

其二，证明二的逻辑对高次方程（三次及以上）亦成立，理解了证明二之后我们可以轻而易举地给出高次韦达定理，即造出一系列新的大厦，这可以算是一种举一反三。

为保持记号的简洁性，我们只展示三次方程，读者可用完全一致的方法自行尝试一般的 n 次方程。

假设 x_1，x_2，x_3 是一元三次方程 $ax^3+bx^2+cx+d=0(a \neq 0)$ 的三个根，则有

$$
\begin{aligned}
x^3 + \frac{b}{a}x^2 + \frac{c}{a}x + \frac{d}{a} &= (x - x_1)(x - x_2)(x - x_3) \\
&= x^3 - (x_1 + x_2 + x_3) \cdot x^2 + (x_1x_2 + x_2x_3 + x_3x_1) \cdot x - x_1x_2x_3,
\end{aligned}
$$

对比系数即得到：

$$
\begin{cases}
x_1 + x_2 + x_3 = -b/a, \\
x_1x_2 + x_2x_3 + x_3x_1 = c/a, \\
x_1x_2x_3 = -d/a.
\end{cases}
$$

有读者可能会说，类似于证明一，我们从高次方程的求根公式出发，一样可以得到高次韦达定理。但这条路可能没那么好走。首先，并不是任意次的方程都有显式的求根公式，根据伽罗瓦理论，五次方程就没有求根公式。其次，即便我们将范围限定为有求根公式的三次方程和四次方程，直接从求根公式出发去推导韦达定理，计算过程也将比二次方程的情况复杂非常多。感兴趣的读者不妨一试，若是能推导出正确的答案，应该是对计算能力的一次不错的训练。

我们继续求根公式的讨论。一元二次方程 $ax^2+bx+c=0(a \neq 0)$ 应该是不难推导的，因为该方程可以等价地写成

$$
x^2 + \frac{b}{a} \cdot x + \frac{c}{a} = \left(x + \frac{b}{2a}\right)^2 + \frac{c}{a} - \frac{b^2}{4a^2} = 0.
$$

由此可知方程的根为

$$x = -\frac{b}{2a} \pm \sqrt{\frac{b^2}{4a^2} - \frac{c}{a}} = \frac{-b \pm \sqrt{b^2 - 4ac}}{2a}.$$

单就这个简单的推导过程而言，也可以从中获得一些有用的想法或营养。该推导的主要想法大概是，二次方程 $ax^2+bx+c=0$ 的系数中有三个参数，不太好处理，故我们先通过除以 a 使得参数的数量降为了 2（在方程 $x^2+b/a \cdot x+c/a=0$ 中，我们将 b/a 和 c/a 看成两个整体，即两个参数）。现在我们希望进一步减少参数，形如 $x_2+p=0$ 的首项系数为 1、一次项系数为 0 的一元二次方程可以直接求解，是我们所期望的形式。为了这个目的，我们使用一个平移变换，即 $y=x+b/2a$。通过这两步变换，原方程就转化为了可直接求解的

$$y^2 + \frac{c}{a} - \frac{b^2}{4a^2} = 0.$$

若是将 $c/a-b^2/4a^2$ 看成一个整体，则上式本质上就只有一个参数了。通过上式解出了 y 之后，我们再平移变换回去，即可得到 $ax^2+bx+c=0(a \neq 0)$ 的求根公式。

以上提到的这两步减少参数数量的变换，就是我们可以从这个推导的架构与逻辑中汲取的营养，因为类似的变换，也可以用于一元三次方程或更高次的方程。在此我们考察一元三次方程 $ax^3+bx^2+cx+d=0(a \neq 0)$，它有四个参数，通过除以 a 再做平移 $y=x+b/3a$ 的操作，我们可以将原方程等价地写成

$$y^3+py+q=0.$$

这是一个三次项系数为 1、二次项系数为 0 的一元三次方程，其中的两个参数 p 和 q 都是可以用 a, b, c, d 来表示的，读者可自行验证。方程 $y^3+py+q=0$ 的求解可以用到著名的卡尔丹公式，它是这样做的：先将 y 写成 $y=u+v$，再去寻找 u 和 v 使得 $y=u+v$ 满足方程 $y^3+py+q=0$。稍作计算可以可知，我们需要 u 和 v 满足

$$\begin{aligned} 0 &= (u+v)^3 + p(u+v) + q \\ &= u^3 + 3u^2v + 3uv^2 + v^3 + p(u+v) + q \\ &= (u^3 + v^3 + q) + (3uv + p) \cdot (u+v). \end{aligned}$$

满足上式的 u 和 v 可以通过求解以下方程组得到：

$$\begin{cases} u^3 + v^3 + q = 0, \\ 3uv + p = 0. \end{cases}$$

该方程组又可以等价为

$$\begin{cases} u^3 + v^3 = -q, \\ u^3 v^3 = -p^3/27. \end{cases}$$

根据韦达定理

$$s^2 + qs - \frac{p^3}{27} = 0$$

关于 s 的一元二次方程的两个根，恰好就可以作为我们想要的 u^3 和 v^3，于是我们就可以得到 u，v 以及相应的 $y=u+v$。以上便是卡尔丹公式的思想，感兴趣的读者不妨自己动手将略去的一些计算补全，显式地写出一元三次方程的求根公式。

可以想象的是，三次方程的求根公式要比二次方程复杂许多，自然也要更难记忆。反正对我而言，我从来都没有希望记住过这个公式，即便我暂时记住了，大概过段时间也会忘得一干二净。但是当我真正需要它的时候，我总是可以利用卡尔丹公式自行推导出来。

所以，我个人以为，对于一元三次方程求根公式而言，理解其背后的推导，远比记住这个公式本身重要而有用。掌握了背后的推导和逻辑，就算是坚实地掌握了这个公式，而将这个公式死记硬背地记住，大概并无太大效果，或者说效果只是暂时性的。

事实上，一元三次方程的求根公式本身可能在中学数学中并没有什么作用，至少我在中学时代，从来没有用过这个公式，甚至到目前为止都没用过，中学数学的教学中也可能不会涉及一元三次方程的求根公式，至少我在初中时期是没有学过它的。在中学时代，我想大部分一元三次方程都是通过先观察出一个根，再转化为二次方程来求解的。比如说，当求解方程

$$x^3 - 2x^2 - 5x + 6 = 0$$

时，我们可以先看出 $x=1$ 是它的一个根。于是原方程就可以被写成

$$(x-1)(x^2-x-6)=0.$$

再注意到

$$x^2-x-6=(x+2)(x-3),$$

我们就可以得到原方程的三个根：

$$x_1=1，x_2=-2，x_3=3.$$

虽然一元三次方程求根公式本身很少被直接应用，但我仍然觉得学习其背后的推导和思想方法是非常有价值的。数学是一门需要积累的学科，是靠人类的智慧一点一滴堆积起来的，如果光看零部件，它可能极少被直接使用，但是积累了诸多零部件之后，就有可能用它们造出一个非常有用的器件。所以，想要提高数学水平，有时也不能将目光局限在当下就有用的知识点上，应该于各处充分吸收和学习别人的智慧。

在上面的内容中，我们从韦达定理出发，讨论了一大串的知识点。我相信你能感受到，韦达定理和一元二次方程求根公式的价值，并不仅仅在其简介的表述之中，也在它们的证明、推导和分析之中，只有掌握了这些知识，才可以说是较为全面且深刻地掌握了韦达定理、一元二次方程这些内容。如果只是孤立地记忆知识点，固然比较省事，但是深挖知识点背后的数学本质和逻辑，才更容易达到融会贯通的学习效果。

当然，如果你只是想使用一个定理，将其作为证明其他结论中的一个步骤，那该定理的证明并不影响你对它的使用，就好像别人已经建好了一个大厦，你在此基础上再往上多建几层，你并不知道下面的几层是如何建的，但你知道这几层足够坚实，足够支撑上面几层的建造，你也有自己的方法去搭建上面的这几层，这当然是可以的，与我想要传递的信息也并不矛盾。

我想表达的是，一个数学定理或结论的所有营养，不仅仅在其表述之中，也在其证明和推导之中。我们当然要根据自身的需求来汲取营养，如果定理的表述中所包含的养分已经可以满足某种特定的需求，那不去深挖也未尝不可，但若是想完完全全地理解并掌握一个数学结论，以获取更多的知识，那

去欣赏一番数学结论背后的证明、架构与逻辑也是一个可以考虑的选项。

不过，即便我们的目标仅仅是记住结论的表述，我想探究结论背后的证明逻辑也是有所帮助的，因为它们能提供一些理解和记忆的关键信息。如果只是机械地背诵，时间一久，就很容易忘记，至少对于我这种不具备超群记忆力的人来说是如此。我学习数学十余年，很少去刻意地背诵数学结论，我一直坚信，如果我汲取了一个结论背后所有的营养并对它们理解得足够深刻，那么记住该结论，是一件水到渠成的事情。

数学学习的建议2：善于归类，搭建知识网络

很多数学的定理和结论即便陈述截然不同，但它们背后的原理或想法可能是相似的。如果我们透过不同的现象看到了相同或类似的本质，那么通过理解和掌握本质，我们就可以将这些不同的现象穿起来理解和记忆，将零散的知识点搭建成连通的知识网络。

我想很多人都抱怨过学习数学需要记忆的知识点太多，各式各样的定理、引理、结论、推论、性质实在是让人眼花缭乱，要逐条将其背下来，确实是对记忆力的一次巨大考验。然而，如果能将知识点根据相同或相似的原理成片地记忆，那将会迅速提高学习效率，这样记下的知识点，不仅有广度，更有深度。当然，要做到这一点，首先应该做到上一点，许多数学结论的本质是隐藏在其表述背后的，学习了公式、结论的导出过程与证明逻辑，才能更深刻地理解其本质。

这里我也可以通过二项式定理及其相关的内容，为你展示怎么从孤立的知识点出发延伸出一大串相关的内容，从而更加坚实有效地掌握数学内容。

二项式定理大概是一个高中水平的知识点，我将添加一些注释等，来帮助尚未达到高中数学水平的读者阅读。

二项式定理：对任意的正整数 n，有

$$(a+b)^n = a^n + C_n^{n-1} \cdot a^{n-1}b + C_n^{n-2} \cdot a^{n-2}b^2 + \cdots + C_n^1 \cdot a^1 b^{n-1} + b^n,$$

其中 $C_n^i = \dfrac{n!}{i!(n-i)!}$ 为组合数①。

二项式定理也许看起来比较烦琐，但它的几个特例大概是相对被人熟知的。事实上，二项式定理在 $n=2$ 和 $n=3$ 时就是

$$(a+b)^2 = a^2 + 2ab + b^2,$$

和

$$(a+b)^3 = a^3 + 3a^2b + 3ab^2 + b^3.$$

注意到 $C_n^0 = C_n^n = 1$ 和 $a^0 = b^0 = 1$，我们也可以用求和符号来表述二项式定理，也就是下式：

$$(a+b)^n = \sum_{i=0}^{n} C_n^i a^i b^{n-i}.$$

此处求和符号的含义是这样的：如果 f_i 是一个关于 i 的表达式，则对于正整数 $m \leqslant n$，$\sum_{i=m}^n f_i$ 被定义为

$$\sum_{i=m}^{n} f_i = f_m + f_{m+1} + \cdots + f_n.$$

正如同我们之前反复强调的一样，我们可以简单地将二项式定理记住，也可以去挖一挖它背后深藏的内容，接下来我们来展示后者。先来看一个基于数学归纳法[2] 的证明。

---

① 组合数 C_n^i 是从 n 个物品中选取 i 个的方法数，与之相关的另一个概念是排列数 A_n^i，它的含义是从 n 个物品中选取 i 个并排成一列的方法数。我们先来计算排列数，由于第一个位置有 n 种取法、第二个位置有 $n-1$ 种取法……第 i 个位置有 $n-i+1$ 种取法，故可以得到 $A_n^i = n(n-1)\cdots(n-i+1) = n!/(n-i)!$。注意到 i 个物品有 $i!$ 种方法排成一列，所以一种组合对应着 $i!$ 种排列，故 $C_n^i = \dfrac{A_n^i}{i!} = \dfrac{n!}{i!(n-i)!}$。我们始终要求 n 为正整数，但如果 $i<0$ 或 $i>n$，我们约定 $C_n^i = 0$。

② 数学归纳法是处理涉及正整数命题的有力武器。如果我们要证明一个命题 S_n 对任意的正整数 n 都成立，我们可以先验证 S_1 成立，再证明 S_n 成立可以推出 S_{n+1} 也成立，这就是数学归纳法。当然，这只是最为基础的一种数学归纳法，事实上还有诸多变体，读者不妨试着自己说明一下上面描述的这种数学归纳法的合理性，并尝试着自行提出几种合理的变体，这应该是一个比较有意思的练习。

二项式定理的证明一：当 $n=1$ 时，二项式定理显然成立。现在假定二项式定理对 n 成立，即等式 $(a+b)^n = \sum_{i=0}^{n} C_n^i a^i b^{n-i}$ 成立，我们希望证明 $(a+b)^{n+1} = \sum_{i=0}^{n+1} C_{n+1}^i a^i b^{n+1-i}$ 也成立。事实上，

$$(a+b)^{n+1} = (a+b) \cdot (a+b)^n$$

$$= (a+b) \sum_{i=0}^{n} C_n^i a^i b^{n-i}$$

$$= \sum_{i=0}^{n} C_n^i a^{i+1} b^{n-i} + \sum_{i=0}^{n} C_n^i a^i b^{n+1-i}$$

$$= \sum_{i=0}^{n-1} C_n^i a^{i+1} b^{n-i} + C_n^n a^{n+1} + C_n^0 b^{n+1} + \sum_{i=1}^{n} C_n^i a^i b^{n+1-i}$$

$$= \sum_{i=1}^{n} C_n^{i-1} a^i b^{n+1-i} + C_n^n a^{n+1} + C_n^0 b^{n+1} + \sum_{i=1}^{n} C_n^i a^i b^{n+1-i}$$

$$= C_n^0 b^{n+1} + \sum_{i=1}^{n} (C_n^{i-1} + C_n^i) a^i b^{n+1-i} + C_n^n a^{n+1}.$$

注意到 $C_n^0 = C_{n+1}^0 = 1$，$C_n^n = C_{n+1}^{n+1}$，及 $C_n^{i-1} + C_n^i = C_{n+1}^i$，$i=1, 2, \cdots, n$，所以我们得到

$$(a+b)^{n+1} = C_n^0 b^{n+1} + \sum_{i=1}^{n} (C_n^{i-1} + C_n^i) a^i b^{n+1-i} + C_n^n a^{n+1}$$

$$= \sum_{i=0}^{n+1} C_{n+1}^i a^i b^{n+1-i}.$$

这就完成了二项式定理的证明。

我想，如果一个高中生能自行完成以上证明，大概是一次不错的练习。如果我们来观察上述证明中有价值的逻辑和推导，该证明中最本质的一步，大概就是 n 和 $n+1$ 所对应的二项式系数之间的关系，即

$$C_n^{i-1} + C_n^i = C_{n+1}^i, \qquad i = 1, 2, \cdots, n.$$

这个式子告诉我们，只要我们知道 $(a+b)^n$ 的展开中的各项系数，就可以很容易地推出 $(a+b)^{n+1}$ 的展开中的相应系数，这其实就是杨辉三角在表述的事情。杨辉三角是指以下的填充着二项式系数［也就是 $(a+b)^n$ 的展开中的各项系数］的三角结构：

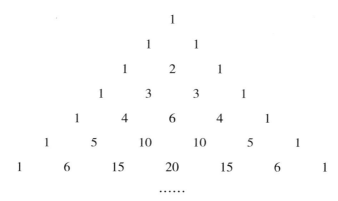

杨辉三角的第三行就是 $(a+b)^2=a^2+2ab+b^2$ 的各项系数，第四行就是 $(a+b)^3=a^3+3a^2b+3ab^2+b^3$ 的各项系数。更一般地，第 $n+1$ 行就是 $(a+b)^n=\sum_{i=0}^{n}C_n^i a^i b^{n-i}$ 的各项系数。在杨辉三角中，只要一个数的两个肩膀上都有数，那这个数就等于其肩膀上的两数之和，这个关系就是 $C_n^{i-1}+C_n^i=C_{n+1}^i$。所以，通过挖掘二项式定理的证明中的关键步骤，我们就顺带着把二项式系数的一个重要关系及杨辉三角也给理解和掌握了。

在了解了二项式定理的证明一的整体框架之后，我们再来看一些细节。首先，在上面的证明中我们用到了一步求和指标的变换，即

$$\sum_{i=0}^{n-1}C_n^i a^{i+1}b^{n-i}=\sum_{i=1}^{n}C_n^{i-1}a^i b^{n+1-i}.$$

这个等式成立的原因是，如果我们记

$$f_i=C_n^i a^{i+1}b^{n-i},$$

那么就有

$$f_{i-1} = C_n^{i-1} a^{(i-1)+1} b^{n-(i-1)} = C_n^{i-1} a^i b^{n+1-i}.$$

于是，我们这里关心的式子其实就是

$$\sum_{i=0}^{n-1} f_i = \sum_{i=1}^{n} f_{i-1}.$$

上式的左、右两边表达的都是 $f_0 + f_1 + \cdots + f_{n-1}$，所以自然是成立的。这一步求和指标变换的本质其实就是一个简单的事实，即当 i 从 1 取到 n 时，i 便从 0 取到 $n-1$。在上面的证明一中，我们做这样变换的目的，是为了将两个求和符号合并成一个求和符号，这个方法是非常有用的，至少我在高中及以后都经常用到它。

像这样的小方法或者说是小技巧，是需要我们在一次次运算和推导中慢慢积累起来的，如果只关注结论本身而不深入其证明之中，大概很难积累到这样实用的小技巧。

我们再来看如何证明

$$C_n^{i-1} + C_n^i = C_{n+1}^i, \ i = 1, 2, \cdots, n.$$

一个简单而直接的方法是进行计算验证，我们知道

$$C_n^{i-1} = \frac{n!}{(i-1)!\,(n+1-i)!},$$

$$C_n^i = \frac{n!}{i!\,(n-i)!},$$

和

$$C_{n+1}^i = \frac{(n+1)!}{i!\,(n+1-i)!}.$$

所以接下来只需要验证

$$\frac{n!}{(i-1)!\,(n+1-i)!} + \frac{n!}{i!\,(n-i)!} = \frac{(n+1)!}{i!\,(n+1-i)!}.$$

这个验证的步骤应该并不困难，你不妨亲自试一试。以上基于直接验证的证明是对计算能力的一次不错的训练，但在理解层面上可能并没有很大的帮助。接下来我们再来讨论另一种证明方法，由它出发可以引出一大串美丽的"风景"。

让我们来回忆一下组合数的含义：从 n 个物品中选取 i 个，总共有 C_n^i 种方法。现在假定我们有 $n+1$ 个零件，其中有一个是不合格的零件，其余的 n 个则是合格的零件。我们要从所有的 $n+1$ 个零件中选取 i 个，总方法数自然是 C_{n+1}^i，这些方法又可以分为两类，第一类是选中了那个不合格零件的，第二类是未选中那个不合格零件的。

我们来分别计算这两类选取方法的数量，对于第一类，既然不合格零件被选中了，我们只需要在 n 个合格零件中选取 $i-1$ 个即可，方法数为 C_n^{i-1}；对于第二类，不合格零件未被选中，故我们要在 n 个合格零件中选取 i 个，方法数为 C_n^i。总方法数 C_{n+1}^i 是这两类方法数之和，也就是说 $C_{n+1}^i = C_n^{i-1} + C_n^i$。

像 $C_{n+1}^i = C_n^{i-1} + C_n^i$ 这样涉及组合数的恒等式一般被称之为组合恒等式，上面我们展示的证明方法的主要思想是算两次方法和组合方法，也就是说，我们用给予同一个量两种组合解释，由于计算的是同一个量，这两种组合解释对应的表达式自然相等的。这样的证明思想可以帮助我们充分理解 $C_{n+1}^i = C_n^{i-1} + C_n^i$ 这个组合恒等式，我想，充分掌握了这个证明之后，你大概就不会再忘记 $C_{n+1}^i = C_n^{i-1} + C_n^i$ 了。

类似的方法又可以拿来证明一大串组合恒等式，我再举几个例子，大家可以体会一下。

第一个例子，从 n 个物品中选取 i 个赠予好友，其余不动，和从 n 个物品中选取 $n-i$ 个不动，其余赠予好友，是完全一样的，所以有

$$C_n^i = C_n^{n-i}.$$

第二个例子，从 n 个零件中选取 i 个作为甲等零件，再从这 i 个甲等零件

选取 k 个作为特等零件（特等零件一定来自甲等零件），这等价于先从 n 个零件中选取 k 个作为特等零件，再从剩下的 $n-k$ 个非特等零件中选取 $i-k$ 个作为非特等的甲等零件。所以，我们得到

$$C_n^i C_i^k = C_n^k C_{n-k}^{i-k}.$$

第三个例子，有 $m+n$ 个小球，其中 m 个是红的，n 个是蓝的，我们要从这 $m+n$ 个小球种选取 i 个，共有 C_{m+n}^i 种方法。我们可以将所有的方法分为 $i+1$ 类，第一类是在红色小球中选取 0 个，在蓝色小球中选取 i 个，方法数为 $C_m^0 C_n^i$；第二类是在红色小球中选取 1 个，在蓝色小球中选取 $i-1$ 个，方法数为 $C_m^1 C_n^{i-1}$；……；第 $i+1$ 类是在红色小球中选取 i 个，在蓝色小球中选取 0 个，方法数为 $C_m^i C_n^0$。所以，以下组合恒等式成立：

$$C_{m+n}^i = C_m^0 C_n^i + C_m^1 C_n^{i-1} + \cdots + C_m^i C_n^0 = \sum_{k=0}^{i} C_m^k C_n^{i-k}.$$

$C_n^{i-1} + C_n^i = C_{n+1}^i$ 其实是上式在 $m=1$ 时的特殊情形。

我想你已经可以感受到算两次方法和组合方法在证明组合恒等式中的威力了。如果你不了解组合的意义，却想牢固地记住上面三个例子中的组合恒等式，我想大概并不容易，即使短期内记住了也会忘记。但如果我们了解了其背后的组合意义，那记忆这几个恒等式本身就显得没那么重要了，即便是忘记了，也很容易将它们复现出来。其实，我没有刻意背过这几个恒等式，我在书写这部分内容时，也就是先描述组合意义，再自然而然地将这几个恒等式写下来罢了。

当然，我相信这三个组合恒等式是有代数证明的。也就是说，直接代入 $C_n^i = \dfrac{n!}{i!(n-i)!}$ 去验证等号两边是相等的，至少对前两个例子而言是不困难的，第三个例子可能需要一些技巧，感兴趣的读者不妨一试，这应该是对代数能力的一次不错的训练。

但是，即便我们写出了相应的代数证明，大概也不太能帮助我们记忆。

我并不是说代数证明毫无营养，毕竟它可以锻炼我们的代数能力。我想表达的是，不同的证明方法、不同的论证逻辑之中有着不一样的营养，我们要学会博采众长，吸收到更多的养分来提高自己的数学水平。

以上我们用组合方法来证明了一些组合恒等式。接下来，我们再用组合方法给出二项式定理的另一种证明。

二项式定理的证明二：我们考虑直接将 $(a+b)^n$ 展开成一些单项式的求和。我们总共有 n 个 $a+b$，展开之后的每个单项式就是在每个 $a+b$ 中选出了 a 或者 b，然后全部乘起来，所以，总共有 2^n 个单项式，它们的形式均为 $a^i b^{n-i}$，其中 $i \in \{0, 1, \cdots, n\}$。

我们再来看总共有多少个 $a^i b^{n-i}$。要出现 $a^i b^{n-i}$ 这一项，也就是说，要从 n 个 $a+b$ 中选出 i 个，拿出其中的 a，至于剩下的 $n-i$ 个，就拿出其中的 b。于是，总共会出现 C_n^i 个 $a^i b^{n-i}$，故有

$$(a+b)^n = \sum_{i=0}^{n} C_n^i a^i b^{n-i}.$$

我以为，上面展示的证明二也是非常有学习价值的，它非常清楚地展示了二项式定理中的各项的来源。完全掌握了这个证明之后，就不用去刻意地记忆二项式定理的表述了，因为将它复现出来并不是一件困难的事情，这就是证明二的价值之一。

事实上，如果我们想要使用数学归纳法，那就必须先想清楚我们需要证明什么，也就是要先知道我们想证明的结论的表述。当然，证明一的逻辑与架构也有价值，只是它和证明二的价值体现在两个不同的方面：证明一向我们揭示了 $(a+b)^n$ 和 $(a+b)^{n+1}$ 的展开中各项系数之间的关系，而证明二则帮助我们理解了 $(a+b)^n$ 的展开中各项系数的组合意义。

证明二给我们展示的组合意义事实上还有更多的价值。我们知道 $(a+b)^n$ 的展开中共有 2^n 个单项式，其中形如 $a^i b^{n-i}$ 的有 C_n^i 个，将各类单项式的数量加起来我们得到

$$2^n = C_n^0 + C_n^1 + \cdots + C_n^n = \sum_{i=0}^{n} C_n^i.$$

我们也可以直接在二项式定理中令 $a=b=1$ 得到上式。类似地，如果我们令 $a=-1$ 和 $b=1$，就可以得到

$$0 = C_n^0 - C_n^1 + C_n^2 - C_n^3 + \cdots + (-1)^n \cdot C_n^n = \sum_{i=0}^{n} (-1)^i \cdot C_n^i.$$

综合以上两式，我们知道

$$\begin{cases} \sum_{0 \le i \le n,\ n \equiv 0 (mod\ 2)} C_n^i + \sum_{0 \le i \le n,\ n \equiv 1 (mod\ 2)} C_n^i = 2^n, \\ \sum_{0 \le i \le n,\ n \equiv 0 (mod\ 2)} C_n^i - \sum_{0 \le i \le n,\ n \equiv 1 (mod\ 2)} C_n^i = 0, \end{cases}$$

其中 $n \equiv 0 (mod\ 2)$ 是 n 为偶数的意思，$n \equiv 1 (mod\ 2)$ 是 n 为奇数的意思。故我们得到

$$\begin{cases} \sum_{0 \le i \le n,\ n \equiv 0 (mod\ 2)} C_n^i = C_n^0 + C_n^2 + \cdots = 2^{n-1}, \\ \sum_{0 \le i \le n,\ n \equiv 1 (mod\ 2)} C_n^i = C_n^1 + C_n^3 + \cdots = 2^{n-1}. \end{cases}$$

这又是一组非常有趣的组合恒等式。

另外，充分理解了二项式定理的证明二之后，我们便可以轻易地将二项式定理推广为多项式定理。多项式定理是为了展开 $(a_1+a_2+\cdots+a_p)^n$，可以看到，其展开之后应该包含诸多形如 $a_1^{i_1} a_2^{i_2} \cdots a_p^{i_p}$ 的项，其中 $i_1+i_2+\cdots+i_p=n$。对于给定的满足 $i_1+i_2+\cdots+i_p=n$ 的一组非负整数 i_1，i_2，$\cdots$，i_p，$(a_1+a_2+\cdots+a_p)^n$ 的展开中 $a_1^{i_1} a_2^{i_2} \cdots a_p^{i_p}$ 的个数就等于从 n 个物品中挑出 i_1 个标记为 1，挑出 i_2 个标记为 2，$\cdots\cdots$，挑出 i_p 个标记为 p 的方法数。利用排列组合的知识，该方法数为 $\frac{n!}{i_1! i_2! \cdots i_p!}$（读者不妨自行验证），故我们可以得到以下多项式定理：

$$(a_1 + a_2 + \cdots + a_p)^n = \sum_{i_1 + i_2 + \cdots + i_p = n} \frac{n!}{i_1! \, i_2! \cdots i_p!} \cdot a_1^{i_1} a_2^{i_2} \cdots a_p^{i_p}.$$

我们已经花了较多的篇幅来分析二项式定理的来龙去脉、它背后的架构与逻辑，以及与之相关的一些结论。你可以再一次看到，一个简单的表述背后，有着许多隐藏的知识点，只有将一个定理背后的架构与逻辑翻开来欣赏并反复咀嚼，才能说是彻底地掌握了它，顺便我们还能积攒一些实用的小技巧，并推广和联系到其他的结论与知识点。这样才是一张联络紧密又覆盖广泛的知识网络，既牢固地掌握了知识点，又以点带面地学习，提高了效率。

正如之前所说，数学是一门演绎型的学科，单纯死记硬背肯定是不行的，既然是演绎，就需要玩转起来，去玩转大厦中一砖一瓦的搭建过程，并从中学到有价值的知识。很多人觉得数学有趣、数学好玩，大概是有这样的原因，我个人就非常喜欢玩这些构造与逻辑，可以说是百玩不厌。

当然，这样的学习是比较费时间的，简单地记住韦达定理或二项式定理的表述自然简单又省时。但我想说，花在理解和掌握上述内容的时间是值得的，因为这样一系列的知识点全都被串联起来并掌握好了，性价比很高。

另外，如果最开始你作为初学者，确实需要一些时间去熟悉数学的论证思维，使用这样的学习方法可能比较花时间。但当我们完全适应了"玩转数学逻辑"这个过程之后，自然就会越学越顺手、越学越快，可谓一种逐渐加速的学习方法。

（2）追随名师并选择合适的阅读材料

在学习数学的起步阶段，是需要一定的技术支持的。

毕竟，并不是所有人都有能力从数学证明中挖掘到最关键的步骤或有价值的营养，并用它们去联系别的知识点。这就体现出了老师或教材的重要性，一个学习能力尚未成熟的数学学习者，应该需要一位好老师或一本好的教材来帮他们剖析数学结论背后的架构与逻辑。

我想重点强调一下如何选取数学教材与参考书籍。我认为，大家在选择数学学习材料时，应该要选取一些能把架构逻辑、来龙去脉和联系推广都讲清楚的材料。不过，这并不是指把所有细节都从头到尾罗列的材料，一本优秀的数学教科书，应该把有营养且值得学习的部分放在显眼的位置，而一些冗长、烦琐，且没什么借鉴意义的步骤则会被省略或放到附录等地方。当然，也有一些数学书籍几乎只罗列定理与结论，这样的书也不能说完全无用，但它大概更像是一本字典，而不是一本教科书。

28

每个人都能掌握的高效学习法

作者：向耘

北京大学　信息与计算科学、汉语言文学双学位
哈佛大学　应用数学硕士
杜克大学　数学系博士

我求学以来大部分的精力都花在了数学学习上，所以在上一章中我着重向大家展示了数学学习的内容。但我也担心上一章中提出的一些建议可能要求过高，如果你觉得这些数学内容过于高深、晦涩，那在本章中我也会分享给你一些更实用、更易操作的学习方法，大家可以根据自己的情况进行吸收采纳，希望能给你的学习带来帮助。

在本章中，我想分享一些适用范围更广的学习建议。这些经验都是我在实践中感悟并总结出来的，有些实践是在我并不擅长甚至十分挣扎的领域进行的，常言道"久病成医"，所以我以为这几个方法是有一些参考价值的，至少对不算天赋异禀的人而言是如此。同时，我也希望这些内容能激发你的学习自信心与学习动力。

不翻看解析，自己动手总结和梳理知识点

学习的最终目的，大概就是获得知识，或者说，是把知识放进自己的脑子里储存下来，以后要用到它们的时候，可以随意地取用。这对于"过目不忘"的天才而言或许非常容易；而对普通人而言，单单是看一遍书或者是听老师讲解一遍，有时候是远远不够的。我认为，在这种时候，自己动手进行总结和梳理是非常有必要的。

这里我所谓的"自己动手"，指的是不借助外力，不看解析和提示。因为被引领时所具有的能力和自己独立时所具有的能力是完全不同的，前者可能具有一定的"欺骗性"，自己以为自己很强大，其实不然，而后者才是完全属于自己的能力。

我一直以为，记住知识可能和记路差不多，所以我会举一个我亲身经历过的记路的经历，来帮你理解我上面提到的"自己动手"的概念。我首先得承认一点：我是一个认路能力非常差劲的人，不花点功夫根本记不住自己走

过的路，有时候就算是勉强记住了，过几天也就忘得一点不剩了。

上初中的时候，从家到学校，最开始父亲带我走，我跟着他边走边看，结果是，我没有记住路。这就相当于我没有消化掉我看过的知识，它们并不是我自己的。后来，父亲带着我边走边讲解，告诉我何处有路标，何时该转弯。结果，我仍然没有记住路，或者说，记住的时间非常短暂，转头就忘了。这其实又相当于老师给我讲解过的知识，我没有消化掉，知识仍然不是我自己的。

再后来，父亲让我带着他去学校，如果我走错了路，他再进行纠正和点评，这样几趟下来，我终于记住了路。此后，我自己骑车上学，就再也不担心迷路了，因为这个知识点是我自己动手推导、计算过的，在老师的指点下，知识点终于被我吸收到了自己的大脑中。初中时代的我将这条路走了很多很多次，现在我已不走这条路很多年了，但我仍然能清楚地记得这条路。

我想，我们翻一遍书，随意地欣赏一番，可能很省事，再听老师讲解一番，可能也不怎么费事，但即便是看过、听过，自以为懂了，也未必就一定是完全吸收了。检验自己是否完全地将一个知识点消化并吸收了，一个不错的方法是合上书，自己动手将知识点在笔记本上写一遍或推导一遍，如果能完整地自己走下来，大概就能对整体框架和重要的细节有比较清楚的把握了。

写的时候遇到的卡住的地方，就是我们还没有完全消化、需要去进一步看书或者请教师长的地方。比如，如果你对我在上一章中举的两组例子感兴趣，可以就这两组例子动手试一试，若是"诊断"到了未消化的地方，你就可以再回去重点阅读这些知识。

这个方法可能比较费事，但应该说是有价值的，至少它能帮助像我这样的路痴去清楚地记住一条路。我在高中时代经常使用这个学习方法，我会将我认为有价值的定理和题目写到笔记本上，写的过程中尽量做到不去翻看原材料。当时我写完了很多笔记本，不仅看着赏心悦目，事后再翻看笔记进行复习也很省事。

我也向大家承认，我也有偷懒的时候，当一个证明过于烦琐时，我可能也就边翻着书边写，虽然也能写下一份差不多的笔记，但知识终究还不是自己的，日后复习时，好像是在看天书，完全不知道笔记上写些什么，甚至需要重头再去学一遍。这大概就是所谓装装样子的表面功夫吧，只是看起来学了很多、学得很认真而已，这是我不提倡的，希望大家也不要这样做。

扮演"老师"，给同学或自己讲解知识点

我认为，对于一个知识点，如果你有能力作为"老师"给其他人进行清晰而有条理的讲解，并得到了别人的认可，那你自己应该可以算是掌握了这个知识点的。有些自以为懂了的步骤，在给别人讲解的时候就会发现自己其实并没有懂。或者说，有些不平凡的步骤，在听别人讲解的时候感觉平平无奇，觉得自己也会，但如果真的亲自给别人讲，可能就会看到不一样的地方，看似平凡的步骤背后其实有着非常不平凡的技巧或想法，这些东西，都需要给别人讲一遍或自己做一遍才能意识到。

另外，给别人讲解可能也是一个"逼迫"自己的过程，尤其是需要讲到让别人认可的程度，对于那些没有被别人接受的点，你可以先自行思考或去重新学习，之后再去讲解。我相信人的潜能是远超自己想象的，有时略微给自己增加一些压力，也是提高学习效率的不错方法。

再以识路为例，我最早跟着同学走过一条并不好辨认的路，自以为观察得比较仔细，也大概记住了。但当我第二次带着一个没走过的同学走这条路时，就完全找不着方向。但既然选择了带路，我想总还是要尽力把路带好，我只能一边摸索，一边回忆、试探，最后愣是给走出来了。

虽然当时找了很久才找到路，到现在也隔了很久了，但我至今还能清楚地记起如何走这一条路。如果没有带路这一任务在身，当时我可能就放弃了：不认路就不认路吧。没有压力，可能也就没有动力了。就算没有放弃，

我大概也没有动力在当时就自行探索找到一个答案，我可能会暂且将其搁置，有空时再去看地图或请教识路之人，这就让本来有可能马上解决的问题延后。

所以，我非常鼓励大家组成学习小组，组内成员可以就学习内容互相讨论、互相讲解、共同进步。当然，我们也会有需要独自学习的时候，这时一个方法是假装自己不会，然后自己给自己讲解，尝试着把每一个步骤给自己讲清楚，这很需要自觉，毕竟自己欺骗一下自己假装懂了是一件不算困难的事情。

用对你的短期记忆与长期记忆

短期记忆和长期记忆是有本质区别的。我相信人是有能力迅速地记住一些东西，并让记忆短暂维持的。短期记忆固然能帮我们完成一些急迫的使命，但如果想将这些记忆转化为长期记忆，那想必是需要花一番功夫的。

有一次我母亲住院手术，我陪着她，有一个东西需要带进手术室，在进手术室的时候，医护人员告诉我说我们准备的东西并不符合要求，让我马上去楼下的一个地方买一个，然后再回来交给他们。当时，一位先生给我描述了去往那个地方的路线，由于手术马上就要进行，我尽全力记住了每个路标并马上前往，一边赶路一边在口中重复着路标和路线，生怕一不留神就忘了，误了大事。我最终成功买到了需要的物品并迅速回到了手术室门口，当我把它交给了医护人员之后，我松了一口气。结果，这口气一松，我立马就把路线忘得干干净净，让我再走一遍是绝对不可能做到的。

学习也是一样，你固然可以迅速地依靠短期的记忆去学，表现出一种学了很多的样子，但是迅速学了完事，有时候并不是明智之举。我有一段时间背英语单词，每天背一百多个，甚至数百个，表面上学了一大堆，但不去复习巩固，短期记忆一消失，就忘得干干净净，跟没背过一样。所以，我们不能光看学了多少，有时候也要看学的东西中有多少是真正储存到大脑中转化为长期记忆的。

反复咀嚼，直到感觉融会贯通

"融会贯通"大概是一个大家都想追求的比较高的境界，这比较难做到，需要时间去积累与沉淀。关于如何做到融会贯通，我并没有太多的经验，在这里我只简单谈一谈学到什么样的状态算是融会贯通了。

我初中上学的那条路，我最开始将其记住的时候，应该是依靠重要的路标的。比如说，到了这个建筑物要左转，到了那个路口要右转。然而当我走了很多遍之后，我可能已经不需要这些路标了，甚至连大脑都不需要动，直接走下去就行了，就好像这条路已经和我自己融为一体一般，非常自然。类似地，学习也大抵是如此，到了融会贯通的地步，知识就仿佛我们身体的一部分一般，需要用到它们时张口就来，而不是先去找"路标"。

我平时学习一个定理的证明，初看常常觉得复杂而精妙，但当我将其中的重要步骤和逻辑理清楚、弄明白之后，我大概算是将它储存在我自己的脑子里了。如果日后有机会，我看到类似的证明方法在其他地方也有应用，又自己动手推导、应用了很多遍，这时我可能就不觉得它精妙了，反而其中的关键步骤是非常自然、理所应当的。

要达到"融会贯通"的程度是比较困难的，需要反复操练、反复学习。我们现在学习的知识，都是依靠人类的智慧发明或总结出来的，当我们看待这些知识觉得非常合理而自然之时，就是我们学习了别人的智慧并将其和我们自己融合的时候。这对我来说也是比较难达到的一种境界，希望大家能做得比我好。

跟随心之所向

经常有人问我为何去做某件事情，当然问得最多的是为什么学习数学，我是一个嘴巴很笨的人，很难在短时间内把自己的想法提炼出来并把话说清楚，有一段时间我在想，要是能有一个统一的答案可以回答所有的这些问题就好了。我现在认为，这个答案就是"心之所向"，既准确又简洁。我学习数学，不因为别的，就是因为我心向往之，我欣赏数学之美，我永远不可能看尽它，但它足以让我欣赏一辈子。

不同的人可能会有不同的心之所向，但我认为它们会有一个共同的特点，那就是给予我们前进的行动力。我在前面描述了一些我认为可能会有效的学习方法，无一例外，它们的实施都不是很容易的事情，如果没有足够的行动力是很难做到的。我从小到大尝试过很多事物，但真正坚持下来的却寥寥无几，对于自己不是真正感兴趣的东西，我总是"三天打鱼，两天晒网"，虽然也有前辈向我传授一些学习方法，但我都没有执行下去。所以，我希望大家能发掘并追随那一份愿意为之披荆斩棘的心之所向。

我的人生阅历可能是不足的，我谈到的这些方法和经验，也只是我在求学过程中一些真实的总结和感悟，大家可以根据自己的情况吸收、采纳，如果有觉得不太准确或不全面的地方，请多多包涵。不过，我总还是相信这一点：你要为自己的目标付诸行动和努力。我想这一点是极为关键的，若是不付诸行动，也自然不必煞费苦心地去探索学习方法了，而一个一直坚定地朝着目标前进的人，我相信他即便不阅读本章，也一定能摸索到一些学习方法的门道。所以我一直以为，不论有什么样的学习方法和学习经验，学习本身才是最为重要的。如果大家能从本章的内容中获取到一些学习动力，让我成为一个劝学之人，我将深感欣慰。